임진왜란(壬辰倭亂)과 거북선(龜船)

(개정판)

한림원 출판사

개정판 책머리에

저자는 평생을 산업계에서 보냈지만, 사회적으로 경영인이라기보다는 과학기술자요 발명가로 알려져 있으며, 저자 자신도 그렇게 생각하고 있다. 국내외 학술대회와 학술지에 300여 편의 기술 논문을 발표했고, 300여 건의 국내외 지식재산권(발명특허와 실용신안)을 보유하고 있으며, 2008년 산업계에서는 처음으로 "대한민국 최고 과학기술인상"을 수상하였다. 2016년에는 대한민국 건국 이래 처음으로 선정된 "대한민국 과학기술유공자" 32명 중 한 명으로 선정되었다.

저자는 대학 시절 산업계 현장실습을 다니면서 우리나라의 낙후된 산업 수준을 절감하게 되었고, **"내 전문 분야의 우리나라 산업을 세계 제일로 만들겠다!"**는 꿈과 이상을 품게 되었다. 이러한 꿈과 이상을 품고 외국 유학과 외국의 대기업에서 산업계 경험을 쌓은 후 귀국하였으며, 귀국 후 모교에서 교수로 오라는 초청을 여러 번 받았으나, 마다하고 산업계를 고수하였다. 왜냐하면, 저자가 설계를 했거나 연구·개발한 결과가 제품이 되어 나오는 것을 보기 위해서였다. 저자는 우리나라 조선산업 초기의 열악한 여건 속에서도 각고의 노력 끝에 우리나라를 세계 제일의 조선해양 강국으로 만들었고, 저자가 경영하던 회사는 압도적인 세계 제일의 조선해양회사가 되었다. 이렇게 하여 저자는 청년 시절의 꿈과 이상을 이루었다.

저자는 70세가 넘을 때까지 대기업을 경영하면서 많은 학술 활동과 발명을 해왔으며 저자의 발명으로 신제품도 개발하고 신사업도 창출하여 회사를 크게 성장시키는 한편 국가 경제발전에 기여하였다. 신제품이나 신기술개발 시 저자의 목표와 모토는 항상 **"대한민국에서 최고가 세계 최고!"**였으며 실제로 그랬다.

우리나라 대한민국은 놀랍고 자랑스럽고 신비한 나라이다. 문화 면이나 과학기술 면에서 보더라도 어느 민족 못지않은 자랑스러운 역사와 전통을 지니고 있으며 오늘날 경제적, 문화적, 군사적으로도 대국이 되었다.

우리 민족의 반만년 역사를 통하여 세종대왕의 "훈민정음(訓民正音)" 창제는 세계 최대, 세계 최고의 문화적 성취로서 우리 민족의 크나큰 자부심이요 자랑이다. 또한 임진왜란 당시의 거북선 역시 우리 민족의 자부심이요 자랑거리 중의 하나이며 우리 민족 최대의 위기였던 임진왜란이라는 국난극복의 상징으로 우리들의 가슴속에 자리 잡고 있다.

그러나 임진왜란 당시 실제로 전투를 한 거북선에 대해서는 사료가 부족하여 실체를 완전히 파악할 수가 없는 데다 지나친 자부심으로 인하여 신비화되고 과장된 면이 있다. 저자는 임진왜란 당시 거북선의 실체를 정립하고자 열심히 역사적 기록, 즉 사료(史料)를 수집하였다. 요즈음엔 정보통신기술의 발전으로 빠른 시간 내 상당한 양의 정보를 검색할 수 있으나 저자가 대학생 때는 물론, 직장인이었던 때에도 사료를 수집하기 위해서는 많은 시간과 정력을 소비하여야 했을 뿐만 아니라 운(運)도 따라야 했다. 거의 평생에 걸쳐 수집한 사료에 입각하여 "임진왜란과 거북선"이라는 저서를 출간한 지도 7년이 지났다.

그동안 저자는 대한민국 헌법 제1조에 명시된 국가정체성, 즉 자유민주주의를 수호하고 나라 바로 세우는 일에 전념하며 지내면서 가끔 거북선에 대한 언론매체의 기사를 보고 안타까워한 적이 한두 번이 아니었다. 왜냐하면 근거 없이 잘못된 견해를 사실인 양 발표하는 경우가 있기 때문이다. 그 중의 대표적인 것 몇 가지를 거론하면 다음과 같다.

- 중요한 것은 아니지만, 전투선(戰鬪船)을 칭하는 조선(朝鮮)의 용어와 일본(日本)의 용어가 다르다. 조선에서는 전선(戰船)이라고 하였으나 일본에서는 군선(軍船)이라고 하였다.

- 우리나라 역사 기록에 거북선이라는 전선이 최초로 출현하였을 때는 임진왜란이 일어나기 약 180년 전이다. 조선 초기 태종 때 거북선이 있었다는 분명한 사료(조선왕조실록)가 있다. 따라서 거북선은 이순신 장군이 최초로 창조한 것은 아니다. 그러나 왜적의 침입을 확신한 이순신 장군님이 왜군의 전통적 전투 방법에 효과적으로 대항할 수 있는 새로운 전선(戰船), 즉 거북선을 건조하였으니 이것은 거북선의 재창조라고 할 수 있다. 조선 초기 태종 때의 거북선과 왜적의 침입에 대비하여 이순신 장군이 재창조한 거북선과 무엇이 다른지는 알 수가 없다. 왜냐하면 임진왜란 때 실제로 전투를 한 거북선에 대해서는 부족하기는 해도 어느 정도 사료가 남아 있으나 태종실록에 기록되어 있는 거북선에 대한 사료는 전연 존재하지 않기 때문이다.

- 조선 수군의 주력 전선과 왜군의 주력 군선을 혼동하는 경우가 많이 있다. 조선 수군의 주력 전선은 판옥선이었으나 왜군의 주력 군선은 판옥선과 크기가 비슷한 안택선(安宅船, あたけぶね, 아다케부네)이 아니었다.

- 조선 수군의 주력 전선인 판옥선의 구조에 대해서는 잘 알려져 있으나 왜 판옥선이 그 당시 동북아 최강의 전선이었으며, 어떤 이유로 일본의 군선보다 우월했는지에 대한 원인분석과 이해가 부족하다.

- 왜군의 군선은 첨저선(尖底船)이고, 조선의 전선은 평저선(平底船)이라 왜군의 군선이 저항 면에서 유리했고 다라서 선속이 더 빨랐다고 주장하는 학자들이 있으며, 언론매체들도 이러한 잘못된 주장을 사실인 양 기사화하는 경우를 종종 보아왔다. 조선공학(造船工學)에서 선속을 결정하는 두 가지 유체역학적 요소가 있는데 하나는 저항(resistance)이고 또 하나는 추진(propulsion)이다. 조선 수군의 전선이 저항 면에서는 왜군의 군선보다 불리한 면이 있다고 하겠으나 추진 면에서 왜군의 군선보다 월등히 우수했다. 유체역학적 특성으로서의 추진 면뿐만 아니라 특히 운영 면에서도 왜군의 군선은 판옥선의 상대가 되지 않았다. 따라서 선속도 조선의 전선이 일본의 군선에 뒤지지 않았다. 이순신 장군은 도망치는 왜선이나 멀리서 척후선이 발견한 왜군 선단을 추격하여 격멸하였다는 장계를 여러 번 조정에 올렸다는 사실이 이를 증명한다. 선속이 느렸다면 어찌 도망치거나 멀리 있는 왜군 선단을 추격하여 격멸할 수 있었단 말인가!

다시 한번 거론하거니와 임진왜란 당시 실제로 전투를 한 거북선에 대해서는 사료가 부족하여 그 실체를 완벽하게 규명하기는 어렵지만, 지금까지 수집된 사료만으로도 앞서 언급한 점들을 분명히 할 수 있다. 그 점을 위하여 "임진왜란과 거북선 개정판"을 출간하게 되었다.

우리는 임진왜란 당시 고려시대로부터 이어져 내려온 조선의 선박 건조기술이나, 조선 수군의 편제나, 특히 이순신 장군의 지휘력과 전략 전술이 왜군에 비하여 월등히 뛰어났었음을 분명히 이해하면서 앞으로도 우리나라 우리 국민의 놀랍고, 자랑스럽고, 신비스러운 면을 이어가야 할 것이다.

2024년 7월 저자대표 민계식(閔季植)

초판 책머리에

대한민국 국민이라면 누구나 거북선에 대한 깊은 관심과 애착을 가지고 있을 것이다. 저자도 어린 시절, 거북선에 대한 경외심을 가지고 자라났으며 조선공학을 전공하게 된 직접적인 동기라고 할 수 있다.

대학에 진학한 후부터 임진왜란 당시 실제로 전투를 한 거북선이나 그 잔해라도 발굴되기를 기다리면서 평생 사료(史料)를 수집하고 정리하여 왔으나 책을 쓰게 될지는 몰랐다. 이런 일은 우리나라 전통선박의 대가(大家)이신 저자의 스승, 고(故) 김재근(金在瑾) 선생님께 의지하고 싶었다.

고(故) 김재근 선생님께서는 거북선에 대한 책을 두 권 저술하신 바 있다. 내용은 주로 정조 19년(1795년)에 발간된 "이충무공전서(李忠武公全書)" 책머리에 수록되어 있는 거북선에 대한 설명을 기반으로 하고 있다. 그러나 임진왜란 당시 실제로 전투를 한 거북선에 대하여 전해오는 사료가 희소하고 단편적이기는 하지만 당시의 기록과 "이충무공전서"에 수록되어 있는 거북선에 대한 설명을 비교하여 보면 서로 다른 점이 많이 있다는 것을 알게 된다.

고(故) 김재근 선생님께서도 임진왜란 당시의 사료를 중심으로 거북선의 실체에 대한 정리를 하실 것을 저자에게 약속하셨으며 저자와 공동으로 그 작업을 시작한 지 겨우 석 달 만에 갑자기 귀천(歸天)하셨으니 애석하기 이를 데 없는 일이다.

임진왜란이라는 민족적, 국가적 위기를 극복하는 과정에서 그 무엇보다도 큰 역할을 한 것은 조선의 수군(水軍)이며 조선 수군의 상징적 전선(戰船)이 거북선이었으니 "임진왜란과 거북선"은 떼려야 뗄 수 없는 관계에 있다고 하겠다. 그러나 "임진왜란과 거북선"에 대한 당시의 정황을 깊이 살펴볼수록 답답하고 안타까운 마음에 휩싸이게 된다.

답답하고 안타까운 마음은 한두 가지가 아니다.
우선 임진왜란을 전후한 조선의 정치 상황과 국방에 대한 인식이 답답하고 안타까웠으며, 이순신 장군의 백의종군이나 칠천량해전에서의 참패로 이순신 장군이 그처럼 심혈을 기울여 증강해왔던 조선 수군이 궤멸될 때는 안타까움을 넘어 "어떻게 이런 일이!"하는 한탄이 절로 나오게 된다.

만일 이순신 장군이 전력의 절대적 열세였던 명량해전에서 패했더라면 이순신 장군은 패전의 책임을 고스란히 떠안는 셈이 되었을 테고 그보다도 조선은 더 이상 존재하기 어려웠을 것이다.

그리고 거북선이나 거북선의 잔해가 발굴되기를 평생 기다려온 저자의 꿈, 그 꿈을 접어야 하는 것도 못내 안타까웠다.

그동안 수집해온 사료들을 정리하여 일반 독자들이 어렵지 않게 읽을 수 있는 책으로 준비해보려는 생각을 갖고 있었으나 주제넘은 일을 하는 것은 아닌가 하는 두려움으로 망설이고 있었다. 다행히 우리나라의 전통선박, 즉 한선(韓船)에 대하여 오랫동안 함께 연구해오던 동지들이 있어 뜻을 모으기로 하였다.

거북선이라는 전선(戰船)은 조선 태종 때의 실존했던 거북선으로부터 임진왜란 당시의 거북선, 정조 때의 거북선뿐만 아니라 구한말 고종 때까지 조선왕조실록에 여러 번 언급되고 있다. 그러나 이 책은 임진왜란 당시 실제로 전투를 한 거북선의 실체에 초점을 맞추고 있다. 당시의 거북선에 대해서는 모르는 것이 너무 많고 의견이 분분하여 당시의 기록에 입각한 정리를 하여 볼 필요가 있다고 사료(思料)되었다.

이 책은 임진왜란 당시 거북선의 실체에 대하여 결론을 내리려는 것이 아니다. 비록 희소하고 단편적이지만 그나마 남아있는 사료와 저자의 조선공학적 배경에 입각하여 임진왜란 당시의 거북선에 대한 저자의 의견을 정리해 보고자 한 것이다.

부족한 점이 많이 있겠지만 이 책이 임진왜란 당시의 거북선에 대한 체계적이고도 사실적, 객관적인 연구의 밑거름이 되기를 소망한다.

끝으로 저자를 수제자로 사랑해주신 고(故) 김재근 선생님과 집필을 격려해 준 아내와 관심을 갖고 조언해 준 친구들께 깊은 감사를 드린다.

2017년 8월 저자대표 민계식

목 차(目次)

1. 서 문(序文)

일반적으로 지도(地圖)는 위가 북쪽이고 아래가 남쪽인 것으로 작성되고 우리도 지도를 그렇게 본다. 그러나 조선시대 임금님이 보는 지도는 방향이 그 반대로 되어 있다. 즉 임금은 지도를 방바닥에 펼쳤을 때 몸에 가까운 쪽이 북쪽이고 몸에서 먼 쪽이 남쪽이 되도록 지도를 놓고 보았다. 이 사실은 서울대학교 안에 있는 규장각(奎章閣)을 방문하면 알 수 있다.

세계지도를 그렇게 놓고 보면 우리나라는 아세아 대륙을 뒤로하고 3면이 바다로 둘러싸인 태평양(太平洋)의 중심국가(中心國家)로 보인다.

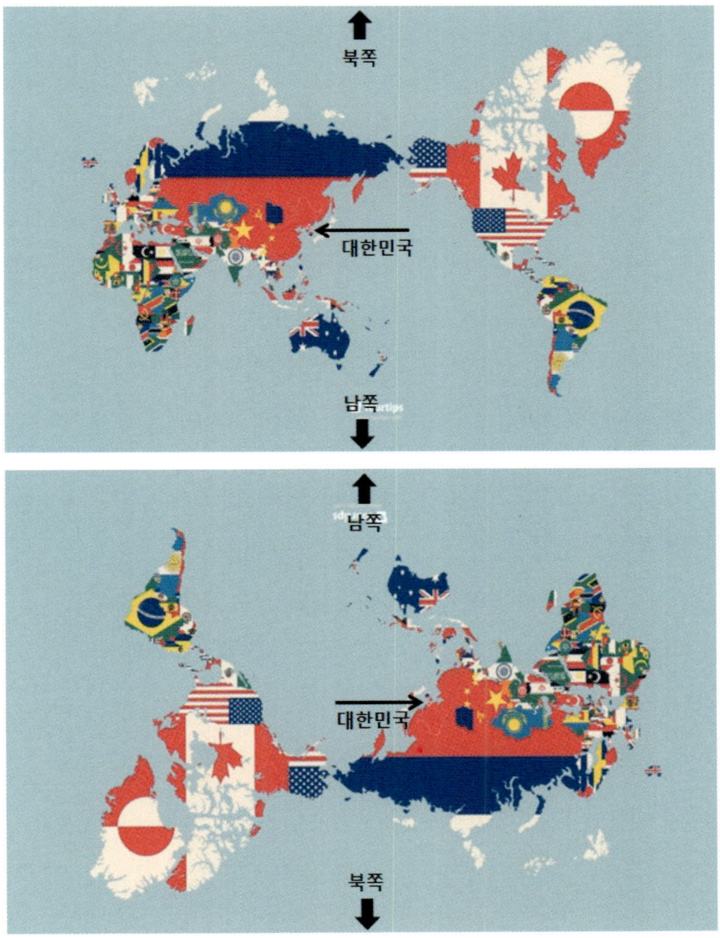

세계지도[Tourtrips][1)]

1) ( )안의 설명은 출처를 나타냄.

이러한 지리적 환경으로 인하여 경제적으로나 국방상(國防上)으로나 바다의 중요성은 아무리 강조를 하여도 지나침이 없을 것이다. 역사적으로 보아도 바다를 잘 통제하고 활용하였을 때는 나라가 온전하였고, 해양으로 진출하던 시기에는 국운(國運)이 융성(隆盛)하였으며 해상활동을 위하여 조선 기술이 발달해왔다.

삼국시대(三國時代) 고구려(高句麗)를 볼 때 수군(水軍)이 강했을 때는 수(隋)와 당(唐)의 바다로부터의 침입을 잘 막아낼 수 있었으며 백제(百濟)의 무역선(貿易船)은 중국과의 경제적, 문화적 교류의 중심 역할을 하였다. 발해(渤海)와 신라(新羅)의 남북국시대(南北國時代) 때 장보고(張保皐)의 해상활동으로 인한 국운(國運)의 융성(隆盛)에 대해서도 우리는 잘 알고 있다.

고려(高麗)를 건국한 왕건(王建) 태조(太祖)는 해상무역으로 부(富)를 축적한 개경(開京-오늘날의 개성(開城))의 호족(豪族) 출신이었으므로 무신란(武臣亂)이나 몽고(蒙古)의 침입이 있기 전까지의 고려에서는 자연히 해상무역이 활발하여 고려의 무역선이 송(宋)나라는 물론 멀리 아라비아 중동지역까지 진출하였고 인구 70만 명에 이른 국제도시 개경에는 고래 등 같은 기와지붕이 처마를 이었으며 동남아시아나 아라비아에서 온 상인들이 거리에서 술주정을 부리고 목청을 높였었다고 한다. 또한 'Korea'라고 하는 오늘날 우리나라의 영어 국명이 그때 생겼다고 한다.

고려(高麗)의 대학자 이규보(李奎報)가 예성강 강변의 다락 위에서 지은 다음과 같은 "예성강 루상시(禮成江 樓上詩)"[2]가 있다.

> "潮來復潮去. 來船去船首尾銜相連. 朝發此樓底. 未午棹入南蠻天.
> 人言舟是水上驛. 我道追風駿足較此猶遷延. 何況區區蠻觸界.
> 假此水道何處不洄沿."
> (조래복조거. 래선거선수미충상련. 조발차루저. 미오도입남만천.
> 인언주시수상역. 아도추풍준족교차유천연. 하황구구만촉계.
> 가차수도하처불회연.)
>
> "밀물이 들어오고 다시 썰물이 나가니, 들어오는 배와 나가는 배는 이물과 고물이 서로 연이어 잇대었도다. 아침에 이 누각 아래를 떠나면, 한

2) 동국 이상국 전집(東國 李相國 全集) 권(卷) 16 "우루상(又樓上, 예성강루상) 관조(觀潮), 증(贈) 동료(同僚) 김군(金君)" 시(詩) - 김상기, 고려시대사 PP. 202.

낮이 아니 되어 배는 남쪽 나라 하늘에 들어가는구나! 사람들이 이르기를 배는 물 위의 역마라고 하나 나는 바람의 뒤를 쫓는 준마의 발굽도 이에 비하면 더디다고 하겠다. 어찌 남쪽 나라에 닿는 지경뿐이겠는가? 이 물길을 빌리면 어느 곳의 바닷가인들 오르내리지 못하겠느냐"[3]

이 시(詩)는 송나라, 동남아시아, 아라비아 등지를 왕래하였던 고려의 원양 무역선의 모습을 떠오르게 한다.

경기도 개풍군 서면과 황해도 연백군 사이를 흐르는 예성강 하구, 즉 개경(開京)의 서편 강 건너에 당시 국제적 무역항인 예성항이 있었다. 예성항을 벽란도(碧瀾渡)라고 부르기도 하며 고려시대에는 벽란도에 송나라 사절이 유숙하는 벽란관(碧瀾館)이라는 객사(客舍)가 있었다고 한다.[4]

송(宋)나라의 사신(使臣) 서긍(徐兢)은 고려(高麗)에 와서 보고 들은 것을 기록하여 본국으로 귀국한 후 "고려도경(高麗圖經)"을 저술하였다. 특히 고려해선(高麗海船)에 대한 선박의 구조와 용도에 대하여 상세하게 적어 놓았는데 그 선박에 대한 도면은 전해오지 않고 있다.

몽고(蒙古)의 침입 시기에는 여러 가지 국가적 활동이 침체(沈滯)된 시기라고 생각할지 모르겠지만 저자의 생각은 다르다. 비록 외적(外敵)의 침입으로 고통스러운 생활을 하였을지라도 인류(人類)의 문화유산(文化遺産)인 "팔만대장경(八萬大藏經)"의 제작과 같은 세계적으로 자랑스러운 대 문화(大 文化) 활동이 있었고 특히 우리나라 조선사(造船史)에는 큰 변화가 일어났음이 틀림없다는 것이 저자의 생각이다.

몽고인(蒙古人)들은 역사적으로 내륙사막민족(內陸砂漠民族)이라 물(水)을 잘 모르고 바다(海)를 두려워하였다. 그래서 고려인들은 몽고군이 오면 며칠씩 지낼 수 있는 식량과 물을 싣고 온 가족이 배를 타고 바다로 피신하면 화(禍)를 면할 수 있었다. 빤히 보이는 정도의 가까운 거리에 있어도 몽고군은 육지에서 고함을 지르고 욕설을 퍼붓다가 시간이 지나면 다른 곳으로 이동을 하였을 것이다. 몽고군이 물러나면 상륙해서 지내다가 몽고군이 오면 다시 바다로 피신하고 마치 숨바꼭질하는 것 같은 경우가 많이 있었을 것이다.

---

3) 저자 해석.
4) 신증동국여지승람(新增東國輿地勝覽), 세종실록지리지(世宗實錄地理志).

이러한 상황에 따라 전국 각 지역에서는 많은 배를 건조하여 보유하느라고 선박을 튼튼하고 빨리 건조하는 기술이 크게 발달하였다. 또한 몽고군이 물러갈 때까지 해상에서 며칠씩 지내야 하니까 선박의 안정성(安定性, stability)이 매우 중요한 사항이 되었을 것이다.

고려는 건국 초기부터 세계 어느 나라에도 뒤지지 않는 선박건조기술(船舶建造技術)을 보유하고 있었으며 특히 몽고의 침입 이후 고려시대의 선박은 당시 세계 어느 나라의 선박보다도 튼튼하고 안정성이 우수하였다. 그러한 사실을 증명하는 아래와 같은 역사적인 기록이 있다.

고려의 조정(朝廷)이 강화도에서 몽고(元나라)의 침입에 대항하여 28년간 항전(抗戰)을 하다가 개경으로 귀환한 뒤 몽고의 요청에 의하여 여몽연합군(麗蒙聯合軍)을 결성하고 2차에 걸쳐 일본 정벌(日本 征伐)을 위한 출정(出征)을 한 바 있다.

1274년 1차 출정 시 고려에서는 전함(戰艦) 300여 척을 포함한 군용선(軍用船) 900여 척을 건조(建造)하고 고려군 약 15,000명과 몽한군(蒙漢軍) 25,000여 명으로 약 40,000명의 여몽연합군(麗蒙聯合軍)을 구성하여 10월 3일에 출정하였다. 여몽연합군은 대마도(對馬島, 쓰시마)와 일기도(壹岐島, 이끼시마)를 공략하고 일본 구주(九州) 박다(博多, 하카다)에 상륙하여 교전을 한 후 저녁때 해안에 정박해둔 함선으로 복귀하였는데 한밤중에 폭풍이 불어왔다. 먼저 전투에서 이미 전사자가 발생한 데다 한밤중의 폭풍으로 익사자도 발생하고 많은 병사들이 뱃멀미로 몸을 잘 가누지 못하여 회군하게 되었다. 이때 미귀환 병사는 13,500여 명이나 되었으나 함선에는 거의 피해가 없었다고 한다.5)

1281년 2차 출정 때도 고려 쪽에서는 900여 척의 전선(戰船)을 건조(建造), 수비(修備)하고 여몽연합군(麗蒙聯合軍)으로 구성된 40,000여 명의 동로군(東路軍)을 편성하여 5월 3일에 출정하였다.

한편 남송군(南宋軍)과 몽고군(蒙古軍-원군(元軍))으로 구성된 10여만 명의 강남군(江南軍)은 3,500여 척의 전선(戰船)에 나누어 타고 출정하여 평호도(平戶島-히라도시마)에서 몇 차례 전투를 치르며 먼저 도착해있는 동로군(東路軍)과 합류한 후 함께 응도(鷹島-다카시마)로 이동하여 해안에 정박하고 본토 상륙전을 위한 준비를 하고 있었다.

5) 고려사(高麗史) 세가(世家) 원종 15년 갑술년(甲戌年, 1274년).

그날 한밤중에 큰 태풍이 불어왔다.[6] 그때 몽고군이 징발한 남송(南宋)의 전선(戰船)이나 송(宋)나라의 장인이 건조한 원(元)나라의 전선(戰船)은 태풍으로 인하여 십중팔구(十中八九)는 파괴(破壞), 또는 전복(顚覆)되어 침몰(沈沒)하였고 대부분의 강남군(江南軍)은 익사하였다. 그러나 고려의 전선(戰船)은 거의 다 온전하였다는 기록이 원사(元史-원나라 역사책)와 고려사(高麗史)에 생생히 남아있다.[7]

고려의 선박건조기술과 전통은 조선시대로 계승되었다. 조선시대 초기 태종(太宗) 때에는 대마도 정벌(對馬島 征伐)을 위하여 고려시대의 전선(戰船)을 개량하여 성공리에 대마도를 정벌한 바 있다. 그리고 영·호남으로부터 서울인 한성(漢城)과 그 북쪽 지역에 곡물(穀物)을 운반해야 하는 필요성에 의하여 고려의 초마선(哨馬船)은 조운선(漕運船)으로 발전하였으며, 대맹선(大猛船)은 임진왜란(壬辰倭亂) 당시의 주력 전투선인 판옥선(板屋船)으로 발전하였다.

그러나 국정이 안정되었던 태종조(太宗朝), 세종조(世宗朝)를 지나 중기, 후기로 갈수록 수세적(守勢的), 소극적(消極的) 해양정책(海洋政策)으로 결국 임진왜란(壬辰倭亂)을 초래(招來)하게 되었고 1910년에는 나라를 잃는 수모(受侮)와 치욕(恥辱)을 당하게 되었다.

1945년 광복이 되었으나 곧이어 1950년 북한(北韓)의 기습적(奇襲的)인 남침(南侵)에 의한 민족상잔의 6·25전쟁이 일어났고 나라는 폐허(廢墟)가 되다시피 하였음에도 불구하고 우리 민족의 악착같고 끈질긴 노력으로 이제는 세계 10위권의 경제대국(經濟大國)으로 발전하였으며, 세계 제일의 조선해양(造船海洋) 산업국(産業國)이 되었다. 이러한 단기간 내의 경제 발전은 세계 경제사(經濟史)에서 유래를 찾아볼 수 없다고 한다. 우리나라가 유일하다. 또한 오늘날 우리나라가 세계 제일의 조선해양산업 강국(强國)이 된 것은 지금까지의 역사적 고찰로 보아 결코 우연한 일이 아니다.

다시 한번 세계지도(世界地圖)를 보면서 우리나라의 지리적 환경을 생각해보자. 우리나라의 지리적 위치가 중앙아시아나 아프리카의 내륙 국가와 같았다면 과연 오늘날과 같은 경제성장을 이룩할 수 있었을까? 돌이켜보면 우리나라는 3면이 바다와 접하고 있어 해상을 통한 국제적 경제교류가 원활하였기 때문에 이처럼 단기간 내의 압축성장이 가능하였다는 점을 간과(看過)할 수 없을 것이다.

---

6) 일본에서는 이 태풍을 신풍(神風-かみかぜ), 즉 신이 일본을 보호하려고 불어준 바람이라고 함.

7) 고려사(高麗史) 세가(世家) 충렬왕 7년 신사년(辛巳年, 1281년).

1950년 6월 25일 북한의 남침 전쟁 전에 초등학교를 다녔던 저자의 세대는 어렸을 때 이순신 장군과 거북선을 입과 귀에 달고 살았다. 놀이가 별로 없던 시절이기는 했지만, 동네 꼬마 사내아이들이 모여서 놀 때나, 여자아이들이 고무줄놀이를 할 때나 으레 이순신 장군과 거북선의 노래를 부르며 놀았다.

이순신 장군과 거북선의 노래8)

그때를 회상하건대 동네 어른들은 가끔 "꼬마들 다 모여라."하고 꼬마들이 모이면 눈깔사탕 하나씩 사주시며 이순신 장군과 거북선 이야기를 신나게 해주시곤 하였다.

> "거북선은 이순신 장군이 발명하였으며 철갑으로 둘러싸여 왜군의 조총에도 끄떡없고 왜군의 불화살을 맞아도 끄떡없고, 거북선의 용머리에서는 화염을 뿜어대고 대포를 쏘며 연기 속에서 나타나서 왜선을 격파하고 연기 속으로 사라지는 귀신과 같은 전함(戰艦)이다."

그리고 육전(陸戰)에서는 연전연패(連戰連敗)하였으나 해전(海戰)에서는 연전연승한 신화적(神話的)인 전과(戰果)가 마치 거북선의 활약 때문인 것처럼 이야기를 들려주었다.

이처럼 저자가 한참 자라나는 어린이였을 때 거북선은 왜적의 침입(侵入)으로부터 나라를 구한 신무기(新武器)로서 경외감(敬畏感)과 신비(神祕)함의 대상이었다. 저자보다 더 전 세대 어른들은 "거북선은 잠수함(潛水艦)"이라고 들으며 자라났다고 한다.9)

---

8) 이 노래는 언제, 누가, 작사, 작곡했는지 알 수가 없으므로, 저자 자신이 어릴 때 기억을 되살려 복원한 것임.
9) 김재근 『거북선의 신화』, 1978년 5월 30일, 정우사(丁宇社).

나이를 먹고 세상을 좀 더 알게 되면서, 특히 조선해양공학(造船海洋工學)을 전공하게 되면서 저자가 어렸을 때 들어온 거북선의 이야기는 지나치게 신비화되어있다는 것을 알게 되었다. 우리는 거북선을 받들고 자랑하면서도 거북선에 대해서 잘 모르고 있다. 임진왜란 당시 실제로 전투를 수행한 거북선에 대해서는 정설(定說)이 없고 많은 의문에 싸여있다. 임진왜란 당시 거북선의 실체를 정립할 수 없는 이유는 무엇보다도 거북선의 실체에 대해서 전해오는 역사적 기록이 희소하고 단편적일 뿐만 아니라 실물이 발굴된 적도 없기 때문이다. 또한 거북선이 너무 신비화되어있는 것도 이유 중의 하나라고 할 수 있다.

거북선이라는 명칭은 정확한 것이 아니다. 옛 문헌을 살펴보면 거북선에 대한 전통적인 명칭은 "귀선(龜船)"이었다. 귀선의 우리말은 "거북선"이 아니라 "거북배"라고 하여야 할 것이다. "거북선"이라는 명칭은 한자어(漢字語)도 아니고 우리말도 아니다. "거북선"을 한자(漢字)로 바꾸어 쓸 수가 없다. 따라서 거북선을 명확히 부르자면 "귀선", 또는 "거북배"라고 해야지 "거북"은 우리말이고 "선(船)"은 한자(漢字)로서 "거북船"이라고 하는 말은 잘못된 것이다.

일본이 대한제국을 강점하려고 할 때 주시경 선생께서 우리글을 살리시려는 급한 마음에 세종대왕께서 창제하신 우리글 "훈민정음(訓民正音)"을 "한글"이라고 부르기 시작하셨는데 이것은 올바른 명칭이 아니다. "한글"이라고 하기보다는 "정음(正音)", 또는 "정음 한글"이라고 해야 한다. 같은 맥락에서 "거북선-거북船"도 잘못된 용어이므로 앞날을 위하여 "귀선(龜船)", 또는 "거북배"로 올바르게 고쳐 불러야 할 것이며, 특히 학술용어(學術用語)로는 "귀선(龜船)"이라고 함이 타당하리라고 사료된다.

그러나 "거북선"이라는 명칭이 오랫동안 사용되어 오면서 지금 우리 생활에 정착되어있다. 따라서 이 책에서는 옛 문헌을 인용할 때는 문헌에 쓰인 명칭을 그대로 썼으며 일반적으로는 우리 생활에 정착되어있는 "거북선"이라는 명칭을 사용하였다.

흔히 거북선을 이야기할 때 이순신 장군이 왜적의 침입에 대비하여 창제(創制)한 것이라고들 하지만 사실 거북선은 임진왜란 때 처음 등장한 것이 아니다. 우리나라 역사에서 이보다 훨씬 오래전인 고려조 초기부터 거북선과 유사하며 왜적을 물리치는 데 큰 역할을 했던 두 가지 전함이 등장한다. 임진왜란 직전 이순신 장군이 휘하 군관들과 함께 거북선의 건조(建造)를 결정할 때도 이 두 가지 고려전함(高麗戰艦)의 예를 많이 참조하였으리라 사료된다.

조선(朝鮮)의 세 번째 임금인 태종(太宗)은 대마도(對馬島) 정벌(征伐)을 위하여 전선의 건조를 명하고, 임진강(臨津江) 나루에서 거북선과 왜선(倭船)의 가상해전을 직접 관전(觀戰)하였다는 다음과 같은 기록이 있다.10)

"上過 臨津渡 觀龜船倭船相戰之狀"
(상과 임진도 관귀선왜선상전지상)

"임금은 임진강 나루에서 거북선과 (가상)왜선이 서로 싸우는 상황을 관전하였다."

그리고 태종과 함께 가상해전을 지켜본 신하들이 거북선의 유용함을 극찬하며 대량 건조를 청원하는 건의서도 실존하고 있다. 태종의 대마도 정벌(세종 원년)은 대성공이었으나 거북선은 큰 역할은 하지 못하였다고 한다. 왜냐하면 태종 때의 거북선은 고려 때부터 내려온 정원 80명 정도의 대맹선(大猛船)과 정원 60명 정도의 중맹선(中猛船)을 기반(基盤)으로 하여 건조한 전선인듯하며 규모가 작을 뿐만 아니라 척수(隻數)도 3척(隻)밖에 안 되어 주력함(主力艦) 역할(役割)을 할 수 없었기 때문이다.

임진왜란 당시의 거북선은 판옥선(板屋船)을 기반(基盤)으로 하여 개발된 전선(戰船)이다. 판옥선(板屋船)은 당시 조선 수군의 주력 전투선으로 임진왜란 당시에는 승선인원이 200명 정도 되는 대형 전투선이고 비전투원인 노 젓는 군인(格軍)과 전투원을 아래-위 갑판으로 분리하여 역할분담(役割分擔)을 분명히 함으로써 전투력이 크게 향상된 전투선이다.11)

더구나 천자·지자·현자·황자(天字·地字·玄字·黃字) 총통(銃筒)과 같은 대포(大砲)를 양현(兩舷)에 각각 4문씩, 선두(船頭) 좌우에 각 1문씩 배치함으로써 선두(船頭)나 우현(右舷)이나 좌현(左舷) 어느 쪽으로도 방포(放砲=發砲)를 할 수 있으며 선체(船體)의 견고(堅固)함과 기동성(機動性)을 두루 갖추고 있어 왜군의 군선(軍船)을 압도했다.

거북선은 판옥선을 기반으로 하여 개발된 전선임에도 불구하고 유감스럽게도 거북선의 설계도면이 전해 내려오거나 실물이 발견된 적도 없고 너무나 신비화되어있어 열 사람이 모이면 열 명 모두 의견이 다른 형편이다.

---

10) 태종실록 25권 태종 13년 2월 5일 갑인조(甲寅條).
11) 판옥선을 개발하게 된 계기와 구조에 대해서는 제5장에 자세히 논의되어 있다.

역설적(逆說的)으로 거북선을 신비화 한 것은 우리나라가 아니고 일본 측이다. 일본 수군대장(水軍大將)이 도요토미 히데요시(豊臣秀吉)에게 해전(海戰)에서 패(敗)한 것을 변명 내지 합리화하기 위하여 신출귀몰(神出鬼沒)하는 귀신같은 철갑선(鐵甲船)으로 과대 포장(過大包裝)을 하여 보고하였기 때문이다.[12] [13]

제6장에서 자세히 논의하겠지만 임진왜란이 끝나고 약 200년 후인 1795년(정조(正祖) 19년)에 왕명(王命)에 의하여 "이충무공전서(李忠武公全書)"가 편찬된 바 있으며 책머리에 "통제영귀선(統制營龜船)"과 "전라좌수영귀선(全羅左水營龜船)"의 그림과 함께 "귀선지제(龜船之制)"라고 하여 완전하지는 않으나 거북선의 치수, 구조 및 성능(性能)에 대한 설명이 비교적 자세하게 기록되어 있다.

이와 같이 정조 때의 거북선, 즉 "이충무공전서(李忠武公全書)"에 수록되어 있는 거북선에 대해서는 역사적인 사료가 전해 내려오므로 "이충무공전서"에 수록된 거북선, 특히 "전라좌수영귀선(全羅左水營龜船)"의 그림이 임진왜란 당시의 거북선과 거의 같을 것으로 생각하기 쉽지만, 임진왜란 당시의 거북선에 대해서 연구하면 할수록 그렇지 않다는 것을 알게 된다.

비록 임진왜란 당시 거북선에 대한 사료가 희소하기는 하지만 당시의 거북선에 대한 기록과 "이충무공전서"에 수록되어 있는 거북선에 대한 기술과는 상이(相異)한 점이 많이 있다.

"이충무공전서"에는 도화서 화원이 그린 거북선 그림(귀선도(龜船圖)) 두 장과 설명문이 수록되어 있을 뿐이지 정조 때 실제로 전투를 하기위한 전선(戰船)으로서의 거북선을 설계하였거나 건조하지는 않았다.

"이충무공전서"에 수록된 거북선 관련 자료는 왕권 강화를 위하여 상징적으로 준비한 성격이 강하다. 이후에도 거북선은 조선이 망하기 직전인 고종(高宗) 때까지 조선왕조실록(朝鮮王朝實錄)에 여러 번 언급되고 있으나 그때마다 조금씩 변형되고 있다.

---

12) 왜장 도노오까진사에몽(外岡甚左衛門)의 고려선전기(高麗船戰記). 임진년 7월 9일에 안골포(安骨浦)해전에서 3척의 귀선을 목격한 후 "敵 大船內三艘 鐵にて要害し" "적 대선 안에 3척은 철로서 요해하고"라고 기록하였다.
- 요해(要害) - 적을 막기에는 편리하고, 적이 쳐들어오기에는 불리하게 형세를 험하게 만든 것.

13) 천구장유(川口長孺)의 정한위략 권지이(征韓偉略 卷之二) 1831. 고려선전기를 인용하면서 "敵船有 以全 鐵裝者我砲不能傷" "적선 중에는 배 전체를 철로 장치한 배가 있는데 우리의 포로서는 상하게 할 수 없었다."

한때 대영백과사전(Encyclopaedia Britannica)에는 거북선이 세계 최초의 철갑선으로 소개된 적이 있었다. 그러다 거북선 자체에 대한 언급이 슬그머니 삭제되었다. 그 이유는 8~9세기 때의 바이킹(Viking)선이 천년이 더 지난 오늘날에도 곳곳에서 발견되는데 불과 400여 년 전의 거북선은 한 조각의 잔해도 발견된 적이 없기 때문이다.

저자는 1990년대 초부터 이 책의 공동 저자 2인과 함께 10여 년간 "한국전통선박(韓國傳統船舶) 복원(復元)에 대한 체계적 조사 연구사업"을 수행하여 오면서 우리나라의 전통선박, 즉 한선(韓船)에 대하여 많은 자료를 수집하고 정리하여 왔다. 그리고 대표적인 전통선박을 선정(選定)하여 축척선(縮尺船)을 제작하고자 하였다. 축척선이란 크기만 다른 본래의 선박을 의미한다.

그러나 축척선을 제작하기가 쉽지 않았다. 축척선을 제작하기 위해서는 본래의 선박을 건조할 수 있는 제반 설계 자료가 확보되어 있어야 하는데 대부분의 전통선박에 있어서는 그러한 자료를 찾을 수가 없었다. 따라서 저자는 저자가 검색하고 수집한 자료를 기반으로 하여 원인고대선박연구소(元仁古代船舶研究所)[14]와 공동으로 축척선을 제작하기 위한 선형, 일반배치, 구조 등의 설계 자료를 작성하여 나갔다.

저자는 이러한 연구사업을 기반으로 하여 2012년 8월에 [한국전통선박 韓船][15]이라는 책을 발간한 바 있다. 그러나 이 책에는 임진왜란 당시의 거북선은 포함시키지 않았다. 왜냐하면 임진왜란 당시의 거북선에 대해서는 전체적인 선체를 파악할 수 있는 사료도 발견된 적이 없고 유물이 발견된 적도 없기 때문이며 아울러 오래전부터 임진왜란 당시의 거북선에 대해서는 별도로 정리할 생각을 품고 있었기 때문이다.

또한 저자는 우리나라 조선공업의 성지(聖地)라고 할 수 있는 울산에 고대와 현대 및 동양과 서양을 아우르는 세계적인 해양박물관 겸 전시관을 건립하자고 관계 당국에 여러 번 제안한 적이 있었다. 그러나 저자의 제안은 수용되지 않았다.

국가 차원 규모의 해양전시관 건립의 꿈이 좌절되자 저자는 현대중공업 기술개발본부 선박해양연구소 내에 소규모의 전시실을 마련하고 회사의 주요 연구 결과들과 함께 복원된 전통선박의 축척선을 전시하기로 하였다. 이 책에 소개되는 전통선박 중 현대중공업 선박해양연구소가 소장, 전시하고 있는 축척선은 모두 위의 과정을 통하여 제작되었다.

14) 원인고대선박연구소(元仁古代船舶研究所) 소장(所長) 이원식(李元植).
15) 민계식, 이강복, 이원식, 2012년, 한림원 출판사.

우리나라 전통선박의 축척선들
[현대중공업 선박해양연구소]

저자는 우리나라의 전통선박 복원에 대한 조사와 연구를 수행하여 오면서 무엇보다도 임진왜란 당시의 거북선에 대한 실체를 규명하고 사실에 입각한 축척선을 제작하고 싶었다. 따라서 오랜 기간에 걸쳐(대학생 시절부터) 자료를 수집하고 추적(追跡)해 왔으며 국가 차원의 토론회(Work Shop)도 준비하였었고 연구사업도 기획하였었다. 이 책은 이러한 저자의 염원(念願)을 담고 있다.

그러나 이 책의 의도는 거북선의 실체를 정립하자는 것이 아니다. 실체를 정립할 수 있다면 무엇보다도 좋겠으나 불행하게도 그럴 수가 없기 때문이다. 따라서 저자는 임진왜란 당시의 거북선에 대해서 역사적 배경과 주변 상황을 살펴보면서 연관된 실제 사료에 입각하여 거북선의 실체를 추정(推定)해 보고자 하였다. 저자가 수집해 온 거북선에 대한 사료와 그 사료들을 체계적으로 정리하고 분석해 온 작업의 결과물들 역시 방대한 양을 이루고 있다.

저자는 임진왜란 당시의 거북선에 대한 사료를 수집하여 오면서 실제 유물(遺物)이 발견되기를 기다려왔다. 거북선이나 거북선의 잔해(殘骸)는 물론 임진왜란 당시 조선 수군의 주 무기였던 각종 화포가 발굴되기를 기다려왔다. 그래야만 거북선의 실체를 규명할 수 있기 때문이다. 평생을 기다려 온 셈이다. 그러나 임진왜란 당시의 조선 수군의 해전유물은 발견할 수 없을 것이다. 그 이유에 대한 저자의 견해를 책 끝 "맺는말"에 간략히 피력하였다.

이제는 단념해야겠다는 결론을 내리고 그동안 저자가 수집해온 자료들을 정리하여 막 책으로 출간하려고 할 즈음에 "명량(鳴梁)"이라는 영화가 상영되었다. 영화는 영화이고 역사적 사실과는 다른 부분이 많지만, 이때 책을 출간하면 시대의 상황에 영합(迎合)하는 것 같아 출간(出刊)을 연기하고 3년을 기다렸다.

임진왜란 당시의 거북선에 대한 고증(考證) 작업은 우선적으로 이충무공 자신이 직접 저술한 "난중일기(亂中日記)"와 이 충무공이 조정에 올린 전쟁보고서인 "장계(狀啓)", "조선왕조실록(朝鮮王朝實錄)", 그리고 행장(行狀)과 행록(行錄) 등에 기록된 사료를 활용해야 되리라고 생각한다. 역사적인 기록, 즉 실존자료가 없는 부분에 대해서는 선박에 대한 저자의 지식과 상상력을 동원하여 추정하고자 한다.

추정작업에는 전문적인 기술의 도입을 피할 수 없지만, 이 책에서는 과학기술(科學技術)이나 조선공학(造船工學)에 대한 배경이 없는 독자들도 어렵지 않게 읽을 수 있도록 될수록 기술적인 세부 사항은 논의하지 않으려 하였다. 다만 전체적인 연관성(聯關性)과 흐름을 이해하기 위하여 필요하다고 생각되는 부분은 간략히 기술(記述)하였음을 첨언(添言)하고자 한다.

이 책의 2장의 일부 내용은 『한국전통선박 韓船』에서 인용하였으며 7장의 일부내용은 『1592년 귀선의 주요치수 추정에 관한 연구』[16]에서 부분적으로 요약 정리하여 인용하였다.

16) 이원식, 박사학위논문, 2007년, 한국해양대학교

2. 우리나라의 전통선박(傳統船舶), 한선(韓船)

우리나라는 3면이 바다와 접해있고 내륙에도 강이 많기 때문에 우리 민족은 아주 오래전부터 배를 만들어 이용해왔다. 2005년 경남 창녕군 비봉리 패총 유적지에서 발굴된 목선은 약 8,000년 전 신석기시대에 소나무로 만든 배인 것으로 추정되며 국내외에서 가장 오래된 배로 알려져 있다. 불을 지피고 돌도끼 등으로 배의 가운데를 파내어 오늘날의 카누(Canoe)와 비슷하게 만들었다.

최근(1971년) 울산 태화강 상류에서 발견된 울산 반구대(盤龜臺) 암각화[1]에는 역시 약 6,000년 전 신석기시대에 배를 타고 고래잡이를 하는 그림이 새겨져 있다.

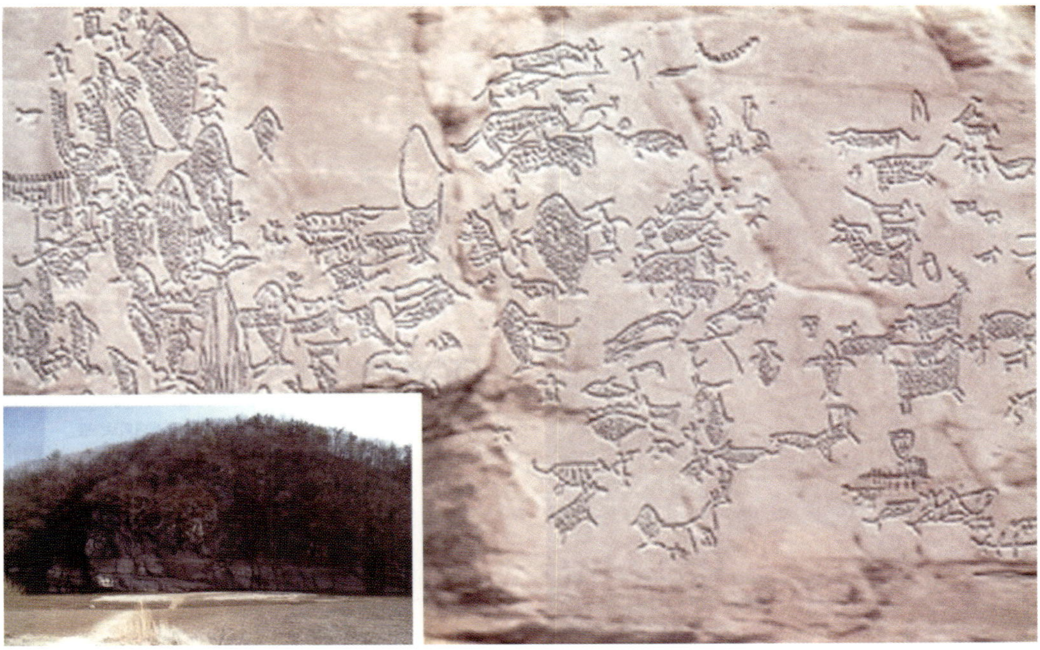

울산 반구대 암각화[6,000년 전 고래잡이 모습]

이러한 선사시대의 유물로부터 알 수 있듯이 우리의 조상들은 오랜 세월을 거치며 우리의 지형과 환경에 알맞게 배를 만들어 왔다. 이처럼 우리의 지리적 환경에 적합하게 발전하고 이어져 내려온 우리 고유의 배를 “한국의 전통선박”, 즉 “한선(韓船)”이라고 부른다.

한선의 주요 자재는 대부분 소나무였고 연결부분은 참나무 못을 사용해 고정시키는 특징을 가지고 있다. 소나무는 삼나무나 전나무보다 훨씬 튼튼하다. 일본 배나

1) 발견 당시의 소재지는 경상남도 울주군 언양면.

서양식 배에서 사용한 쇠못은 시간이 지날수록 녹이 슬어서 연결부분이 점점 약해지는 반면 나무못은 쇠못과 달리 녹슬지 않고 물이 스며들면 물을 흡수하여 불어나기 때문에 시간이 지날수록 연결부분을 더욱 단단하게 결합시켜준다.

여기서는 역사적으로 비교적 친숙한 삼국시대(三國時代)부터 우리나라의 대표적인 전통선박에 대해서 간략하게 살펴보고자 한다. 좀 더 자세히 알기를 희망하는 독자들은 저자의 저서인 『한국전통선박 韓船』을 참고하기를 바란다.

고구려 때는 주변 국가들과의 해상무역이나 수군의 활동이 활발하였고 활발한 해상활동은 고구려가 더욱 강성한 국가로 발전하는 원동력이 되었다. 특히 광개토대왕은 수군을 적절히 활용할 줄 아는 대왕이었다.

광개토대왕 6년(396년) 왕이 친히 병선(兵船)을 거느리고 남하하여 한강 유역에 있는 백제의 성을 공격하여 항복을 받았고 멀리 남하하여 탐라(耽羅-제주도)를 공략하고 고구려에 귀속시켰다[2]. 광개토대왕은 중국의 후연(後燕)을 정벌할 때도 수군을 활용하였다.

영양왕(嬰陽王) 23년(612년)에 수양제(隋煬帝)가 고구려를 공략하였으나, 육상에서는 을지문덕 장군이 살수대첩에서 우문술의 수(隋)나라 육군을 전멸시켰고, 수(隋)나라의 수군(水軍)은 건무(建武)가 이끄는 고구려 수군에게 참패당하였다. 당(唐)과의 전쟁 때도 수군은 큰 역할을 하였으며 고구려의 전선이 수나라나 당나라의 전선보다 더 우수하였다고 한다. 그러나 고구려의 무역선이나 전선에 대해서 남아있는 기록이나 그림은 희귀하다.

당(唐)나라의 역사가인 두우(杜佑-735~812년)의 "통전(通典)"에 '고구려(高句麗)의 대선(大船)'이라고 기록한 것이 있고 고구려의 승려(僧侶-스님)인 의연(義淵)의 "해동고승전(海東高僧傳)"에는 '승박범해(乘舶汎海-큰 배를 타고 바다를 떠다니다.)'라는 기록도 있다.

고구려의 국가 문장(紋章)은 세 발 달린 까마귀인 삼족오(三足烏)이다. 고구려의 원형동경에는 좌측 상단에 삼족오가 들어 있는 해가 있고 그 아래에 해선(海船)이 보인다.

---

2) 광개토대왕비(廣開土大王碑).

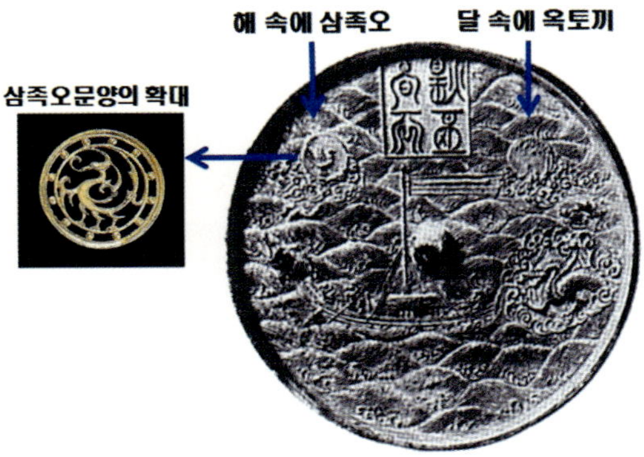

**고구려[高句麗]의 국가 문장 삼족오[三足烏]가 들어있는 해선동경[海船銅鏡]
[국립중앙박물관]**

해선동경(海船銅鏡)에 있는 선박(船舶)의 구조는 이물(선수(船首), Bow)과 고물(선미(船尾), Stern)이 높이 솟아올라 있어서 현호(舷弧-Sheer)가 깊다. 즉 배의 측면이 활처럼 휘어진 모양으로 되어 있어서 높은 파도를 헤쳐 나갈 수가 있으므로 원양해선으로 보여진다. 동경에 있는 배 한가운데에는 누각(樓閣)이 있고 선미(船尾)에는 긴 방향타가 보인다.

동경(銅鏡) 윗머리에 양각(陽刻)되어 있는 네 글자, 즉 황비창천(煌丕昌天)이란 "아주 맑고 화창한 하늘"이라는 뜻이며 선상에 서 있는 사람들은 하늘을 바라보고 무엇인가 기원 또는 맹서를 하고 있다. 위의 내용으로 보아 동경(銅鏡)에 있는 원양해선(遠洋海船)은 국가적 행사, 즉 국사(國事)를 수행하는 관선(官船) 또는 전투에 참전하는 전선(戰船)으로 추정된다.

삼국시대(三國時代) 삼국 중 해상활동을 가장 활발히 한 나라는 백제였다. 백제에서는 한반도 안에 있던 백제 영역과 중국 연안, 일본, 안남(베트남) 등의 해외 영지에 "담로(擔路)"라고 하는 지방조직을 두고 왕자나 왕족을 보내어 다스리게 하였다고 하며 "양서(梁書)"의 〈백제전〉에 따르면 22담로가 있었다고 한다. 그러나 백제 영토가 확대되었을 때는 50여 개 이상이었을 것으로 추정되며 오늘날에도 베트남에는 "담로"라는 지명이 남아있고, 일본에도 "담로(淡路)"라는 지명이 남아있다.

백제의 역사 기록에 남아있는 선박으로는 수와 당이 건국되기 전 중국 해안의 영지를 관리하기 위한 선박과 중국의 동진이나 수와 당과의 교역을 위한 백제선, 그리고 후기로 내려와서 "성덕태자회전(聖德太子繪傳)"에 그려져 있는 견수선(遣隋船)[3]과 백제 사신선(百濟使臣船)이 있다.

---

3) 石井謙治. 1983. [圖說 和船史話]. 至誠堂. 東京(東京國立博物館 所藏).

백제는 근초고왕(近肖古王) 27년(372년)에 무역선(貿易船) 겸 사신선(使臣船)을 파견하였다. 서해북로(西海北路)를 이용하여 동진(東晉)과 해상을 통한 무역(朝貢貿易)을 시작하였으며, 백제는 중국의 동해안 일대에 진출하여 영역을 넓혔다.

백제 사신선의 축척선. 우현©4)
[현대중공업 선박해양연구소]

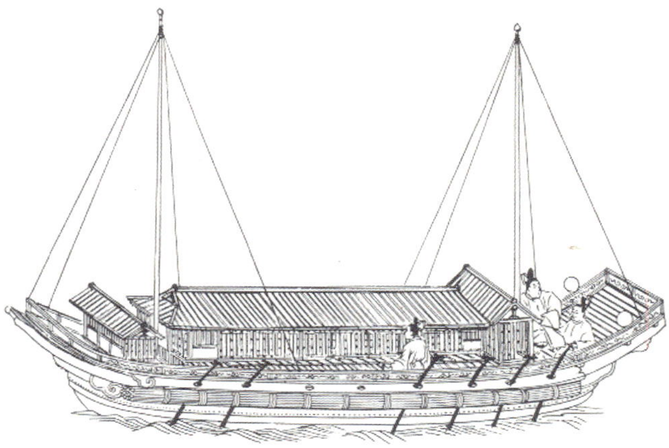

"성덕태자회전[聖德太子繪傳]"의 견수선[遣隋船][603년~618년]
[일본 동경국립박물관]

초기에 무역선(貿易船)을 파견하였던 백제는 경기만 → 장산곶 → 압록강 하구 → 요동반도 → 대사군도 → 산동반도 등주(登州)를 잇는 서해북로와 등주에서 중국 동해안을 따라 남진하여 강남에 이르는 중국 동해 항로를 이용하였다.

---

4) 저작권 표시.

그 후 고구려의 막강한 수군의 견제로 인하여 서해북로를 자유롭게 왕래하기가 어려워졌다. 고구려의 견제로 서해북로가 차단되자 경기만에서 산동반도로 직항하는 황해북횡단로(黃海北橫斷路)를 이용하여 사신을 파견하였다. 왜(倭)는 견수선(遣隋船)을 파견할 때는 서해북로로, 견당선(遣唐船)을 파견할 때는 구주(九州)에서 출항하여 제주 남쪽의 남사단횡단로(南斜斷橫斷路)를 이용하였다.

신라는 초기에는 고구려나 백제를 통하여 중국과 교류하였다. 역사상 신라 때 수군이 등장한 것은 지증왕 13년(512년)이다. 지증왕이 이사부 장군에게 우산국(지금의 울릉도) 정벌을 명하자 수군을 이끌고 160km 떨어진 동해에 위치한 우산국을 정벌하고 신라에 복속시켰다.

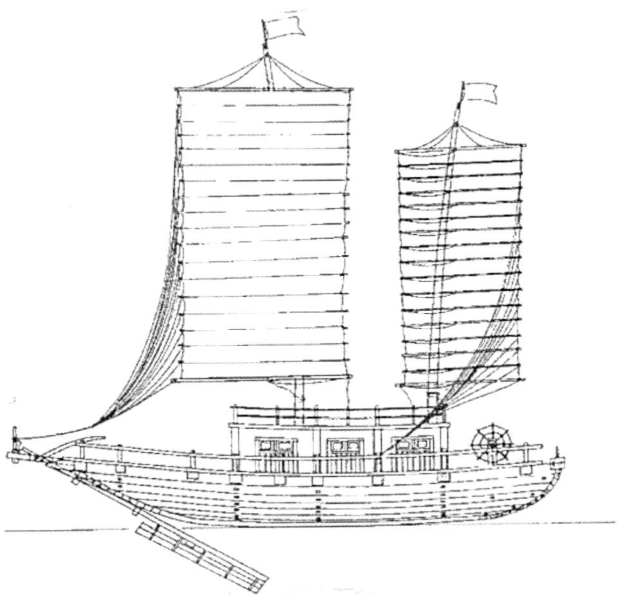

신라 이사부[異斯夫] 전선 추정도©
[원인고대선박연구소]

진흥왕 14년(552년)에는 백제와 일전을 벌여 북한산주(北漢山州)와 남한강의 남천(南川)을 차지하게 되었고 이어서 200여 척의 병선을 동원하여 한강 하류까지 공략하고 경기만으로 진출하여 중국대륙의 여러 나라와 직접적인 교류를 할 수 있게 되었다. 신라의 역사 기록에 남아있는 선박으로는 의상대사가 당나라로 유학 갈 때의 교역선, 일본과의 무역선, 신라의 장인이 일본에 가서 건조한 신라식 해선(海船) 등이 있다.

"화엄연기 의상의 그림"의상[義湘]이 타고 갔다는 교역선
[[船], 須藤利一 編, 日本]

남북국시대(南北國時代)의 신라는 백제의 조선 기술과 항해술을 수용하고 계승하여 당(唐)과 해상교역을 하였으나 이때 건조된 교역선(交易船)에 대한 유물은 남아있는 것이 없다.

남북국시대의 신라 해상활동을 논하자면 장보고(張保皐)의 활동을 언급하지 않을 수 없다. 장보고의 해양 활동의 근거지는 원래 당(唐)나라 산동반도의 적산포(赤山浦)였다. 장보고는 신라 흥덕왕 3년(828년) 당(唐)으로부터 신라로 와서 완도(莞島)에 청해진(青海鎭)을 설치하고 대사(大使)가 되어 수군(水軍)의 근거지로 삼았다. 청해진 대사가 된 장보고는 해적을 소탕하고 교관선(交關船)을 이용하여 신라와 당, 그리고 일본을 잇는 3국 간의 해상무역을 활발히 하였을 뿐만 아니라 3국 간 해역의 해상권을 장악하고 있었다.

9세기에 활동한 장보고 교관선의 특성(정확한 치수, 선형, 구조 등)은 밝혀진 바가 없다. 그러나 저자는 11세기 고려시대 무역선의 유물 자료를 참조하여 장보고 교관선의 조선학적 특성을 추정하여 보았으며 다음 그림은 추정된 선박의 축척선을 보여주고 있다.

장보고 교관선의 축척선. 좌현ⓒ
[현대중공업 선박해양연구소]

고려는 원래 해상무역으로 부를 축적한 개경(開京-오늘날의 개성)의 호족 출신이 건국한 나라이므로 무신 난이나 몽고의 침입이 있기 전까지는 해상활동이 활발하였다.

고려 태조 왕건은 막강한 수군함대를 거느리고 여섯 차례나 후백제의 견훤을 공략한 바 있으며 해양 세력을 주축으로 후삼국을 통일하여 고려를 건국하였다.

고려사세가(高麗史世家) 제1권에는 914년 고려 태조 왕건(王建)이 건조하고 운영한 누선(樓船)이라는 전선에 대한 기록이 있으며 915년 태조 왕건은 100여 척의 전선을 더 건조하여 3,000여 명의 군사와 군량을 싣고 나주 상륙작전에 성공하였다고 한다. 나주 상륙작전은 우리나라 역사 중 성공한 3대 상륙작전 중의 하나라고 한다.

고려 태조 왕건의 누선 축척선ⓒ
[현대중공업 선박해양연구소]

고려시대에는 송(宋)나라와의 문화교류 및 무역이 활발하였으며 우리나라 연근 해안 항해를 통한 경제활동도 활발하였다. 고려 초기(10~11세기경)의 도자기 운반선이 1985년 완도 근해에서 발굴 인양되어 복원된 바 있으며 현재 목포에 있는 국립해양유물전시관에 "완도선"이라는 명칭으로 전시되어 있다. 이 완도선이 발굴됨으로 인하여 문헌상으로만 논의되어 왔던 한선의 선형이 밝혀지게 되었으며 이것으로 한선의 선형은 10~11세기 이전에 이미 정립된 것으로 추정된다.

고려시대 도자기 운반선[運搬船]의 선체[船體][앞]
[한국전통선박 韓船]

또한 2005년 7월에 중국 산동성봉래시(山東省蓬萊市) 봉래수성(蓬萊水城) 안의 갯벌에서 고대선 3척을 발굴하였는데 그중 한 척은 공작기법이 중국 선박과 다르고, 고대선의 선창 바닥에서 고려의 보물(도자기)이 출토되어 학회의 연구 결과 고려의 원양무역선으로 판명된 바 있다.

고려 원양무역선[遠洋貿易船]의 발굴 선체[산동성 봉래시]
[한국전통선박 韓船]

고려 원양무역선[遠洋貿易船]의 축척선ⓒ
[한국전통선박 韓船]

고려시대의 선박은 이미 발굴된 것도 여러 척 있고 그림이나 구리거울(황비창천 팔능형 동경) 등 많은 기록이 전해오고 있다.

고려 황비창천 팔능형동경[八菱形銅鏡]에 있는 고려의 원양해선
[국립중앙박물관]

고려의 병선(兵船)으로는 전기(前期)의 과선(戈船)과 조선 초에 대맹선(大猛船), 중맹선(中猛船), 소맹선(小猛船)으로 개량 정비된 맹선(猛船)을 들 수 있다.

고려 전기(前期)에는 동북 지방에 산거하던 여진족 해적(女眞族 海賊)들이 동해안 일대에 자주 출몰하여 노략질이 심하였다. 고려 조정에서는 여진 해족(女眞 海族)의 침입을 방비하기 위하여 과선(戈船)이라는 병선(兵船)을 건조하기 시작하였다.

과선(戈船)은 배의 좌우에 창과 칼을 꽂아 적들이 배에 뛰어오르는 것을 막고 선두(船頭)에는 쇠로 만든 뿔을 달아 적선을 충파(衝破)하도록 만들어졌다고 한다[5]. 또한 과선(戈船)은 고려의 제8대 현종 원년(1009년)부터 75척이 건조되어 근 100년 동안 고려의 주력 전선(戰船)으로 여진 해적과 왜구 섬멸에 큰 공을 세웠다고 한다.

고려 과선[戈船]의 축척선[縮尺船]. 좌현 전 측면도©
[현대중공업 선박해양연구소]

고려 후기(後期)에는 맹선(猛船)이라는 전선(戰船)이 개발되었다. 여기서 더 나아가 맹선(猛船)의 상갑판을 거북이 등처럼 복개를 하고 상갑판 위의 군사들을 적의 공격으로부터 보호하는 전선(戰船)을 개발하였으며 특별한 맹선(猛船)이라는 뜻에서 별맹선(別猛船)이라고 불렀다고 한다. 별맹선(別猛船)은 용머리와 덮개 위의 칼과 송곳만 없을 뿐이지 형태와 개념은 임진왜란 당시의 거북선과 매우 흡사한 듯하나 구전(口傳)으로만 전해올 뿐 남아있는 기록을 찾을 수가 없다.

---

5) 고려사(高麗史) 병지(兵志) 권(卷) 36.

고려 말 최무선(崔茂宣)은 우리나라 역사상 최초로 화약개발에 성공하였으며 각종 총포류와 화기를 제조하는 한편 화기를 적재하고 전투를 할 수 있는 전함(戰艦)의 개량에도 힘을 쏟았다. 그리고 자신이 개발한 화기를 직접 시험해보기 위하여 왜구(倭寇)와의 해전(海戰)에 세 번이나 자원하여 참전하였다.

조선시대에는 해금정책(海禁政策)으로 인하여 민간의 해양 활동이 위축된 반면 수군제도와 조운제도가 발달하였다. 고려 말의 맹선(猛船)은 조선으로 전해져 내려왔으나 조선 초기에는 여러 가지 군선(軍船)들이 일정한 제원(諸元) 없이 건조됨으로써 군선(軍船)으로서의 역할이 많이 저하되었다.[6]

따라서 이를 개량하여 군무(軍務)와 조운(漕運)을 겸용(兼用)할 수 있는 병조선(兵漕船)을 개발할 목적으로 세조(世祖) 때 대맹선(大猛船-정원 80여 명), 중맹선(中猛船-정원 60여 명), 소맹선(小猛船-정원 30여 명)으로 규격(規格)을 통일한 맹선제도(猛船制度)가 확립되었으며[7] 중종, 명종 때까지 100여 년간 사용되었다. 그러나 맹선(猛船)은 규모(크기)가 작은 단점이 있었다.

고려 맹선에서 발달한 조선 초기 방패선[防牌船]
[[한국의 배]]

6) 세종실록지리지(世宗實錄地理志).
7) 대맹선, 중맹선, 소맹선의 특성에 대해서는 세조 대에 편찬되고 성종 2년(1471년)에 반포된 "경국대전"에 기록되어 있음.

조선 제3대 임금인 태종 13년(1413년) 때 처음 등장하는 귀선(龜船)[8]은 맹선(猛船)을 기반으로 하여 개발된 전선(戰船)으로 대마도 정벌에 참여하기는 하였으나 규모도 작고 척수도 적어 큰 전공은 세우지 못한 듯하다.

태종조와 세종조의 전문 외교관인 충숙공 "이예(李藝)"는 조선 최초의 통신사로 1401년 이후 40여 차례 일본에 파견되어 왜구에게 납치되었던 667명의 백성들을 쇄환하고 삼포 조약의 체결에 주도적 역할을 담당한 분으로서 세종대왕에게 품의하기를 맹선(猛船)에 창과 칼을 꽂아 왜선 전투병의 접근을 차단하는 창선(槍船)을 개발할 것과 소형전투선은 배의 선두(船頭), 즉 이물의 앞쪽을 날씬하게 하여 선속(船速)을 증가시키고 나무못이 아니라 쇠못을 사용할 것을 건의한 바 있다.

조선 제13대 임금인 명종 10년(1555년)에 등장한 판옥선(板屋船)은 동아시아 최강의 전선(戰船)이었다. 판옥전선(板屋戰船)은 임진왜란 당시 조선 수군(水軍)의 주력 전선일 뿐만 아니라 거북선의 모체가 되는 전선이다. 판옥선의 개발 동기와 특성에 대해서는 제5장에서 논의하고자 한다.

임진왜란 당시 거북선의 선체는 기존의 판옥선을 기반으로 하였으나 해전에 있어서 왜군들의 전통적인 전략 전술을 근본적으로 차단하기 위하여, 즉 등선육박전(登船肉薄戰)을 펼치는 왜군들이 배 위에 뛰어오르지 못하도록 하기 위하여 상갑판 위를 거북이 등처럼 덮고(복개(覆蓋)하고) 그 위에 철첨(鐵尖)을 꽂았으며, 이것은 고려조의 과선과 별맹선에서 가져온 발상이라고 추측한다.

삼(杉)나무와 쇠못으로 만든 일본 군선은 소나무와 참나무 못으로 만든 판옥선이나 거북선의 상대가 안 되었다. 임진왜란 당시 거북선의 형상, 치수, 구조 등에 대해서는 이순신 장군의 임진장초(壬辰狀草)와 "선조수정실록" 선조 25년 5월 1일 자 기록[9]으로부터 어느 정도 알 수 있으며 제7장에서 논의하고자 한다.

임진왜란이 끝나고 일본의 대권을 잡게 된 도쿠가와 이에야스(德川家康)는 도요토미 히데요시(豊臣秀吉)의 침략을 사죄하는 사신을 조선(朝鮮)에 보내고 교류를 청원함에 따라 조선 조정에서는 공식적인 통신사를 파견하기로 결정하였다. 통신사 일행은 500여 명에 이르는 인원으로 구성되었으며 통신사 일행이 타고 가는 배의 공식

8) 조선왕조실록(朝鮮王朝實錄) "태종실록(太宗實錄)" 13년 2월 갑인조(甲寅條).
9) 자세한 기록과 해석은 제7장을 참조하기 바람.

명칭은 “조선통신사선(朝鮮通信使船)”이었다. 통신사선은 사절단의 많은 인원과 부대 화물을 싣고 긴 항로를 내왕하는 원양 여객선과 같은 역할을 하였다. 조선 조정에서는 1607년부터 1811년까지 모두 12차례의 공식적인 통신사를 파견하였다.

조선통신사선에 대해서는 우리나라나 일본에 기록이나 그림 등 사료가 많이 남아 있다. 아래 그림과 사진은 각각 조선통신사선의 대마도 입항 장면과 축척선을 보여주고 있다.

조선통신사선[朝鮮通信使船] 대마도 입항[對馬島 入港]
[朝鮮通信使船과 그 旅程. 日本 下蒲刈町]

조선통신사선[朝鮮通信使船]의 축척선. 좌현ⓒ
[현대중공업 선박해양연구소]

조선 후기, 즉 1895년에 수군이 해체되고 세곡 운송에 증기선이 활용됨으로써 전통적인 군선과 조운선(漕運船)은 자취를 감추게 되었다. 특히 일제 강점기인 1930년대를 전후해서 순수한 우리의 전통선박, 한선(韓船)은 그 맥이 끊어져 가기 시작하였다.

우리나라 전통선박, 즉 한선(韓船)의 구조(構造)와 용어(用語)의 이해를 돕기 위하여 전통선박의 용어와 현대 선박의 용어를 아래 표에 비교하여 놓았으며 대표적인 한선(韓船)인 판옥선(板屋船)에 대한 주요치수(主要値數) 용어(用語)를 그림에 설명하여 놓았다.

우리나라 전통선박(傳統船舶), 한선(韓船)의 용어 풀이©

韓船(한선)	우리말	영어 및 약어
全船長(전선장)	배 전체 길이	Length Over All (LOA)
船體長(선체장)	배 길이	Length from bow to stern
船頭廣(선두광)	배 이물머리 너비	Breadth at bow
船腰廣(선요광)	배 한판 너비	Breadth at midship
船尾廣(선미광)	배 고물꼬리 너비	Breadth at stern
船頭高(선두고)	배 이물머리 높이	Height at bow
船腰高(선요고)	배 한판 높이	Height of main deck at midship from bottom plate
船尾高(선미고)	배 고물꼬리 높이	Height at stern
艫板數(노판수)	이물비우의 수	Number of bow plate on deck
艫板高(노판고)	이물비우 높이	Height of bow plate on deck
舳板數(축판수)	고물비우의 수	Number of stern plate on deck
舳板高(축판고)	고물비우 높이	Height of stern plate on deck
舷高(현고)	배 깊이	Depth of ship
底板數(저판수)	배 밑판의 수	Number of bottom plate
底板長(저판장)	배 밑판의 길이	Length of bottom plate
底板頭廣(저판두광)	배 밑판의 머리 너비	Breadth of bottom plate at bow
底板腰廣(저판요광)	배 밑판의 허리 너비	Breadth of bottom plate at midship
底板尾廣(저판미광)	배 밑판의 꼬리 너비	Breadth of bottom plate at stern
底板 1條 廣(저판 1조 광)	저판 1줄 너비	Width of each bottom plate
底板 1條 厚(저판 1조 후)	저판 1줄 두께	Thickness of each bottom plate

중앙횡단면도

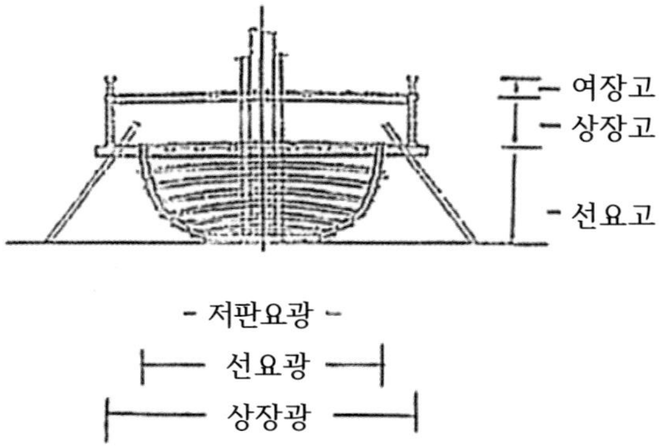

측면도

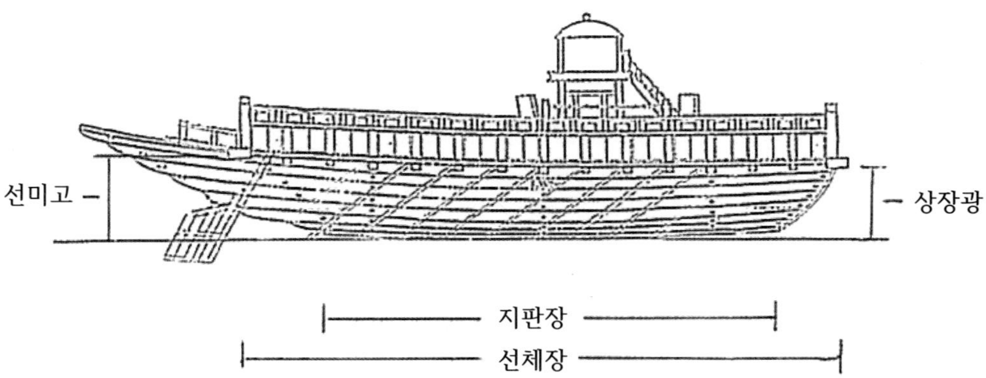

평면도

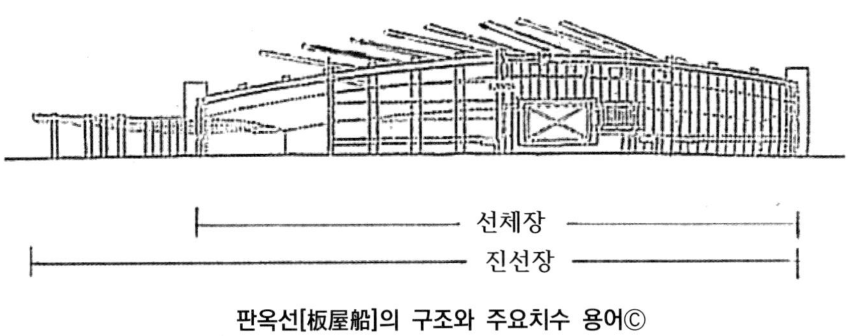

판옥선[板屋船]의 구조와 주요치수 용어©

3. 조선 초기 태종(太宗) 때의 거북선과 고려와의 연관성

우리나라 역사 기록에, 즉 사료(史料)에 오늘날 우리가 거북선이라고 부르는 "귀선(龜船)"이라는 선명(船名)이 최초로 등재(登載)된 것은 조선왕조실록(朝鮮王朝實錄) 중 태종실록(太宗實錄) 13년의 기록(記錄)이다.

조선은 건국 초기부터 왜구(倭寇)의 침탈(侵奪)에 시달려왔다. 특히 남・서해(南・西海) 해안 마을의 피해가 심했다. 평화롭고 행복하게 지내던 양민들이 갑자기 들이닥친 왜구(倭寇)에 의하여 학살(虐殺)되고 납치(拉致)되어 갔다. 조선 제3대 임금(왕(王)) 태종(太宗)은 드디어 대마도(對馬島) 정벌(征伐)을 결정하였다. 정벌을 위하여 고려시대의 전선(戰船)을 개량하고 많은 전선을 새로 건조하였으며, 태종실록에는 태종 13년(1413년) 2월 5일 임진강에서의 진법훈련 때 태종이 거북선(龜船)과 가상 왜선, 즉 가왜선(假倭船)이 서로 전투(戰鬪)하는 상황을 관전(觀戰)하였다고 기록되어 있다.[1)]

대마도 정벌을 단행하기 4년 전인 태종 15년(1415년) 7월 16일에 좌대언(左代言) 탁신(卓愼)이,

> "귀선(龜船)의 전법(傳法)은 많은 적과 충돌(衝突)하여도 적(敵)이 능히 해하지 못하니 가위 결승(決勝)의 좋은 계책이라고 하겠습니다. 귀선(龜船)을 다시 견고하고 정교하게 만들게 하여 전승(戰勝)의 도구를 갖추게 하소서."

라는 상소(上疏)를 올린 바 있다(태종실록 위 상소문).

이러한 기록으로 보아 임진왜란(壬辰倭亂)이 일어나기 약 180년 전인 조선(朝鮮) 초기에 귀선(龜船, 거북선)이라는 전선(戰船)이 존재했던 것은 확실하다.

그러나 태종실록에 등재(登載)되어 있는 귀선(龜船, 거북선)에 대해서는 아무리 문헌을 뒤져보고 기록을 탐색(探索)하여 보아도 언제, 어디서, 어떻게 건조되었는지 기록을 찾을 수가 없고 특징이나, 구조나, 성능 등에 대한 것을 전연 알 수가 없다. UNESCO 세계기록유산에 등재될 정도로 기록문화가 철저했던 조선에서 대마도 정벌을 위하여 거북선과 같은 특별한 전선을 건조하였다면 조선 조정에서는 그 기록을 남기지 않았을 리가 없고, 어디엔가 사료가 남아있을 텐데 전혀 아무 기록도 찾을 수 없었다. 태종실록에 최초로 등재(登載)되어 있는 귀선(龜船, 거북선)은 정말 그 창제(創製)의 근원(根源)을 알 수 없는 신비(神祕-mysterious)한 전선(戰船)이다.

---

1) 조선왕조실록 "태종실록" 13년 2월 5일 갑인 조(甲寅 條).

우리나라 국민 중 고려 때부터 조선 초 태종 때까지 다섯 번, 즉 5차에 걸쳐 대마도(對馬島) 정벌(征伐)을 단행(斷行)하였다는 사실을 인지하고 있는 사람은 많지 않다. 물론 저자의 의견에 동의하지 않는 사람도 있겠지만 이에 대한 저자의 생각을 피력해 보고자 한다. 고려 원종 15년(1274년, 충렬왕 원년) 여몽연합군의 제1차 일본정벌과 고려 충렬왕 7년 제2차 일본정벌 때 대마도에 상륙하여 완전히 제압하였다는 기록이 있으니 이것이 역사상 제1차와 제2차 대마도 정벌이라고 생각한다. 그 후 한동안 뜸하던 왜구의 침탈이 고려 말에 이르러 다시 심해지자 고려 조정에서는 왜구에 대한 적극적인 대처전략으로 창왕 원년(1389년) 대마도 정벌을 단행하였으며 이것이 우리 역사상 제3차 대마도 정벌이다. 조선 초에 들어와서는 태조 5년(1396년)과 태종 19년(1419년, 세종 원년)에 두 번 대마도 정벌이 있었으니 이것이 각각 제4차와 제5차 정벌인 것이며 이와 같이 우리 역사상 모두 5차에 걸쳐 대마도 정벌을 단행한 바 있다.

고려 말(末) 최무선(崔茂宣) 장군이 화약(火藥) 제조법을 개발하였고, 우왕(禑王) 3년(1377년)에는 고려 조정(朝廷)에 화통도감(火㷁都監)을 설치하여 각종 화포를 개발한 후 우왕 6년(1380년) 세계 최초의 함포 해전으로 500여 척의 초대형 왜구(倭寇) 선단(船團)을 완전히 격파한 진포해전(鎭浦海戰)이 있었다. 우왕 9년(1383년)에는 진포해전에서 대패(大敗)한 왜구가 보복을 위하여 120척의 대 선단을 이끌고 남해를 침범하였는바 고려의 전선(戰船) 47척이 화포를 이용하여 적선(敵船) 17척을 대파(大破)하고 쾌승(快勝)을 거둔 관음포해전(觀音浦海戰)이 있었다.

두 번의 해전에서 승리하여 자신감을 회복한 고려(高麗) 조정에서는 왜구에 대한 전략을 종래의 수세적(守勢的)인 토벌 작전에서 적극적인 공세(攻勢) 전략으로 전환하여 왜구의 본거지인 대마도(對馬島) 정벌(征伐)을 단행하였으며 피랍되어간 백여 명의 고려인을 구출하기도 하였다.

저자는 조선 3대 임금 태종실록에 등장하는 귀선(龜船, 거북선)이 고려 말 창왕 원년(1389년) 경상 원수 박위(朴葳) 장군과 최무선 장군이 100여 척의 전선으로 대마도를 정벌할 때 건조된 것이 아닌가 하고 추측한다. 이때 건조된 귀선(龜船, 거북선)이 나라는 바뀌었어도 그대로 보존되어 오다가 약 24년 후 대마도 정벌을 위한 임진강에서의 가왜선과의 진법훈련에 동원되었고, 그로부터 6년 후인 세종(世宗) 원년(元年, 1419년) 상왕(上王) 태종(太宗)이 대마도(對馬島) 정벌(征伐)을 단행할 때 조선 함대에 포함되어 출정하지 않았을까 하고 추측한다. 이러한 정황으로 볼 때 저자는 거북선의 기원을 왜구의 침해가 가장 심했던 고려 말로 추측한다.

저자는 우리나라 역사상의 국가 중 “고려(高麗)”를 좋아한다. 명분과 허례허식에 치우치고 “노블레스 오블리주(Noblesse Oblige : 높은 사회적 신분에 상응하는 도덕적 책무)”가 실종된 답답한 조선사회에 비하여 고려사회는 대외적인 기상이 뛰어났고 개인 활동이 좀 더 자유스러웠으며 문화와 과학기술이 발달하였었다. 고려에서는 아들, 딸 구별 없이 재산을 상속하고, 제사를 지냈다. 처가살이가 보편적이었고 여성의 재혼을 금하는 법도 없었다. 조선시대 중국 중심의 천하관과 달리 고려는 천하의 중심이 여럿일 수 있다는 “다원적 천하관”을 견지했다. 고려사회는 지금 우리에게 필요한 다양성, 개방성과 같은 요소들을 포용하고 있었다. 우리는 조선왕조 500년의 역사만 우리 역사의 전부인 양 여기지 말고 또 다른 500년의 고려 역사가 있음을 상기하며 우리의 역사에 대한 시야를 넓혀야 한다.

역사는 승자의 것이라고 하지만 조선이 건국된 후 고려의 기록들을 많이 훼손하고 고려의 역사를 악의적(惡意的)으로 묘사한 것이 많이 있다. 그 대표적인 예로 조선 태조 때 편찬한 고려사 책을 보면 고려의 역대 임금을 왕이 아닌 그 아래의 관직(官職)으로 비하하여 기술하였던 것을 들 수 있다. 이것을 세종대왕 때 고려지(高麗志)를 편찬하면서 태조, 혜종, 정종, 광종 등 정식 임금(왕, 王) 명칭으로 복원한 바 있다.

또한 조선 건국 초기 고려 왕족의 성(姓)인 “왕(王)” 씨 성을 가진 사람들을 대량 학살하여 “왕(王)” 씨 성을 “전(田)” 씨나 “옥(玉)” 씨 성으로 바꾸었다는 것은 잘 알려진 민간설화이다.

“천추태후(天秋太后)”에 대한 기록도 마찬가지다. 천추태후를 몹시 부도덕하고 음란한 여인으로 묘사하고 있으나 신라의 전통 관습이 살아있던 그 당시에는 사회풍속이 그러했다. 신라시대 남녀가 탑돌이를 하다가 눈이 맞아 서로 짝꿍이 되는 것과 유사했다.

삼국사기(三國史記)에 의하면 김유신 장군의 어머니 만명부인(萬明夫人)도 처녀 때 부친인 숙흘종(肅訖宗, 진흥왕의 아우)이 김서현(金舒玄, 김유신(金庾信) 장군의 아버지)을 신분에 맞지 않는다고 만나지 못하게 유폐시킨 것을 번개가 치는 날 감시가 소홀한 틈을 타 도망쳐서 자기들끼리 결혼해 김유신 장군을 낳았다고 하지 않는가!

조선의 엄격한 유교관으로 보면 이런 일들이 음란하고 부도덕한 것이라고 비하할지도 모르지만, 그때에는 자유연애가 허용되던 시대였다. 이처럼 고려시대에는 답답한 유교적 규범에 속박되지 않고 상당한 수준의 자유로운 생활을 할 수 있었다.

그러나 저자가 특히 고려(高麗)를 좋아하는 이유는 고구려(高句麗)의 고토(古土, 옛 영토)를 수복하라는 태조(太祖) 왕건(王建)의 북진정책이 마음에 들어서이다. 고려 태조 왕건의 "훈요십조(訓要十條)" 중 제4조는 태조의 대 외국관을 보여주는 것으로 태조의 주체성을 엿볼 수 있는 조항이다. 조선 태조 이성계의 "사대교린주의(事大交鄰主義)"와 비교하여 볼 때 국가와 민족의 웅비를 표징(標徵) 하는 원대한 기상이 아닌가!

따라서 "고려(高麗)"라는 국호도 "고구려(高句麗)"에서 따 온 것이다. 고려는 고구려의 고토(古土)를 수복하려고 여러 번 시도 하였으나 운이 없었다. 그때마다 북방에 강대한 세력이 출현했다.

고려 초에는 "요(遼) 나라(거란)"가 강성하여 고려를 26년간 세 차례에 걸쳐 대규모 침공(여·요 전쟁, 麗·遼 戰爭)을 일으켰으며 여러 번의 소규모 국지전도 있었다. 993년 제1차 침입을 시작으로 1010년 제2차 대규모 침공 때는 거란의 성종이 직접 40만 대군으로 침입하여 수도 개경까지 점령당한 바 있었다. 그러나 제3차(1018년) 대규모 침공 때 고려는 강감찬 장군의 지휘 아래 귀주대첩에서 거란군을 거의 전멸시키다시피 하는 대승을 거두었다. 강감찬 장군의 귀주대첩은 고구려와 수(隋)나라와의 전쟁 때 을지문덕 장군의 살수대첩, 임진왜란 때 이순신 장군의 한산도대첩과 더불어 우리나라 역사상 3대 대첩 중의 하나로 찬란히 빛나고 있다. 26년간 고려를 괴롭혔던 당대 최강국 거란과의 고려·거란 전쟁은 고려의 통쾌한 승리로 막을 내렸으며 요나라(거란)의 세력은 급속히 약화 되어 그동안 힘을 길렀던 여진족이 세운 금나라에 의하여 멸망하였다. 요나라의 잔존 세력은 서쪽으로 도망가 "서요국(西遼國)"을 세웠으나 훗날 칭기즈칸의 몽고군에 의하여 완전히 멸망하였다. 기록에 의하면 칭기즈칸 군은 서요국의 개와 고양이까지 모조리 살육하였다고 한다. 이렇게 하여 역사상 우리 민족의 숙적인 거란족은 지구상에서 사라져 버렸다.

우리나라 역사상 대규모 고토 회복 운동이자 북방원정으로 윤관 장군의 여진 정벌을 빼놓을 수가 없다. 고려 예종 2년(1107년) 윤관 장군은 그가 조직한 특수부대 별무반을 비롯한 17만 대군을 이끌고 여진족을 정벌한 후 동북 9성을 축조하고 개선하였다. 동북 9성은 강동 6주와 함께 고려의 북진정책 및 영토확장(고토 수복)을 상징하는 역사적 쾌거이다. 그때 고려군이 어디까지 진격하였는지 역사가들 사이에 의견이 분분하였으나 얼마 전 만주의 거의 끝부분인 소하강(蘇下江) 상류에서 고려의 북방경계를 표시하기 위한 "고려지경(高麗之境)"이라는 명문(銘文)이 새겨진 "고려정계비(高麗定界碑)"가 발견되어 그렇게 멀리까지 영토를 넓혔나 하고 경탄한 바가 있다.

윤관 장군이 영토를 확장하고 개선한 후 여진족들은 사절을 보내어 고려를 상국(上國)으로 섬기고 매년 조공을 바치겠으니 동북 9성을 돌려달라고 간청하였다. 윤관 장군은 반대하였으나 고려 조정에서는 유지하기가 어렵다는 이유로 여진족의 요청을 들어준 바 있다. 역사적으로 황제가 다스리는 황제국이 되려면 반드시 그 아래 제후국이 있어야 한다고 하는데 우리나라 역사상 진정한 황제요, 황제국이라고 할 수 있는 시기는 이때뿐이었다고 생각한다.

동북 9성을 돌려받은 여진족은 세력이 강성해져서 "금(金)나라"를 세웠고 "요(遼)나라"를 멸망시켰으며, 중국 본토 "송(宋)나라"의 휘종 황제를 포로로 잡아가고 송나라의 많은 부분을 점령하였으나 고려를 상국으로 모셨기 때문에 고려는 침입하지 않았다.

고려 후기 몽고족의 원나라가 강성하여 중국과 아세아는 물론, 유럽까지 정벌하였고 고려를 침입하였다. 고려 조정에서는 강화도로 천도를 하고 28년간 항전을 하다가 강화조약을 맺고 개경으로 귀환하였다. 이러한 동북아 국제정세 하에서 아무리 고토 회복을 하고자 하여도 하기가 어려웠다.

고구려의 고토를 회복하고자 하는 고려의 마지막 북벌 정책이자, 지금까지 우리 민족 최후의 시도는 고려말 우왕 14년(1388년) 요동 정벌 계획일 것이다. 그때는 "원(元)·명(明) 교체기"로 요동 땅은 주인이 없는 무주공산이었다. 요동 정벌이 계획대로 실행에 옮겨졌어도 성공했을지, 실패했을지는 알 수 없지만 성공했더라면 오늘날 만주 땅의 상당 부분이 우리의 영토가 되어 있었을 것이며 조선 역사와 우리 민족의 치욕인 병자호란도 일어나지 않았을 것이다. 성공·실패를 불문하고 한 번 해봐야 했다. 천재 물리학자인 아인슈타인(Einstein) 박사도,

> "실수라고는 해본 적이 없는 사람은 새로운 것이라고는 전혀 시도해보지 않은 사람이다(Anyone who has never made a mistake has never tried anything new.)"

라고 하지 않았던가!

그러나 애석하게도 위화도 회군으로 우리 민족은 부흥(復興)의 기회를 잃었고, 고려를 멸망시키는 결과를 가져왔다. 하지만 고려의 조선(造船) 기술, 화약 제조 기술, 그리고 화포 제작 기술은 그대로 조선에 전수되고 발전되었으며 임진왜란이라는 국난극복의 원동력이 되었다. 또한 실제 해전에서 돌격선으로써 큰 역할을 한 "거북선"이 탄생하게 되었으며 오늘날에도 우리들의 가슴 속에 국난극복의 상징으로 남아있다.

4. 조선 수군과 거북선의 역사적 배경

임진왜란 당시 조선 수군의 조직과 전선(戰船) 및 무기체계는 하루아침에 이루어진 것이 아니다. 외적의 침탈을 효과적으로 방어하고 퇴치하기 위해서 오랜 역사를 통하여 정비되고 발전하여 온 결과이다.

특히 임진왜란 당시의 거북선은 일본의 침입을 격퇴하기 위하여 개발된 전선(戰船)이다. 그러나 거북선 역시 아무 연고 없이 하루아침에 생겨난 전설적인 전선(戰船)이 아니고 우리나라의 해안 방어와 조선 기술의 오랜 전통 속에서 출현한 전선(戰船)이라고 생각한다.

일본의 해적 떼, 이른바 왜구(倭寇)는 삼국시대부터 우리나라를 수시로 침범하여 양민을 살해하고 약탈을 일삼아 왔다. 삼국사기에는 신라 말기 왜구토벌에 대한 기록이 남아있다.

고려가 건국되고 비교적 초기라고 할 수 있는 제8대 현종 때에는 북으로는 거란이 두 번째로 침입하여 개경을 점령하였고 남으로는 왜구가 창궐하여 국가적인 위기를 맞은 적이 있었다.

그뿐만 아니라 11세기 초에는 여진족 해적이 울릉도, 대마도 연안까지 출몰했다. 여진족 해적 떼는 민가를 방화하고 재산을 약탈하는 데다 주민까지 생포해가는 노략질을 자행했다. 수십 척의 군선을 동원한 여진족 해적은 한때 강원도 간성이나 경기도 광주에까지 진출할 정도로 세를 뻗쳤다고 한다. 이들은 고려뿐만 아니라 일본 연안에까지 출몰해 일본인들을 납치하기도 했다.

이때 여진족 해적을 소탕한 것은 고려의 수군이었다. 고려에서는 제8대 현종 원년(顯宗 元年)인 1009년부터 과선(戈船)을 건조하기 시작하여 동해안 진명(鎭溟, 지금의 함경남도 덕원(德源)), 원흥진(元興鎭, 지금의 정평(定平)) 등지에 선병도부서(船兵都部署)라는 수군기지를 두고 과선을 배치하여 동북의 여진 해적(女眞 海賊)을 방어하였다.

과선(戈船)은 배의 좌우에 칼과 창을 빽빽하게 꽂아 적병이 배에 뛰어오르는 것을 막고 선두에는 쇠로 만든 뿔을 달아 적선을 충파하도록 만들어졌다고 한다.

고려 현종 10년(1018년) 4월 진명(鎭溟)의 선병도부서(船兵都部署)에 주둔하고 있던 고려의 수군이 여진의 해적선 8척을 포획했는데 이때 납치되어있던 일본인 남녀 259명을 구출하여 일본에 돌려보낸 일이 있다.[1)]

---

1) 고려사(高麗史) 권 4.

이때 귀국한 일본 여인 내장석녀(內藏石女) 등이 고려 수군의 전선 및 전투상황을 목격하고 기록으로 남긴 "소우기(小右記)"[2]에 의하면, "고려의 군선은 선체가 높고 커 병기와 연장을 많이 쌓았으며 철로 만든 뿔이 장착되어 있었다."라고 하며 임진왜란 당시의 거북선과 비슷한 군선을 묘사하고 있는데 고려의 과선(戈船)에 대한 묘사가 아닌가 추측된다.

고려의 수군은 제8대 현종 2년(1010년)부터 제15대 숙종 3년(1097년)까지 근 백년 동안 과선(戈船) 75척을 동원하여 왜구를 섬멸하였다고 한다.[3] 왜구는 전통적으로 등선육박전(登船肉薄戰), 즉 배에 뛰어올라 창칼로 싸움하는 접근전에 익숙하였기 때문에 왜구의 전법을 막기 위하여 개발된 고려의 전선이 바로 과선(戈船)이다.

구전(口傳)에 의하면 고려의 수군은 과선(戈船)에 그치지 않고 더 나아가 별맹선(別猛船)이라는 전선을 개발하였는데, 상갑판을 둥글게 만들어 완전히 복개(覆蓋)를 하고 적의 공격으로부터 군사들을 보호하였다고 한다. 별맹선 안의 군사들은 판옥 내부에 숨어서 적을 공격하기 때문에 적이 공격 방향을 감지할 수 없는 장점이 있기도 했지만, 왜군들이 복개한 덮개 위에 뛰어내릴 수도 있고 갑판 안에서의 시야가 좁아 왜구와의 싸움에서 큰 활약은 하지 못하였다고 한다. 그러나 용머리와 덮개 위의 칼과 송곳만 없을 뿐이지 형태와 개념은 임진왜란 당시의 거북선과 매우 흡사한 듯하다.

고려시대 왜구의 침탈은, 제25대 충렬왕 때 두 차례에 걸친 여·몽 연합군의 일본 정벌(1274년, 1281년) 후 한동안 잠잠하였으나 제30대 충정왕 때부터 다시 침구(侵寇)하기 시작하여 제31대 공민왕(1351년~1374년) 말년부터 제32대 우왕(1374년~1388년) 때에 이르는 15년간은 왜구로 인한 피해가 특히 심하였다.[4]

그러나 고려에서는 1370년경 최무선이 우리나라 역사상 최초로 화약개발에 성공하였다. 고려에서는 여·몽 연합군이 일본을 정벌하러 출정하였을 때 원(元)나라 군사들이 화약을 사용하는 것을 보았으나 당시 화약은 전 세계에서 중국만이 생산할 수 있었고 원(元), 명(明) 왕조에서는 화약의 제조 방법을 국가 비밀로 하고 외부에 유출하는 것을 엄금하고 있었다.

---

2) 근래 일본에서 발견된 자료임.
3) 고려사지(高麗史志) 권(卷) 36병(兵) 2.
4) 고려사(高麗史) 권 37-38.

최무선의 화약개발 동기는 의외에도 왜구 퇴치를 위한 해상 공격에 있었다. 당시 육전 위주의 수세적 전술만 펼치던 고려는 연해를 배회하다가 불시에 기습 상륙하여 약탈을 자행한 후 고려군이 출동하기 전에 재빨리 도주하는 왜구의 기습침입 방법에 속절없이 당하고만 있었다.

왜구 퇴치의 필요성을 절감하며 성장한 최무선은 언제 어느 지점에 상륙할지 모르는 왜구를 방어하는 데 있어서는 무엇보다도 왜구의 선단을 해상에서 격멸할 수 있는 전투 수단의 개발이 필요하다고 생각하였을 것이며 화약개발부터 해상 공격에 염두를 두고 있었다. 최무선이 화약개발 단계부터 해상 공격을 염두에 두고 있었음을 "신증동국여지승람(新增東國輿地勝覽)"의 기록인 "사수전화공지책(思水戰火攻之策)"에서 확인할 수 있다. 또한 최무선의 화약개발은 당시 세계 어느 곳에서도 생각지 못했던 함포개발로 이어진다.

화약 제조법을 알아낸 최무선은 이를 활용하여 왜구를 토벌하고자 고려 조정에 화통도감(火筒都監)의 설치를 끈질기게 건의하여 우왕 3년(1377년) 윤허(왕의 허락)를 받아내었으며 그해 10월 개경에 화통도감이 설치되었다.

마침내 화통도감을 통해서 각종 화약 병기와 발사물을 제작하면서 화약 및 화기의 제작 기술은 급속도로 발전하게 되었다. 최무선은 화통도감의 제조(提調, 책임자)가 되어 대장군포(大將軍砲), 이장군포(二將軍砲), 삼장군포(三將軍砲), 육화석포(六火石砲), 신포(信砲), 화전(火箭), 화통(火㷁) 등의 총포류를 개발하고, 화전(火箭), 철령전(鐵翎箭), 피령전(皮翎箭) 등의 발사용 화기 및 질려포(疾藜砲), 철탄자(鐵彈子), 천산오룡전(穿山五龍箭), 유화(流火), 주화(走火), 촉천화(觸天火) 등 각종 화기를 제조하였다. 특히 최무선의 주화(走火)는 로켓의 원조 격인 무기로 조선 세종 시대의 신기전(神機箭)으로 발전하게 된다.

또한 최무선은 이러한 화기를 적재하고 활용할 수 있는 전함의 개량에도 힘을 쏟았으며 전함 건조를 직접 담당하였을 뿐만 아니라 화기 이용에 대한 교육에도 힘써 화통도감이 설치된 지 불과 6개월 만에 화기 발사의 전문부대로 보이는 화통방사군(火筒放射軍)이 편성되었다. 이는 화기가 재빨리 전술적 목적에 이용되었음을 증명해 주는 것이라고 하겠다.

화기로 무장한 고려의 전함이 왜구와의 해전에서 위력을 발휘한 전투가 우왕 6년(1380년)의 진포해전과 우왕 9년(1383년)의 관음포해전이다.

우왕 6년(1380년) 8월, 대규모의 왜구는 500여 척의 전함을 이끌고 진포[5]를 거점으로 하여 서천(舒川)과 금강(錦江) 어구까지 올라와 주변 지역에 대한 방화와 약탈을 자행하자 고려 조정에서는 최무선의 화기를 시험해 볼 수 있는 기회로 여겨 최무선을 부원수(副元首)로 임명하고 도원수(都元首) 심덕부(沈德符), 상원수(上元首) 나세(羅世)와 함께 전함 100여 척으로 왜적을 추포할 것을 명했다.

고려의 수군이 진포에 도착하였을 때 왜선들은 대규모의 작전을 위해 전선들을 굵은 밧줄로 연결시켜 하나의 거대한 해상 요새를 형성하고 고려 수군에 맞섰다. 고려 수군의 전선 수는 100여 척에 불과하여 왜선 500여 척에 비하여 수적으로 절대적인 열세에 처해 있었으므로 종래의 고려 수군이라면 왜선의 위세에 눌려 감히 근접할 엄두를 내지 못했을 것이다. 그러나 화포로 무장한 고려 수군은 이 초대형 왜구의 선단을 향해 대규모의 화포 공격을 퍼부어 적선 500척을 전소시켰다.

진포해전(鎭浦海戰)은 우리나라 해전사에 있어서나 세계 해전사에 있어서 역사적 의미가 매우 크다. 우리나라 해전사에 있어서는 화약과 화포로 장비한 수군이 치른 최초의 해전이었다는 점이며 세계 해전사로 볼 때는 화포를 이용한 세계 최초의 해전, 즉 세계 최초의 함포해전이라는 점이다.

유럽(Europe)의 경우 백년전쟁 때인 1338년 네덜란드 앞바다에서 프랑스와 영국군의 전투(Battle of Arnemuiden) 때 영국함대가 함선에서 화포를 사용한 것이 함포가 최초로 해전에서 사용된 기록이라고 하지만 함포 전술 위주의 해전은 1380년 고려시대의 진포해전이 세계 최초라고 알려져 있다. 유럽에서의 최초의 함포 해전은 진포해전보다 약 200년 후인 1571년 베네치아, 제노바, 스페인 연합의 신성동맹 함대가 오스만튀르크 제국의 함대를 격파한 레판토해전(Battle of Lepanto)에서였다.

진포해전에서의 승리 후 고려는 자신감을 되찾았으며 이를 기반으로 해상 방어를 적극화하여 정지(鄭地, 1347~91) 장군을 해도 원수로 임명하고 해상 초계를 강화하였다. 특히 화포의 전술적 운용에 있어서도 초기의 시험 수준을 발전시켜 활용단계에 도달할 수 있도록 노력하였다.

---

5) 진포(鎭浦)의 정확한 위치에 대해서는 전라북도 군산 앞바다로 보는 설과 충청남도 서천군으로 보는 설의 두 가지로 나뉜다.

이러한 상황 하에서 전개된 또 하나의 전투가 우왕 9년(1383년)에 벌어진 관음포 해전이다. 진포해전에서 대패한 왜구는 보복을 위해 다시 120척의 대선단을 이끌고 남해를 침입하였다. 이에 정지 장군은 고려전선(戰船) 47척으로 경상남도 남해 관음포(觀音浦)에서 화포와 궁시를 이용하여 적선 17척을 대파하고 쾌승을 거두었으며 우리 역사에 관음포대첩(觀音浦大捷)[6]으로 기록되어 있다.

관음포해전은 함포의 전술적 운용에 있어서 진포해전보다 진일보하였다. 진포해전이 정박되어 있는 적선, 즉 고정표적에 대한 함포 공격이었다면 관음포해전은 해상에서의 이동 표적에 대한 공격이었다는 점이다.

두 번의 해전에서 승리하여 자신감을 회복한 고려 조정에서는 왜구에 대한 전략을 종래의 수세적인 토벌 작전에서 적극적인 공세 전략으로 전환하였으며 나아가 왜구의 본거지인 대마도 정벌을 논의하게 되었다. 그 결과 창왕 원년(1389년) 경상도 원수 박위(朴葳)가 전함 100척으로 출정하여 대마도를 정벌하였으며 최무선 또한 출정해 포로로 끌려간 백여 명의 고려인을 구출하기도 하였다.

돌이켜 보건대 고려 말 최무선 장군의 화약발명과 화포 제작이야말로 임진왜란 당시 조선 수군 연전연승의 1등 공신이라고 할 수 있다.

조선은 건국 초기부터 왜구의 침탈에 시달려왔다. 특히 남 서해(南 西海) 해안 마을의 피해가 심했다. 평화롭고 행복하게 지내던 양민들이 갑자기 들이닥친 왜구에 의하여 학살되고 붙들려갔다. 조선 제3대 임금 태종은 드디어 대마도 정벌을 결정하였다. 정벌을 위하여 고려시대의 전선(戰船)을 개량하는 한편, 많은 전선을 건조하였으며 태종 13년(1413년) 2월 5일 임진강에서의 진법훈련 때 거북선(龜船)과 가상 왜선, 즉 가왜선(假倭船)이 서로 싸우는 상황을 관전(觀戰)하였다고 한다[7].

이때의 거북선은 정원 80명 정도의 대맹선과 60명 정도의 중맹선을 기반으로 개발된 전선인듯하며 대마도 정벌에 참여하기는 하였으나 규모도 작고 척수도 적어 큰 전공을 세우지는 못한 듯하고 특성이나 건조에 대해서 남아있는 기록은 전혀 없다.

태종 15년(1415년)에는 좌대언 탁신이 "거북선의 전법은 많은 적에 충돌하더라도 적이 해칠 수가 없으니 승리를 얻어내는 훌륭한 방책이라 할 수 있습니다. 거북선을

---

6) 고려사(高麗史) 권113 열전(列傳)26 정지(鄭地), 고려사절요(高麗史節要), 권30, 신화 3年 3月.
7) 조선왕조실록 "태종실록" 13년 2월 갑인 조(甲寅 條).

더욱 견고하고 정교하게 만들어 싸움에 이기는 군선으로 만들어야 합니다"라는 뜻의 상소를 올린 바 있다.

이러한 기록으로 보아 임진왜란이 일어나기 약 180년 전인 조선 초기에 거북선(龜船)이라는 전선(戰船)이 존재했던 것은 확실하며 저자는 거북선의 기원을 왜구의 침해가 가장 심했던 고려 말기가 아니었을까 하고 추측한다.

대마도 정벌 후 조선 조정에서는 수군의 필요성을 절감하고 진작부터 수군을 육군으로부터 분리하여 독립 운영하고 있었다. 조선 수군은 제한된 소규모의 해전을 위해서가 아니라 전면전을 대비한 편제를 유지하고 있었다. 조선의 수군 편제는 크게 보아 경상좌도·우도 수군절도사, 전라좌도·우도 수군절도사, 충청 수군절도사, 경기 수군절도사로 구성되어 있었으나 임진왜란 당시에는 경기 수군절도사는 제외되어 있었으며 임진왜란 중 충무공 이순신 장군이 삼도수군통제사(三道水軍統制使)로 임명될 때까지는 삼도 수군 전체를 총지휘하는 지휘부는 없었다.

이순신 장군은 임진왜란이 발발하기 1년 전 전라좌도수군절도사(全羅左道水軍節度使)로 임명을 받고 1591년 2월 전라좌수영(全羅左水營-지금의 여수)에 부임하였다. 전라 좌수사로 부임한 이순신 장군은 왜의 침략을 감지하였을 뿐만 아니라 확신하게 되었다.

왜구에게 잡혀갔다 탈출하였거나 쇄환 되어 온 조선 양민들의 증언을 통해서, 그리고 일본의 내부 동향에 대한 탐지를 통해서 수집한 정보들의 종합적인 검토를 통하여 일본의 침략 준비를 잘 알 수 있었으며 이미 5만여 명의 대군이 일본 본토에서 대마도로 건너가 주둔하고 있음도 알고 있었을 것이다.

이순신 장군은 전쟁을 대비하여 전력(戰力)을 증강할 필요성을 절감하였다. 우선 전라좌수영 본영과 예하 5관(官)[8] 5포(浦)[9]의 성곽을 보수하고 성 둘레에 해자(垓字-방어용 연못이나 수렁)를 깊이 파는 한편 병기를 수리·정비하고 전선(戰船)을 새로 만들었다.

그러나 그 당시 조선의 사정은 국방력을 증강하기가 매우 어려웠다. 임진왜란이 일어나기 3년 전 정여립의 난이 있었다. 그 당시 조선의 14대 임금인 선조는 정여립의 난이 평정된 후 병적으로 신하들과 백성들을 의심하여 무고한 선비들을 수없

8) 5관 : 순천부, 낙안군, 보성군, 광양군, 홍양군.
9) 5포 : 방답진, 여도진, 사도진, 녹도진, 발포진.

이 살육하였고(3천여 명에 이른다고 함) 무기를 제조하거나 군사를 양성하거나 군사훈련을 하면 모반죄로 처단하는 상황이었기 때문이다.

임진왜란이 일어나기 1년 전 조정에서는 일본의 동태를 탐지하기 위하여 사신단(使臣團)을 일본에 파견하였다. 사신단 대표는 당시 일본의 집권자인 도요토미 히데요시(豊臣秀吉)를 접견하고 귀국한 바 있다. 귀국 후 선조 임금의 어전회의(御前會議), 즉 일본의 동태에 대한 정탐보고회에서 사신단의 대표와 부대표, 즉 정사(正使)와 부사(副使)는 조정(朝廷) 사신의 보고라고는 도저히 이해할 수 없는 전혀 다른 상반되는 보고를 하였다. 우리는 이 사실을 역사를 통해서 잘 알고 있다.

우리는 여러 가지 이유에서 보험에 가입한다. 건강보험, 자동차보험, 화재보험 등…. 간혹 보험에 가입하여 보험금만 내고 보상받은 적이 없다고 억울해하는 사람들이 있는데 보험은 보험이다. 즉 가입해서 보험금만 내고 보상을 받지 않아야 좋은 것이고 또 잘하는 것이다. 보상을 받았다는 것은 병이 났거나 사고가 났다는 뜻이다.

국방은 공자님이 말씀하신 "국가경영 3요소 중의 하나"이다. 이와 같이 국가경영에 있어서 중요한 요소 중의 하나인 국방에 대해서 조정(朝廷)의 중신(重臣)들 사이의 의견이 갈렸을 때는 당연히 보험에 들어야 한다. 나중에 쓸데없는 일을 하였다고 판명이 날지라도 대책을 세워두어야 하는 것이다. 그러나 조선 조정에서는 "일본이 반드시 침입할 것"이라는 사신단 정사의 보고를 무시하고 당시 당파의 세력 다툼에서 우위에 있던 파당에 속해있던 부사의 보고를 채택하였으며, 따라서 아무런 대비책도 마련하지 않았다. 오히려 국방력을 증강시키는 행위를 하면 모반죄로 처단을 하는 상황이었다.

자기편의 이익을 위해서 수단과 방법을 가리지 않는 것이 정치란 말인가? 예나 지금이나 정치가란 오직 자신과 자신이 속한 정파의 집권이나 이익에만 집착하지 정말로 국가를 생각하는 정치가는 극히 희소하다는 생각이 든다. 우리나라의 역사, 특히 조선의 역사와 오늘날의 실정을 지켜보며 참으로 안타깝고 답답한 마음을 금할 수 없다.

이순신 장군의 고뇌는 대단히 심하였을 것이다. 이순신 장군은 왜적이 침입하면 해전은 필연적인데 장차 벌어질 해전에서 왜군의 전통적인 전법을 심히 염려하였다. 전통적으로 왜군은 등선육박전(登船肉薄戰), 즉 접근전(接近戰)과 백병전(白兵戰)에 능했고 고려나 조선에서는 먼저 멀리서 활을 쏘아 적을 제압하고 나중에 접근전을 하는 전술을 구사하여 왔다. 임진왜란 초기에 의병을 일으켜 많은 공을 세우고 활약한 홍의장군 곽재우 의병장의 전투 수칙에도,

"백 보 밖에서 활을 쏘다 왜적이 백 보 이내로 접근하면 후퇴하라"

는 것을 명기하고 있다. 해전에서도 전통적으로 왜적은 고려나 조선의 전선에 뛰어올라 접근전, 즉 칼싸움을 시도하는 전법을 쓰고 있었으므로 배에 뛰어오른 왜적을 물리친다고 해도 조선 측에도 상당한 피해를 감수할 수밖에 없었다.

이순신 장군은 왜적의 접근전에 대비하기 위한 전선의 개발이 시급하다고 판단하였다. 조선 수군의 주력 전투선은 판옥선이었다. 판옥선은 정원이 200여 명이 되는 대형 전선이었고 전투원과 비전투원을 엄격히 구분하는 특징을 갖고 있었다. 즉 노를 젓는 격군들은 노갑판(포판(鋪板))에서 안전하게 노를 저어 전선을 조종하며, 노갑판(鋪板) 위의 상갑판(청판(廳板))에서는 군사들이 전투를 수행하였다. 하지만 상갑판(廳板) 위의 군사들이 완전히 노출되어 있어서 적의 조총 사격의 표적이 되는 것을 피할 수 없었다.

이순신 장군은 판옥선의 상갑판(廳板) 위 여장에 방패(防牌)를 설치하여 왜군의 조총 사격으로부터 군사들을 보호하는 한편 조선의 수군은 방패 사이로 전투를 수행할 수 있도록 하였다.

전쟁 분위기가 짙어지자 이순신 장군은 전라좌수영의 주요 지휘관들이 참석하는 진중회의(陣中會議)를 정기적으로(열흘에 한 번 정도) 개최하였다. 진중회의에 참석한 지휘관이나 군관들은 순천부사 권준, 낙안군수 신호, 녹도만호 정운, 사도첨사 김완, 흥양현감 배흥립, 광양현감 어영담, 방답첨사 이순신(李純信-이순신 장군과 동음이인), 군관 나대용, 군관 이언량 등이었으리라 추측된다.

진중회의에서 왜적의 접근전에 대비하기 위한 전선, 즉 왜군들이 뛰어오르기 어렵고 우리 군사들의 피해를 최소화할 수 있는 전투선의 개발에 대한 논의가 있었을 것이다.

이순신 장군의 난중일기(亂中日記)는 1592년 임진년 1월 1일부터 시작되는데 그 이전에도 일기를 쓰셨을 것이다. 그 이전의 일기나 왜란이 일어나기 전의 진중 회의록을 찾을 수 있다면 거북선을 개발하게 된 내역과 거북선의 특성을 잘 알 수 있을 것이다. 그러나 애석하게도 그러한 자료는 찾을 수가 없다.

여러 가지 정황으로 보아 사태의 심각함과 이순신 장군의 고뇌를 반영하여 순천부사 권준은 군관 나대용과 군관 이언량과 함께 삼국시대 이래로 우리 역사상의 전선(戰船)들에 대한 조사연구를 기반으로 새로운 전투선의 개발을 제안한 것 같다.

판옥선의 장점인 크고 튼튼한 선체에다 별맹선처럼 상갑판을 거북 잔등과 같이 복개한 후 그 위에 과선처럼 칼과 창, 또는 송곳을 꽂고 선수에는 용머리를 달아 거북선을 개발하자는 제안을 하였으며 이순신 장군은 이 제안을 수용하여 전투를 할 수 있는 거북선의 건조를 승인하지 않았나 하는 추측을 해본다.

순천부사 권준(權俊)은 조선 초기의 문신(文臣)이자 대학자인 권근(權近)의 후손으로 문과에 급제하여 여러 벼슬을 역임하였다. 이순신 장군이 전라도 순찰사 이광(李洸)의 조방장으로 있을 때(1589년) 공무로 순천을 방문하였었는데 그때 순천부사로 재직하고 있었으니 원래 이순신 장군보다 선임이었다.

임진왜란을 전후하여 순천부사 권준은 전라좌수영 관내에서 좌수사 다음가는 서열 2위의 장수(중위장)이었고 5관 5포 휘하 10명의 장수 중 유일한 문관 출신이었으며 학식이 높고 다재다능하여 임진왜란 중 이순신 장군이 가장 신뢰하고 의지를 한 분이다.

임진왜란이 끝난 후 권준 장군은 임진왜란의 전공으로 선무공신(宣撫功臣) 3등에 책록되었고 안창군(安昌君)에 봉해졌으며(1604년) 충청병사, 황해병사, 전라병사 등의 관직을 역임하였다.

군관 나대용(羅大用)은 조선왕조실록이나 여러 가지 장계에 기술되어있는 바와 같이 우리나라 역사상의 전선(戰船)에 대해서 해박한 지식을 가지고 있는 탁월한 조선기술자(造船技術者)로 평가된다.

임진왜란이 일어나기 1년 전인 1591년 신묘년(선조 24년)에 사촌 동생 나치용과 함께 전라좌수영(全羅左水營)의 군관으로 들어가 이순신 장군 휘하의 감조전선출납군병군관(監造戰船出納軍兵軍官)이 되어 거북선을 비롯한 전선(戰船) 건조에 정력을 쏟았으며 여러 번의 해전에도 참전하였다.

임진왜란 후에도 해추선(海鰌船)이라는 쾌속선을 고안하여 건조하는 등(1610년, 광해군 2년) 전선(戰船)의 개량사업을 계속하였으며 1611년(광해군 3년)에는 경기 수군을 관할하는 교동수사(喬桐水使)에 제수되었으나 왜란 때 입은 총상이 재발하여 부임하지 못하고 병사하였다.

이와 같이 거북선의 건조는 이순신 장군의 일방적인 지시에 의해서가 아니라 진중회의에서의 많은 논의를 통하여 결정된 것 같다.

그러나 문제가 있었다. 조정의 허락을 받아야 하는 것이었다. 처음에는 조정에 왜적의 침입에 대한 방어 준비를 해야 한다는 소(疏)를 올려 허락을 받은 후 공식적으로 군사와 무기와 군량미를 모으고 전선을 수리 및 건조하고 각 관과 포는 전시체제로 돌입하자는 의견도 있었다. 그러나 조정에서는 이미 그해 봄에 임금(선조)이 참석한 어전회의에서 전쟁이 나지 않는다고 결정을 하였으므로 허락해 줄 리가 없었다. 남은 방법은 조정에서 눈치를 채지 못하게 은밀히 건조하는 길밖에 없었다. 이순신 장군의 결단과 함께 무언의 합의가 이루어졌다.

돌이켜 보건대 거북선의 건조는 모반죄로 처형당할지도 모르는 위험을 감수하면서까지 나라를 지켜야겠다는 이순신 장군의 결단이 없었다면 결코 실현되지 못하였을 것이다. 지도자(Leader)의 올바른 결단은 그만큼 중요하며 따라서 저자는 임진왜란 당시의 거북선을 "이순신 장군의 거북선"이라고 불러도 과장됨이 없으리라고 생각한다.

"난중일기(亂中日記)"에 의하면 전라좌수영 선소(船所)에서 거북선을 진수한 것은 1592년 3월 27일 이전인 것 같으며 이날 선체의 운항 시험을 하는 길에 방포하는 것(대포 쏘는 것)도 겸하여 시험하였다. 거북선에 탑재한 지자포(地字砲)와 현자포(玄字砲)를 시험발포 한 것은 임진왜란이 일어나기 하루 전인 4월 12일이었다.

5. 판옥선(板屋船)과 안택선(安宅船)

조선(朝鮮)의 판옥선(板屋船)

조선 제13대 임금인 명종(明宗) 10년(1555년)에 등장한 판옥선(板屋船)은 당시 유래를 찾을 수 없는 독창적인 전선(戰船)이며 동아시아 최강의 전선(戰船)이었다. 판옥전선(板屋戰船)은 임진왜란 당시 조선 수군(水軍)의 주력 전선일 뿐만 아니라 거북선(귀선(龜船))의 모체가 되는 전선(戰船)이었다.

"선조수정실록(宣祖修正實錄)"을 비롯한 몇 가지 사료(史料)에는 "거북선(귀선(龜船))은 판옥선 위에 거북이 등과 같은 판자를 덮고 등 위에 칼과 송곳을 줄지어 꽂았으며, 선두(船頭)에는 거북 머리를 설치한 전선"이라는 기록이 있으므로 임진왜란 당시 거북선(귀선(龜船))의 실체를 규명하기 위해서는 먼저 판옥선의 개발 동기와 특성에 대해서 살펴보는 것이 타당하리라고 사료된다.

조선 전기(前期)의 군선(軍船)은 조운(漕運)을 겸(兼)한 맹선(猛船)이 주류를 이루고 있었지만, 선체가 둔중하고 기동력이 결여되어 전선(戰船)으로서의 효용성이 떨어진다는 비판이 높았다.

특히 중종(中宗) 5년(1510년)에 삼포왜란(三浦倭亂)이 일어났고, 중종 17~18년(1522~23년)에는 전라도와 황해도에 왜구가 침범했으며 중종 39년(1554년) 4월에는 사량왜변(蛇梁倭變)이 일어났다. 명종(明宗) 10년(1555년)에는 왜선 70여 척이 해남군에 침입하여 전라도 병마절도사와 장흥부사를 살해하고 영암까지 상륙하여 영암군수를 납치 살해한 을미왜변(乙未倭變)이 일어났다.

이와 같이 계속해서 왜구의 침구(侵寇)와 노략질을 당하면서도 조선의 수군(水軍)은 속수무책이었다. 왜구(倭寇)들이 중국의 구적(寇賊)으로부터 조선술과 초보적인 화약무기를 들여와 배를 개량하여 왜선(倭船)의 크기가 커지고 무기(武器)와 화력(火力)이 크게 강화되자 맹선으로는 왜구를 제압하기 힘들게 되었다.

특히 평선(平船)을 사용하던 왜구가 누옥(樓屋)을 탑재한 옥선(屋船)으로 침범하자 더 이상 맹선(猛船)으로는 대적할 수 없는 상황이 되었다. 새로운 형태의 전선 개발이 절실히 요망되던 중 드디어 명종 10년(1555년) 을미왜변(乙未倭變)이 일어난 바로 그 해에 판옥선(板屋船)이라는 새로운 전선(戰船)을 개발하게 되었다.

판옥(板屋)이란 글자 그대로 "판자로 지은 집"이란 뜻이다. 평선(平船)의 포판(鋪板)이라고 부르는 1층 갑판 위에 방패판을 두르고 다시 청판(廳板)이라고 부르는 상장갑판을 설치한 것이 마치 건축물의 2층과 같은 공간을 이루고 판자(板子)를 가지고 집(屋)을 지은 것 같다고 하여 판옥선(板屋船)이라고 불리게 되었다. 쉽게 말해서 판옥선(板屋船)이란 갑판이 한 층인 평선(平船) 위에 상갑판을 추가로 얹은 2층 갑판구조의 배를 뜻한다. 판옥선(板屋船)이라는 선명(船名)은 후일(後日) 전선(戰船)이란 선명(船名)으로 개명(改名)되었다.

"명종실록(明宗實錄)"에는

> "古昔敵倭之來 皆乘平船 故我國亦平船制勝 今則敵倭皆乘屋船 不得已用板屋船"1)
> (고석적왜지래 개승평선 고아국역평선제승 금즉적왜개승옥선 부득이용판옥선)
>
> "옛날의 왜적은 모두 평선(平船)을 타고 왔으므로 우리나라도 평선(平船)을 가지고 승리를 거둘 수 있었으나 지금은 왜적이 모두 옥선(屋船)을 타고 오므로 부득이 판옥선(板屋船)을 쓰지 않을 수 없다."

라고 판옥선(板屋船)을 개발하게 된 동기와 판옥선의 구조에 대해서 서술하고 있다.

판옥선(板屋船)은 구조(構造)와 기능(機能)과 성능(性能) 등 여러 면에서 종래의 군선(軍船)과는 아주 다른 혁신적인 전선(戰船)이다. 아래 그림에서 볼 수 있는 바와 같이 맹선(猛船)을 비롯한 종래의 군선(軍船)들은 갑판이 하나뿐인 평선(平船)이었다.

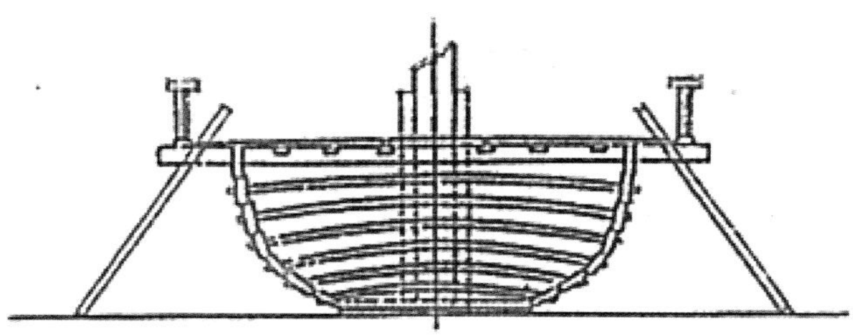

대맹선[大猛船, 갑판이 하나뿐인 종래의 전선]

---

1) 명종실록(明宗實錄) 권32, 명종 21년 3월 甲辰.

종래의 전선에는 포수(砲手), 사수(射手), 궁수(弓手), 창수(槍手), 그리고 갈고리를 던져 적선을 가까이 끌어온 후 올라타고 백병전을 하는 살수(殺手)로 구성된 전투원과, 노를 젓고 키(방향타, rudder)를 조정하여 전선의 기동력과 방향을 유지하는 비전투원이 하나의 갑판 위에 함께 승선하고 있었다. 이와 같이 갑판이 하나뿐인 평선에서는 전투원과 비전투원이 같은 갑판에 위치하고 있어 전투 중 서로 부딪히고 활동이 제한적인 데다, 기동력과 방향을 유지하여야 할 비전투원들이 전사하여 전선의 기동력이 둔화되고 전투력이 크게 저하되는 것이 상례(常例)였다.

이러한 문제점을 개선(改善)하고 극복(克服)한 것이 판옥선이다. 판옥선은 선체 위에 상장이라고 부르는 상부구조를 설치하여 갑판이 두 개, 즉 1층 포판(鋪板)과 2층 청판(廳板)으로 이루어진 2층 갑판선이기 때문이다.

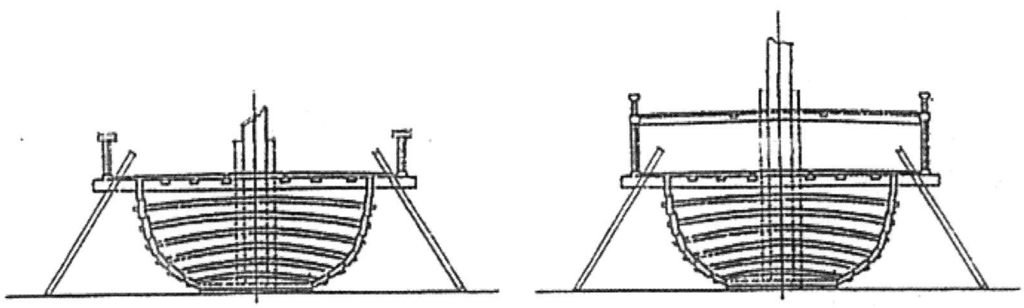

대맹선[大猛船] 판옥선[板屋船]

대맹선과 판옥선의 기본구조 비교[저자]©

조선시대에는 제1갑판을 포판(鋪板), 제2갑판을 청판(廳板)이라고 하는 것이 공식 명칭이었으며 판옥선(板屋船)의 경우 제1갑판인 포판(鋪板)은 노갑판이 되고 제2갑판인 청판(廳板)은 상갑판, 또는 전투갑판이 된다.

다음 그림은 판옥선(板屋船)의 기본구조와 제1, 제2갑판의 역할을 보여주고 있다. 저판(底板)과 외판(外板)으로 된 선체 위 갑판(제1갑판)에 기둥을 세우고 방패판을 두르며 다시 청판(廳板)이라고 불리는 상장갑판(제2갑판)을 깔고 난간을 둘렀으며 그 위에 지휘소인 장대(將臺)를 세웠다. 판옥선은 상장의 너비가 하체(선체)의 너비보다 넓어서 (좌우 각각 약 2.5척(尺)) 노(櫓)는 그사이를 통하여 밑으로 내려 배를 젓게 되어 있다.

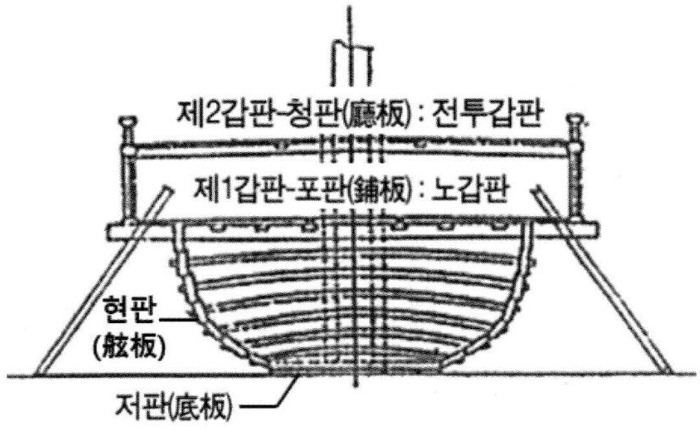

판옥선[板屋船]의 갑판구조

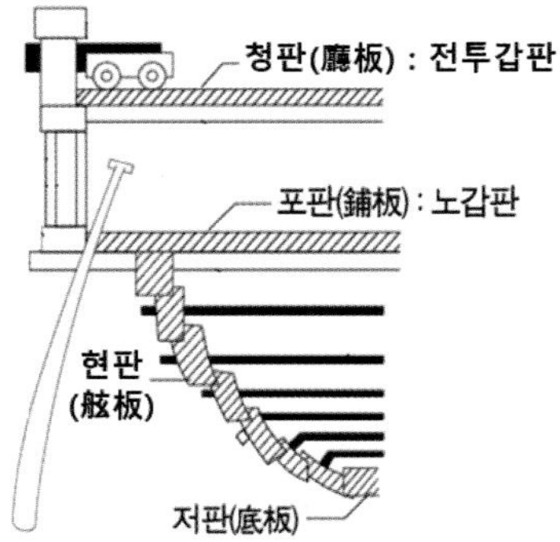

제1, 제2 갑판의 역할[Wondy 2001]

판옥선[板屋船]의 갑판구조와 갑판의 역할

다시 한번 언급하거니와 판옥선(板屋船)은 위의 그림에서 볼 수 있는 바와 같이 선체(船體) 위에 깔아놓은 갑판(제1갑판)과 상장 위에 깔아놓은 상장갑판(제2갑판)의 두 갑판을 가지고 있는 2층 구조로 된 전투함으로 여러 가지 뛰어난 기능을 발휘했다.

첫째, 비전투원인 노 젓는 군인(노군(櫓軍), 또는 격군(格軍))과 전투원을 아래·위 갑판으로 분리하여 비전투원인 격군(格軍)을 보호한 점이다. 노 젓는 군인인 격군(格軍), 또는 노군(櫓軍)들은 노갑판 위 판옥(板屋) 안에서 적에게 노출됨이 없이 안전하게 보호받으며 노 젓는 일에만 전념하고, 전투원들은 상갑판(청판(廳板)) 위 높고 넓은 자리에서 격군의 방해를 받지 않고 효과적으로 전투에 임할 수 있었다.[2] 이와 같이 역할분담을 충실히 하여 전투력이 크게 향상되었으니 이것이야말로 판옥선의 가장 탁월한 기능이었다.

둘째, 천자·지자·현자·황자(天字·地字·玄字·黃字) 총통(銃筒)이 양현(兩舷)에 각각 4문씩, 선두(船頭) 좌우에 각 1문씩 배치되어있어 선두(船頭)나 우현(右舷)이나 좌현(左舷) 어느 쪽으로도 방포(放砲=發砲)를 할 수 있었다.

셋째, 전투원들이 높은 곳에서 적을 내려다보며 전투에 임할 수 있었고, 포의 위치가 높아 포격전에 유리하였으며 명중률이 높았다.

넷째, 적이 접근하여 배에 뛰어오르기 어렵게 된 점이다.

2) 비변사등록(備邊司謄錄) 제24책(第24冊) 현종(顯宗) 5년(1663년) 3월 6일.

판옥선은 선체의 크기가 종래의 평선(平船)보다 증가한 데다 앞에서 언급한 바와 같이 노갑판과 전투갑판이 분리되어 있어서 노 젓는 자리가 넓어졌기 때문에 격군의 수를 증가시킬 수 있었고, 따라서 기동력도 크게 향상되었다.

노(櫓) 한 자루당 노군(櫓軍) 5명(노군장(櫓軍長) 1명 포함)씩 배치하였으며 실제로 노를 젓는 노군은 4명이다. 평시에는 두 명씩 교대로 서서 나란히 노를 젓고 전투 시에는 4명이 두 명씩 마주 서서 저었다. 긴급한 때에는 노 한 자루당 4명이 아니라 예비 격군(格軍)까지 투입하여 6명이 노를 젓기도 하였을 것으로 추정(推定)되니 이것은 판옥선(板屋船)이 아니고서는 불가능한 일이다.

일본(日本)의 안택선(安宅船)

많은 사람들이 임진왜란 당시 왜군의 주력 군선이라고 잘못 알고 있는 안택선(安宅船, あたけぶね, 아다케부네)은 대형 전투함이기는 하나 왜군의 주력 군선은 아니었다. 안택선은 전투함이라기보다는 일본 전국시대 봉건 영주들의 위세를 과시하기 위한 성격이 짙었으며, 임진왜란 당시에는 지휘관에 준하는 인물이 타고 있는 함대의 기함이나 사령선 역할을 했다.

일본은 100여 년에 걸친 전국시대 동안 수많은 봉건 영주국으로 갈라져 있었으며 임진왜란 당시에도 조선과 같이 중앙정부로 구성된 하나의 국가가 아니라 많은 봉건 영주국(번)이 존재했던 관계로 무기체계도 중구난방이었다. 안택선 역시 구조 및 규격이 일정하지 않고 봉건 영주에 따라 그 크기와 선체 구조와 의장 등에 상당한 차이가 있었다.

저자는 과거 국제학술 활동을 활발히 할 때 일본의 저명한 조선공학 교수나 산업체 연구원들에게 안택선에 대한 자료를 요청한 적이 여러 번 있었고 많은 자료를 받기도 하였으나 어떤 통일된 전형적인 특성을 정리할 수가 없었다.

안택선에 대해서는 판옥선을 비롯한 조선의 전선처럼 표준화된 규격이나 통일된 특성이 없고 무엇이라고 단정 지어 말하기는 어렵지만, 일반적인 구조를 보면 상갑판 위는 판옥선처럼 2층 구조였고 좌우 방패판은 총구가 뚫려 있어서 활이나 조총 등으로 적을 공격할 수 있었으며 경첩이 달려있어서 유사시 여기를 열고 적선에 뛰어오를 수 있도록 되어 있었다. 그리고 2~3층 크기의 망루(望樓)를 설치했는데 이

망루는 현대 함선의 함교처럼 지휘관이 들어가서 전황을 살피고 지휘할 수 있었으며 그 건물 자체에서도 병사들이 공격할 수 있도록 되어 있었다.

일본 전국시대 말기 안택선은 일본 군선들 중에서 가장 강력한 화력을 가지고 있었으며 거대한 규모로 인하여 "바다 위의 성"이라고 불릴 정도였다. 엄청난 수의 병력을 승선시킬 수 있어서 원거리 전투에서도 많은 병사들이 쏘는 불화살과 조총 탄은 강력한 화력을 제공했으며, 적선에 뛰어올라 접근전을 하게 되면 압도적인 규모의 병사로 적함의 선원들을 제압할 수 있었다.

판옥선(板屋船)과 안택선(安宅船)의 비교

그러나 이러한 안택선의 장점들은 오직 일본 내에서만 통할 수 있었던 것이었다. 조선 수군에는 이순신 장군과 같은 명장뿐만 아니라 왜군의 입장에서 볼 때 괴물과 같은 판옥선과 거북선이 버티고 있었다. 조선의 주력 전선인 판옥선은 일본 내에서 규모를 자랑하며 "바다 위의 성"이라고 불리던 안택선과 크기가 맞먹거나 더 거대했으며 내구성, 화력, 탑승 인원, 기동력 등에서도 우월했다.

조선 수군의 주력 전선인 판옥선과 규모 면에서 판옥선과 맞먹는 왜군의 대형 전투함인 안택선과의 주요 특성을 비교해 보자.

- 우선 선체 구조다. 가볍지만 약한 삼(衫)나무, 또는 전나무와 쇠못으로 만든 일본의 안택선이나 군선은 단단한 소나무와 참나무 못으로 만든 조선의 판옥선이나 전선과는 구조적으로 상대가 되지 않았다.
- 승선 인원으로 볼 때 안택선은 노수 90명에 전투원 200명 정도로 전투원이 압도적으로 많았으나 판옥선은 노군 90~100명에 전투원 50명 정도에 불과했다. 전투원의 구성은 안택선이 대부분 조총수나 궁수와 같은 근접 전투원이었던 반면, 판옥선은 포격수 30여 명에 사부(궁수) 20여 명으로 포격전과 원거리 공격에 중점을 두었다. 다시 말해서 조선 수군은 왜군처럼 도선(導船)을 하여 백병전을 펼치는 전술(戰術)보다 우월한 화력으로 적선이 접근하기 전에 침몰시키거나 손상을 입히는 전술을 구사했다. 일본 수군에게는 전혀 익숙하지도 않고 대응책도 전무한 전술이었으니 조선 수군과 싸우는 왜군은 죽을 맛이었을 것이다. 이렇게 하여 조선 수군은 13척의 전선으로 330척의 왜군 선단을 격파할 수 있었다.

- 조선의 전선은 평저선이고 일본의 군선은 첨저선 내지 반첨저선이기 때문에 일본의 군선이 더 빨랐다고 주장하는 사람들이 있다. 그러나 반드시 그런 것은 아니다. 선박의 속도는 선체의 저항과 저항을 이기려는 추진력이라는 두 가지 유체역학적 요소에 의하여 결정된다. 판옥선의 선형이 일본의 군선보다 저항 면에서는 불리하다고 할 수 있겠으나 추진 면에서 월등히 우수했다. 판옥선의 노(櫓)의 수는 좌우에 각각 여덟(8) 개씩 모두 16개이고, 노(櫓) 한 자루당 격군은 노군장을 포함하여 5명이었다. 평시에는 두 명씩 교대로 서서 나란히 노를 젓고, 전투 시에는 네(4) 명이 두 명씩 마주 서서 저었으며, 돌격 시와 같은 긴급 시에는 예비 격군까지 투입하여 여섯(6) 명이 젓기도 하였으니 효율도 높고 매우 융통성이 있었다. 반면 안택선은 노의 수가 대략 90여 개로 노(櫓) 한 자루당 노군 한 명인 것이 원칙이고 어쩌다 2명인 경우도 있었다.

  조선공학에서 추진 장치의 수가 많을수록 추진효율이 저하된다는 것이 상식이다. 좀 더 쉽게 말해서 같은 추력을 낼 때 추진기가 많을수록 효율이 떨어진다는 것이다. 오늘날의 조선공학에서도 추진 프로펠러가 2기(twin-screw)일 때 프로펠러 1기(single-screw)에 의한 것보다 추진효율이 10% 이상 저하된다는 것이 상식이다. 따라서 노의 수가 좌우 각 8개씩 총 16개의 노로 위치가 정연한 판옥선의 추진효율이 노의 수가 90여 개인 안택선보다 월등히 우수했다.

  이순신 장군은 전투 중 도망치는 왜선이나, 멀리서 척후선이 발견한 왜군 선단을 추격하여 격멸하였다는 장계를 여러 번 조정에 올렸는데 이것이 조선의 전선이 일본의 군선보다 느리지 않았다는 사실을 증명하는 것이다. 선속이 느렸다면 어찌 도망치거나 멀리 있는 왜군 선단을 추격하여 격멸할 수 있었단 말인가!

- 그런데 이보다 더 중요한 것이 있다. 조선의 주력 전선인 판옥선의 격군들은 판옥 안에서 적에게 노출됨이 없이 안전하게 보호를 받으며 안심하고 열심히 노를 젓지만, 왜군의 군선에 있어서는 노군들이 갑판 상에 노출되어 있어서 전투 중에 살상되는 경우가 많기 때문에 기동력은 물론이고 전투력 자체가 크게 저하되곤 하였다.

- 안택선은 돛대(帆竹)가 1대(竹)인 반면 판옥선은 돛대가 2대(竹)였다. 돛대 2대(竹)에 의한 바람의 힘과 격군들의 노 젓는 힘 두 가지를 활용하여 판옥선은 기동력을 더욱 증강할 수 있었다.

- 판옥선은 평저선(平底船)이란 선형(船型)의 구조적(構造的)인 장점으로 인하여 좌측이나 우측으로의 신속한 방향전환이 가능했다. 이와 같이 방향전환 능력이 우수하였기 때문에 학익진(鶴翼陣) 전술(戰術)을 활용한 한산도대첩 때 큰 위력을 발휘한 바 있다.

판옥선의 선체(船體)는 견고(堅固)하면서도 당시의 어느 군선(軍船)보다도 우수한 화력과 기동성을 갖추고 있었다. 그뿐만 아니라 2층으로 구성된 넓은 갑판 면적으로 인하여 임진왜란 당시 전투가 심할 때는 200명이 넘는 인원이 승선한 적도 있다는 기록이 있다.

왜군의 주력 군선이 안택선(安宅船)이라고 하여도 조선의 주력 전선인 판옥선(板屋船)의 상대가 되지 않았을 텐데 왜군의 주력 군선은 안택선이 아니었다. 왜군의 주력 군선은 안택선보다 크기가 작고 조선의 대맹선(大猛船) 크기만 한 관선(関船, せきぶね, 세키부네)이었다.

관선(関船)은 일본의 전국시대부터 일본을 대표하는 군선으로 보통 노(櫓)의 수가 40개 이상이었으며 임진왜란 당시 왜군의 주력 군선이었다. 관선(関船, 세키부네)은 조선의 주력 전선인 판옥선에 비하여 규모 면에서나 전투력 면에서나 열등하였기 때문에 관선(関船, 세키부네)이 왜군의 주력 군선이었다는 것은 왜군이 해전에서 조선 수군에게 연전연패한 원인 중의 하나가 되었다.

6. 정조(正祖) 19년(1795년)의 거북선(龜船)

임진왜란(1592~1598)이 끝나고 약 200년이 지난 후에 정리된 거북선(龜船)에 대한 사료들을 먼저 논(論)하는 것이 마치 시간의 흐름을 거꾸로 가는 것 같아 부자연스러운 감이 든다.

그러나 임진왜란 당시의 거북선에 대한 사료가 워낙 부족하므로 약 200년 후에 재현된 거북선을 먼저 살펴봄으로써 임진왜란 당시 거북선의 실체를 규명하거나 추정하는 데 도움을 받고자 하였다. 그렇지 않으면 어떻게 하여야 할지 막연하기도 하고 상상에 불과한 결과들이 도출되기 쉽다고 생각되었기 때문이다.

1792년 정조(正祖) 임금은 임진왜란이 일어난 지 200년이 되는 해를 기하여 충무공 이순신 장군을 영의정으로 추증(追贈)하는 한편 규장각의 문신인 윤행임(편찬 담당)과 유득공(감수 담당)에게 "이순신 장군의 삶과 업적과 장군이 남긴 글들을 모아 책으로 편찬하도록 하라"는 명(命)을 내린 바 있다.

이처럼 임금이 직접 나서서 특정 관리, 특히 문신(文臣)도 아닌 무신(武臣)의 개인 문집을 만든 사례가 없었기 때문에 일부 신하가 반대하는 상소를 올렸다. 이에 정조는,

> "이순신과 같은 신하가 100명이 있다면 100명 모두에게 문집을 만들어 주겠다."

고 하며 단호한 의지를 표명했다고 한다.

윤행임과 유득공이 충무공에 관한 기록을 정리하여 책으로 엮는 작업을 시작한 지 3년만인 1795년(정조 19년) 14권 8책에 이르는 "이충무공전서(李忠武公全書)"[1]가 발간되었다.

"이충무공전서"는 충무공 이순신 장군의 공적과 충(忠)과 효(孝) 정신을 되새기고 이를 후대에 전하기 위하여 편찬(編纂)·발간되었으며 이순신 장군 자신의 일기인 난중일기(亂中日記)와 임금에게 보고한 장계(狀啓)를 비롯하여 후대에 이순신 장군을 추앙하고 예찬한 기록들이 수록되어 있다. 이 책은 오늘날까지 전해 내려와서 충무공의 사적이나 행적을 알아볼 수 있는 귀중한 사료(史料)가 되고 있다.

---

1) 이순신 장군의 후손들이 18세기 초에 이순신 장군의 일기, 장계, 주고받은 편지와 한시(漢詩) 등을 모아 문집 성격의 "충무공가승(忠武公家乘)"을 만들었는데 "이충무공전서(李忠武公全書)"는 "충무공가승"을 정리, 보완하여 공식화한 성격이 크다.

"이충무공전서" 책머리(卷首)에는 통제영귀선(統制營龜船)과 전라좌수영귀선(全羅左水營龜船)의 귀선도(龜船圖) 두 장이 수록되어 있으며 도화서(圖畵署) 화원(畵員)이 45도 측면 투시도법으로 그린 것으로 추정된다. 다음 그림은 "이충무공전서" 책머리에 실려있는 통제영귀선도(統制營龜船圖)와 전라좌수영귀선도(全羅左水營龜船圖)이다.

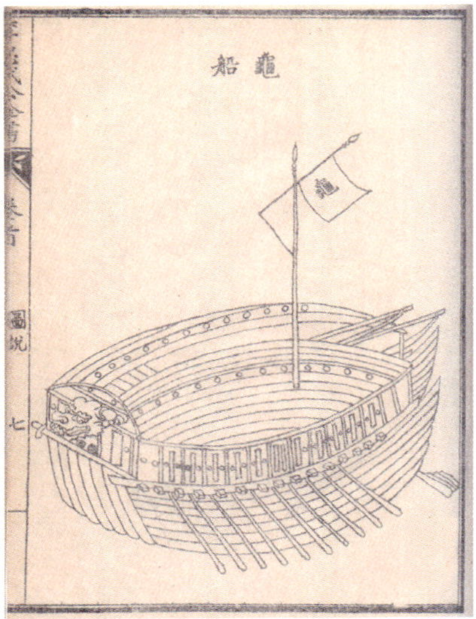

통제영귀선도[統制營龜船圖]

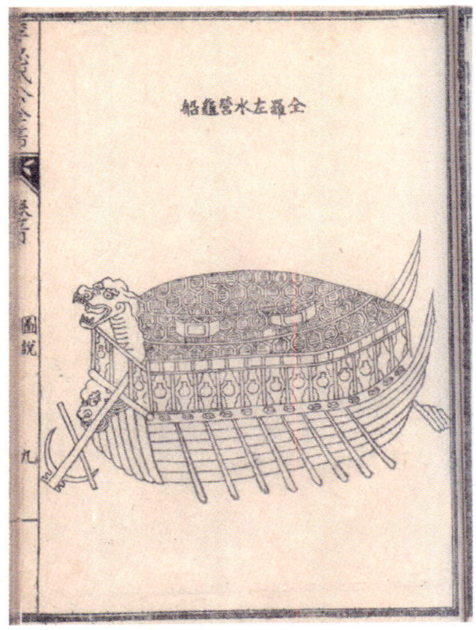

전라좌수영귀선도[全羅左水營龜船圖]

[이충무공전서. 청주판]

또한 "이충무공전서" 책머리에 있는 귀선지제(龜船之制)는 694[2] 글자로 기록되어 있으며 통제영귀선과 전라좌수영귀선에 대한 주요치수(主要値數), 구조(構造), 전투성능(戰鬪性能)에 대한 설명과 "충무공행장(忠武公行狀)"[3]의 일부 내용이 수록되어 있다.

---

2) 서울대학교 공과대학에 조선공학과를 설립하신 故 김재근 교수께서 '龜船之制는 694글자로 기록되어 있다'라고 그의 논문에서 처음 발표하였다.

3) 조선 제16대 임금인 인조(仁祖) 대에 승지를 지낸 최유해(崔有海, 1587~1641)의 저술.
이순신 장군의 조카 이분(李芬, 1566~1619)의 "충무공행록(忠武公行錄)"과 다름.

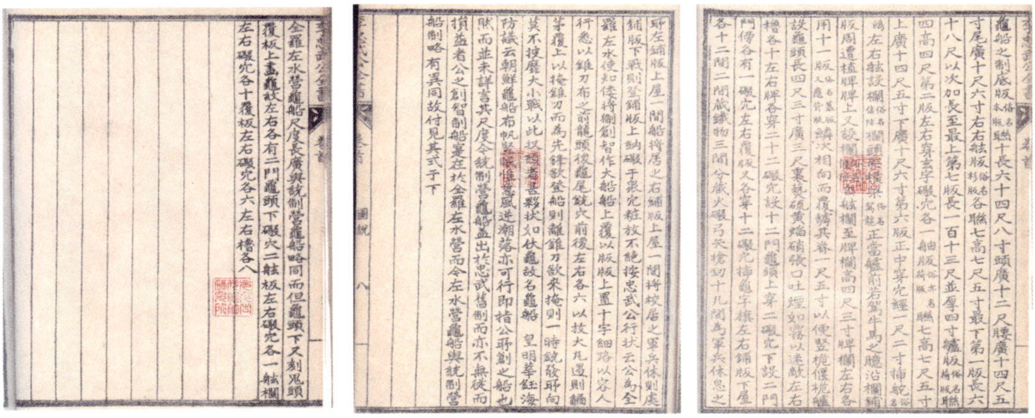

귀선지제[龜船之制]
[이충무공전서. 청주판]

"이충무공전서"의 귀선지제는 통제영귀선과 전라좌수영귀선에 대한 제도(制度)와 구조(構造)를 설명한 것인데, 조선공학(造船工學)이나 우리나라의 전통선박, 즉 한선(韓船)에 대한 구조(構造)와 조선(造船)에 관한 지식이 없으면 이해하기 어려운 점이 많이 있다. 그러나 그러한 용어(用語)들은 조금씩 차차 소개하기로 하고 먼저 귀선지제에 기재되어있는 원문을 그대로 옮긴 후 그 뒤에 한글로 번역한 것을 싣도록 하겠다.

통제영귀선(統制營龜船)에 대한 내용은 다음과 같다.

"龜船之制, 底板俗名本板聯十長六十四尺八寸, 頭廣十二尺, 腰廣十四尺五寸, 尾廣十尺六寸, 左右舷板俗名杉板, 各聯七高七尺五寸, 最下第一板長六十八尺, 以次加長, 至最上第七板長一百十三尺, 並厚四寸, 艫板俗名荷板聯四高四尺, 第二板左右穿玄字砲穴各一, 舳板俗名荷板聯七高七尺五寸, 上廣十四尺五寸下廣十尺六寸, 第六板正中穿穴經一尺二寸, 插舵俗名鴟, 左右舷設欄俗名信防, 欄頭架横梁俗名駕龍, 正當艫前若駕牛馬之臆, 沿欄鋪板, 周遭植牌, 牌上又設欄俗名偃防, 自舷欄至牌欄高四尺三寸, 牌欄左右各用十一板俗名蓋板又龜背板, 鱗次上向而覆, 罅其脊一尺五寸, 以便竪桅偃桅, 艫設龜頭長四尺三寸廣三尺, 裏爇硫黃焰硝 張口吐煙如霧以迷敵, 左右櫓各十, 左右牌各穿二十二砲穴 設十二門, 龜頭上穿二砲穴下設二門, 門傍各有一砲穴, 左右覆板又各穿十二砲穴, 插龜字旗, 左右鋪板下屋各十二間, 二間藏鐵物, 三間分藏火砲弓矢槍劍, 十九間爲軍兵休息之所, 左鋪板上屋一間船長居之, 右鋪板上屋一間將校居之，軍兵休則處鋪板下，戰則登鋪板上，納砲于衆穴，粧放不絶．按忠武公行狀云，公爲全羅左水使知倭將猘，創智作大船，船上覆以板，板上置十字細路，以容人行 悉以錐刀布之，前龍頭，後龜尾，銃穴前後左右各六，以放大丸，遇敵則編茅覆上，以掩錐刀，以爲先鋒，敵欲登船則離錐刀，欲來掩則一時銃發，所向莫不披靡，大小戰以此收績者甚多，狀如伏龜故名龜船．皇明華鈺海防議云，朝鮮龜船，布帆竪眠惟意，風逆潮落亦可行．即指公所創之船也．然而並未詳言其尺度，今統制營龜船，蓋出於忠武舊制而亦不無從而損益者，公之創智制船，寔在於全羅左水營，而今左水營龜船與統制營船制略有異同，故付見其式于下."

"귀선의 제도, 배 밑은 10쪽을 이어 붙였는데 길이는 64자(尺) 8치(寸), 머리 쪽(이물) 너비는 12자(尺), 허리(한판)의 너비는 14자(尺) 5치(寸), 꼬리 쪽(고물) 너비는 10자(尺) 6치(寸)이다. 좌우 현판(삼판)은 각각 7쪽을 이어 무어 올렸는데, 높이는 7자(尺) 5치(寸)가 된다. 맨 아래 첫째 판(부자리)의 길이는 68자(尺)이고 차츰 길어져서 맨 위 일곱째 판(동두틈)의 길이는 113자(尺)가 된다. 두께는 다 같이 4치(寸)이다.

이물비우는 가로 널판으로 4장을 이어 붙였는데 높이는 4자(尺)이고, 둘째 판 좌우에 현자 대포 구멍을 각각 1개씩 뚫었다. 고물비우는 가로 널판으로 7장을 이어 붙였는데 높이는 7자(尺) 5치(寸)이다. 위쪽 너비는 14자(尺) 5치(寸)이고, 아래쪽 너비는 10자(尺) 6치(寸)이다. 여섯째 판 한 가운데에 직경 1자(尺) 2치(寸)가 되는 구멍을 뚫어 치(鴟-키)의 칫(킷)다리를 꽂았다.

좌우 뱃전 밖으로 빠져나온 멍에 뺄목 위에 신방(도리)을 걸고 신방 앞머리 쪽에 선멍에(덕판)를 가로로 걸었는데, 바로 이물(뱃머리) 앞에 닿게 되어 마치 소나 말의 가슴에 멍에를 메인 것 같다.

신방을 따라가면서 안쪽으로 포판을 깔고 신방 위 주위에 방패를 둘러 세웠다. 방패 위에 또한 언방을 걸었는데, 신방에서 언방까지의 높이는 4자(尺) 3치(寸)이다. 언방의 좌우에서 안쪽으로 각각 11장의 덮개 널판(거북잔등 판)으로 고기의 비늘처럼 겹쳐서 올려 덮었다. 그 잔등 한가운데에는 1자(尺) 5치(寸)의 틈(등골)을 내어서 돛대를 세웠다 뉘었다 하기에 편하게 하였다.

뱃머리에 거북 머리를 설치하였는데 길이는 4자(尺) 3치(寸), 너비는 3자(尺)이고, 그 속에서 유황 염초를 태워 벌어진 입으로 연기를 안개같이 토하여 적을 혼미케 한다.

좌우의 노(櫓)는 각각 10자루씩이고, 좌우 방패에는 각각 22개씩의 포 구멍을 뚫었으며, 12개의 문을 설치하였다. 거북 머리 위에도 2개의 포 구멍을 뚫었고, 아래에 2개의 문을 설치하였으며 문 곁에도 각각 포 구멍이 1개씩 있다. 또한, 좌우 복판(覆版-잔등 판)에도 각각 12개의 포 구멍을 뚫었으며, 귀(龜)자 기(旗)를 꽂았다.

좌우 포판(鋪板) 아래 방이 각각 12칸이 있는데 2칸은 철물을 쟁였고, 3칸은 화포(火砲)·궁시(弓矢)·창검(槍劍)을 갈라 두며 19칸은 군사들이 쉬는 곳으로 되어있다. 왼쪽 포판(鋪板) 위의 방 한 칸은 선장(船將)이 쓰고, 오른쪽 포판 위의 방 한 칸은 장교가 쓴다. 군사들이 쉴 때에는 포판 아래에 있고 싸울 때에는 포판 위로 올라와 모든 포 구멍에 포를 걸어 놓고 쉴 새 없이 쟁이고 쏘아 댄다.

상고하건대 "충무공행장(忠武公行狀)"에 이르되 공이 전라좌수사가 되어 왜가 쳐들어오려 함을 알고 큰 배를 지혜롭게 만들되, 배 위에는 판자를 덮고 판자 위에는 십(十)자로 좁은 길을 내어 사람이 겨우 다닐만하게 하고 모두 다 송곳과 칼(錐刀)을 꽂았다. 앞은 용머리 뒤는 거북꼬리이고, 총구멍은 전후좌우에 6개씩으로 큰 탄환을 쏜다. 적을 만나면 거적으로 위를 덮어 송곳과 칼을 가리고 선봉이 된다. 적이 배에 오르려 하면 송곳과 칼에 찔리며 와서 덮치려 하면 일시에 총을 쏘아 가는 곳마다 휩쓸지 못하는 바가 없어 크고 작은 싸움에 이것으로 공적을 세운 것이 심히 많으며, 형상이 엎드려 있는 거북과 같으므로 귀선이라 이름을 지었다.

명나라 화옥(華鈺)의 '해방의(海防議)'에 이르되 조선의 귀선은 돛대를 세우고 눕히기를 임의로 하고 역풍이건 퇴조(썰물) 때이건 마음대로 갈 수 있다고 하였는데, 그것은 바로 공이 창제한 배를 가리키는 것이다.

그런데 모두 그 치수에 대하여는 자세히 말하고 있지 않다. 지금의 통제영귀선은 대개 충무공의 구제(舊制)에서 나온 것이지만 역시 치수의 가감이 없지 않다. 충무공이 이 배를 창조(創造)한 곳은 전라좌수영이었는데 지금의 좌수영귀선은 통제영귀선의 제도와 약간 다르기로 아래에 그 제식을 붙여 써둔다."

귀선지제에 기록되어 있는 전라좌수영귀선(全羅左水營龜船)에 대한 설명은 다음과 같다.

"全羅左水營龜船, 尺度長廣與統制營龜船略同, 而但龜頭下又刻鬼頭, 覆板上畵龜紋, 左右各有二門, 龜頭下砲穴二, 舷板左右砲穴各一, 舷欄左右砲穴各十, 覆板左右砲穴各六, 左右櫓各八."

"전라좌수영귀선의 길이와 너비 등의 칫수는 통제영귀선과 같으나, 다만 거북(龜) 머리 아래에 또 귀신 머리(귀두, 鬼頭)를 조각하여 달았다. 거북 잔등 덮개판 위에는 거북 무늬를 그렸고, 좌우에 각각 문이 2개씩 있다. 거북 머리 아래에 포(砲) 구멍이 2개 있고, 현판(舷板-뱃전) 좌우에 포(砲) 구멍이 각각 1개씩 있다. 현란(舷欄-신방(信防) 위에 세운 방패(防牌)) 좌우에 포(砲) 구멍이 각각 10개씩 있고, 복판(覆板-거북 잔등 판) 좌우에 포(砲) 구멍이 각각 6개씩 있다. 좌우에 노가 각각 8자루씩 있다."

"이충무공전서"의 귀선(龜船)에 대한 설명은 대부분 통제영귀선에 대한 것이고 마지막 부분만이 전라좌수영귀선에 대한 설명이다.

임진왜란 당시의 거북선은 이순신 장군이 수사로 있던 전라좌수영의 선소(船所-배대는 곳)에서 건조되었으므로 "이충무공전서"에 수록된 1795년식 "전라좌수영귀선"을 1592년 임진왜란 당시의 거북선으로 착각하기 쉽고 1795년식 "전라좌수영귀선"을 이순신 장군이 창제한 귀선이라고 그렇게 주장하는 학자들도 있다. 그러나 "이충무공전서"에 수록되어 있는 거북선에 대한 설명을 세밀히 검토해 보고, 임진왜란 당시 거북선에 대한 기록과 비교하여 보면 이러한 주장은 잘못된 것임을 알 수 있을 것이다.

우선 "이충무공전서"에 수록되어 있는 두 장의 귀선도(龜船圖)와 귀선도(龜船圖)에 대한 귀선지제(龜船之制)의 설명문은 같은 자리에 함께 있으면서도 서로 상이한 점이 많고 설명 자체에 모순이 있어 신빙성이 결여되어 있다.

무엇보다도 큰 상이점과 모순은 두 장의 귀선도(龜船圖)와 귀선지제(龜船之制)에 묘사되고 기술되어있는 포혈(砲穴, 대포 구멍)의 수와 위치 및 노(櫓)의 수에 있다.

또 다른 예를 들면 귀선지제의 통제영귀선 구조 설명문에는,

"이물비우는 가로다지 널판으로 넉(4) 장을 이어 붙였는데 높이는 4척 이고, 둘째 판 좌우에 현자 대포 구멍을 각각 1개씩 뚫었다."

라고 하였으나, 통제영귀선도(統制營龜船圖) 그림을 보면 가로다지 이물비우가 아니고 세로로 곡목이 그려져 있으며 포혈(砲穴, 대포 구멍)은 보이지 않는다.

더구나 귀선지제에 기록된 대로 거북선의 주요치수를 오늘날의 조선공학적(造船工學的) 용어를 사용하여 요목별로 정리하여보면 주요치수 요목 자체는 물론이고 이에 따른 치수가 기록되어 있지 않고 누락되어 있는 부분이 많이 있다. 이 부분은 뒤에 다시 논의하고자 한다.

1592년 임진왜란 당시의 거북선과 "이충무공전서"에 수록된 거북선이 크게 다르다는 것은 임진왜란 당시의 실제 기록과 "이충무공전서"에 수록된 거북선에 대한 설명문을 비교하여 보면 확실히 알 수 있다.

상이한 점을 몇 가지만 간략히 정리하면 다음과 같다.

첫째, "이충무공전서"의 귀선지제에서 통제영귀선의 설명문 끝부분에,

"지금의 통제영귀선은 대개 이순신(李舜臣) 수사(水使)의 구제(舊制-옛 제도)에서 개출(蓋出)된 것이지만 이 역시 치수의 더하고 덜한 것이 없지 않다."

라고 기록되어 있다. 이것은 규장각에서 "이충무공전서"를 편찬할 때 1592년 임진왜란 당시의 거북선에 대한 기록이 없거나 실체를 모르기 때문에 대충 비슷하게 맞추었다는 것을 암시한다고 해석할 수 있다.

둘째, 이순신 장군이 임진왜란 전란 중에 임금에게 올린 장계인 '임진장초(壬辰狀抄)'에 거북선의 구조와 전투성능에 대하여 직접 기록한 바가 있는데 "이충무공전서"의 귀선지제에서 설명하는 거북선의 구조나 전투성능과는 일치하지 않는다.

임진장초에는 1592년 거북선에 대해서,

"이물에는 용(龍)의 머리를 달았고 용의 입에서 현자총통을 발포하며 거북 잔등에는 철첨(鐵尖)을 꽂았으며 좌우 방패에는 각각 6문의 포혈을 내었다."

라고 기록되어 있는데, 귀선지제의 통제영귀선에는

"이물에는 거북(龜)의 머리를 달았으며, 거북의 입에서 유황 염초를 태운 연기를 토한다."

라고 하였다. 그러나 "이충무공전서"의 통제영귀선과 전라좌수영귀선 그림에는 이물에 거북 머리가 아니고 신귀(神龜-거북이 천년을 살아 용이 된 것)의 머리가 그려져 있다. 포혈의 수와 위치에 대해서는 비교할 수가 없이 크게 다르다.

셋째, 이순신 장군을 수행하던 장군의 조카 이분(李芬)은 "충무공행록(忠武公行錄)"에서,

"임진년에 이순신 장군이 창제한 귀선에는 좌우의 방패에 각 6개의 총혈을 열었고, 귀배판(龜背板-거북 잔등)에는 도추(刀錐- 칼과 송곳)를 꽂았으며, 용두(龍頭-용의 머리)의 용구(龍口-용의 입)에서 현자총통 철환을 방포 한다."

라고 기록하여 놓았다. 그러나 1795년에 편찬한 "이충무공전서"의 귀선지제와 전라좌수영귀선 그림의 방패에는 10개의 총혈을 열었고, 귀배판에는 거북 무늬를 그렸으며 좌우에 출입문이 각각 2개가 있고 소구경 포혈(砲穴)이 각각 6개가 있으며, 용두(龍頭)가 아닌 귀두(龜頭-거북의 머리)의 입에서 유황 염초를 태운 연기를 내뿜는다고 설명하여 놓았다.

넷째, 포혈(砲穴, 대포 구멍)의 수와 위치를 비교하여 보자. 이순신 장군의 "임진장초"나 "선조수정실록", 그리고 장군의 조카인 이분(李芬)의 "충무공행록(忠武公行錄)" 등 임진왜란 당시의 기록을 보면,

"좌우 방패에 각각 6문의 포혈을 내었고 용머리의 입과 거북꼬리 아래 각각 총혈을 내었다."

라고 하여 도합 14개의 총혈을 내었다고 기록되어 있다.

그러나 "이충무공전서"에 수록된 "귀선지제"의 통제영귀선 포혈에 대한 설명을 보면,

- 좌우 방패(防牌)에	각각 22개
- 거북 머리 위	2개

- 거북 머리 아래 2개
- 복판(覆版, 거북잔등 판) 좌우에 각각 12개

라고 기록되어 있으며 위의 기술은 도합 72개의 포혈이 있다는 뜻이다.

전라좌수영귀선의 포혈에 대해서는,

- 거북 머리 아래 2개
- 현판(舷板) 좌우에 각각 1개
- 좌우 방패(防牌)에 각각 10개
- 복판(覆版, 거북잔등 판) 좌우에 각각 6개

라고 기록되어 있으며 도합 36개의 포혈이 있다는 말이 된다.

이와 같이 귀선지제에 서술되어 있는 포혈의 수와 위치는 임진왜란 당시의 기록과 너무나 다를 뿐만 아니라 포혈의 수는 상상을 초월한다.

더구나 귀선지제의 통제영귀선에 대한 설명문에는 거북 머리 위에도 2개의 포혈이 있고 좌우 복판(覆板, 거북잔등판)에도 각각 12개의 포혈이 있다고 기술되어있는바 과연 이런 위치에 화포를 설치할 수 있으며,

"군사들이 쉴 때에는 포판 아래에 있고 싸울 때는 포판 위로 올라와 모든 포구멍에 포를 걸어 놓고 쉴 새 없이 쟁이고 쏘아 댄다."

라고 기술되어있으니 이것이 과연 가능하겠는가?

지금까지 논의한 것만으로도 임진왜란 당시의 거북선과 "이충무공전서"에 수록된 거북선이 크게 다르다는 점을 충분히 이해할 수 있을 것이다. 서로 상이한 점을 여러 가지 더 거론할 수 있지만 한 가지만 더 언급하고 끝내려 한다.

귀선지제에 통제영귀선의 노판(艫板-이물비우)은 횡판(横板) 넉(4) 장으로 되어있다고 하였으나 통제영귀선도와 전라좌수영귀선도의 노판(艫板)은 곡목(曲木-이물에 세로로 대어 붙인 나무)으로 되어있다. 이러한 곡목(曲木) 구조는 1735년에 개발(開發)된 것으로서 "이충무공전서" 책머리에 수록된 거북선은 1735년 이후의 전선(戰船)에 대한 구조임을 알 수 있다.

제7장에서 자세히 논의하겠지만 이순신 장군 자신이 "거북선의 역할은 돌격선(突擊船)"이라고 여러 번 강조한 바 있다. 돌격선의 가장 중요한 기능은 기동력이다.

그러나 저자가 대학 시절 “이충무공전서”에 수록되어 있는 거북선 그림과 설명을 처음 접했을 때 이 전선(戰船)은 “이순신 장군이 강조한 돌격선의 역할을 수행하기가 어려운 전선(戰船)이다”라는 생각을 갖게 되었으며 이 생각은 지금도 확고하다. 거북선의 갑판 면적, 승선 인원, 전투 활동, 포 사격으로 인한 매연 등 종합적으로 보아 판단한 결론이다.

돌격선으로서 거북선은 실제 전투 시 방포(放砲, 함포사격)와 같은 전투력도 중요하지만, 기동력이 더욱 중요하다. 신속히 적선에 접근하여 함포와 불화살 등으로 적선을 파괴하고 다음 목표를 향하여 신속히 이동하여야 하기 때문에 실제 전투 시 노를 젓는 격군은 온 힘을 다하여 노를 저어야 한다.

격군이 얼마나 중요한지에 대해서는 이순신 장군의 “난중일기”에 잘 기술되어있다. 이순신 장군은 다음 출전을 준비하는 출전과 출전 사이에 격군들을 고향으로 보내어 가사를 돌보게 하기도 했고 출전 시라도 비전투 시에는 소수의 격군들을 교대로 근무시키는 등 격군들로 하여금 될수록 편히 쉬면서 힘을 비축하도록 했으며 결정적인 순간에 격군들이 최대의 능력을 발휘하도록 격군들을 돌보아 주셨다. 특히 출전 시에는 예비 격군들을 승선시켜 만일에 대한 대비 및 기동력을 보강하도록 하였다.

오늘날 올림픽(Olympic)의 조정 경기에서도 선수들이 몇백 미터(m)의 단거리 시합이 끝난 후 지쳐서 허덕이는 모습을 쉽게 볼 수 있다. 이와 같이 노를 젓는 것은 대단히 힘든 일이며 오래 저을 수가 없다.

저자는 원균 장군이 칠천량해전에서 참패한 가장 큰 원인은 격군들이 너무 지쳐서 노를 저을 수 없었기 때문이라고 생각한다. 왜군의 유인책에 말려들어 소수의 유인선을 전 함대가 밤새도록 추격하느라고 격군들이 기진맥진 지쳐 버렸다.

이를 노리고 기다리고 있던 왜군의 주력함대와 실제 전투가 벌어졌을 때 조선의 전선들은 기동력을 상실하고 거의 정지 상태에 있는 반면 기동력이 살아있는 왜군의 주력 전선들은 일방적으로 공격을 할 수 있었기 때문이다.

“이충무공전서”에 수록된 두 가지 거북선 그림은 실제 전투를 위하여 건조된 전선(戰船)이 아니다. 다만 왕권강화 정책의 일환으로 준비된 상징적인 거북선이라고 생각된다.

따라서 지금부터는 “이충무공전서”에 수록된 거북선을 “1795년식 거북선”이라고 지칭하겠으며 1592년 임진왜란 당시의 거북선과 구별하고자 한다.

1795년식 거북선은 기록이 전해 내려오는 분명한 사료이고 임진왜란 당시 거북선의 실체를 추정하는 데 도움이 될 것이므로 저자는 1795년식 거북선의 축척선(縮尺船)을 제작해 보기로 하였다. 축척선이란 크기만 다른 동일한 선박을 의미한다.

축척선을 제작하려면 그 선박을 실제로 건조할 수 있는 정확한 치수와 선형설계도(Lines Plan, 또는 Hull Form Plan)[4] 등 제반 설계 자료가 구비되어 있어야 한다.

그러나 비교적 많은 기록이 전해 내려오는 1795년식 거북선에 대해서도 축척선을 제작할 수 있는 설계도 등 설계 자료가 발견된 바 없다. 더구나 1795년식 거북선에 대한 설명문인 귀선지제에 몇 가지 중요한 주요치수 요목 자체와 그에 따른 치수가 누락되어 있다.

다음 표는 “이충무공전서” 귀선지제(龜船之制)에 기록되어 있는 1795년식 거북선의 주요치수를 오늘날의 조선공학적 용어를 사용하여 요목별로 정리하여 본 것이다.

---

4) 선박의 형상을 3차원적으로 나타내는 도면으로 주로 횡단면도(Body Plan), 흘수선도(Waterline Plan), 측면절단도(Buttock Plan, 또는 Sheer Plan)로 이루어진다.

1795년식 거북선의 주요치수(귀선지제)Ⓒ

번호	주요치수 용어(主要値數 用語)		치수(値數) (자尺)
	龜船之制(귀선지제), 古代船用語(고대선 용어)	우리말	
1	全船長(전선장)	배 전체 길이	-*
2	船體長(선체장)	배 몸체의 길이	-
3	船頭廣(선두광)	배 이물 너비	-
4	船腰廣(선요광)	배 한판 너비	-
5	船尾廣(선미광)	배 고물 너비	14.5
6	船頭高(선두고)	배 이물 높이	-
7	船腰高(선요고)	배 한판 높이	-
8	船尾高(선미고)	배 고물 높이	7.5
9	船深　(선심)	배 선창 깊이	7.5
10	底板數(저판수)	배밑판의 수	10 條
11	底板長(저판장)	배밑판의 길이	64.8
12	底板頭廣(저판두광)	배밑판의 머리 너비	12.0
13	底板腰廣(저판요광)	배밑판의 허리 너버	14.5
14	底板尾廣(저판미광)	배밑판의 고물 너비	10.6
15	底板厚(저판후)	배밑판의 두께	-
16	舷板數(현판수)	삼판의 수	7 板
17	第一舷板長(제일현판장)	부자리의 길이	68.0
18	第七舷板長(제칠현판장)	동두틈의 길이	113.0
19	舷板厚(현판후)	삼판의 두께	0.4
20	艫板數(노판수)	이물비우의 수	4 板
21	舳板數(축판수)	고물비우의 수	7 板
22	插舵穴(삽타혈)	킷다리 구멍	1.2
23	防牌高(방패고)	방패의 높이	4.3
24	龜背板數(귀배판수)	거북이 잔등 판의 수	11 板
25	龜頭長(귀두장)	거북이 머리의 길이	4.3
26	龜頭廣(귀두광)	거북이 머리의 너비	3.0
27	帆竹挾板 間隔(범죽협판 간격)	돛대 골짝 너비	1.5

* 귀선지제에 누락된 치수요목과 치수를 나타냄.

이와 같이 귀선지제에 중요한 주요치수가 누락되어 있고 설계 자료도 전해 내려오는 것이 없으므로 저자는 축척선을 제작하기 위한 자료를 직접 준비하기로 하였다. 즉 귀선지제에 기록되어 있는 치수와 구조를 기본으로 하여 주요치수 추정작업과 설계도면 작업을 병행하여 나갔다.

첫 번째로, 먼저 누락된 치수를 추정한 후 선도 및 선체 구조도를 작성하여 적합한 선박의 형태가 생성되는지 검토하여보고 아니면 다시 추정(推定) 작업과 선도(線圖) 작업을 수행하는 반복과정을 거쳤다.

주요치수 추정과 도면(圖面) 작성은 조선공학의 전문지식을 요구하는 작업일뿐만 아니라 길고 지루한 과정을 거쳐야 하므로 자세히 기술하지는 않겠으나 방법의 개요만 간단히 소개하고자 한다.

조선공학에서는 전통적으로 선박의 주요치수를 결정하기 위하여 주로 두 가지 방법을 병행하여 활용한다. 첫째는 주요치수비(主要値數比) 방법이고, 둘째는 상사선(相似船) 방법이다. 선박에는 선종별로 일정한 범위의 길이-폭 비(Length-beam ratio), 길이-수심 비(Length-draft ratio), 폭-수심 비(Beam-draft ratio), 폭-높이 비(Beam-depth ratio)와 같은 주요치수비가 존재한다. 오늘날의 현대 선박에도 살물선(Bulk carrier), 유조선(Tanker), 컨테이너 운반선(Container carrier) 등 선종에 따라 일정한 범위의 주요치수비가 존재한다.

우리나라 전통선박, 즉 한선(韓船)에도 이러한 주요치수비가 존재했다. 특히 한선(韓船)에서는 저판장(底板長), 저판광(底板廣), 현고(舷高), 선체장(船體長), 선광(船廣) 등의 치수를 선박 설계의 기본수로 하여 각각에 전통적인 치수비(値數比)를 곱하여 치수(値數)를 정하여 왔다. 저자는 당시의 대표적인 선박인 조선통신사선(朝鮮通信使船) 중선(中船)의 치수비가 가장 합리적이고 대표적인 것으로 판단되어 1795년식 거북선의 누락된 주요치수를 추정하는데 조선통신사선 중선의 치수비를 많이 참조하였다.

두 번째로, 상사선(相似船-서로 비슷한 배)과의 비교이다. 정조(正祖)(1776~1800) 때 도화서(圖畵署)에서 각선도본(各船圖本)[5]이란 도첩(圖牒)을 제작한 바 있다. 여기에는 당시의 전선(戰船), 병선(兵船), 조운선(漕運船) 등에 대한 6장의 투시설계도(透視設計圖)가

---

5) 「각선도본(各船圖本)」 도화서 작(圖畵署 作), 1800년대 규장각 소장(奎章閣 所藏).

수록되어 있다. 이 중에 '전선(戰船)'이라는 명칭의 투시설계도가 있는데 45도 투시 도법으로 전선을 자세하게 그렸고 채색도 하였으며 전선의 주요치수와 건조 기법도 설명하여 놓았다. 이 전선(戰船)이 1800년대의 판옥선(板屋船)이며 또한 대표적인 전선(戰船)이다.

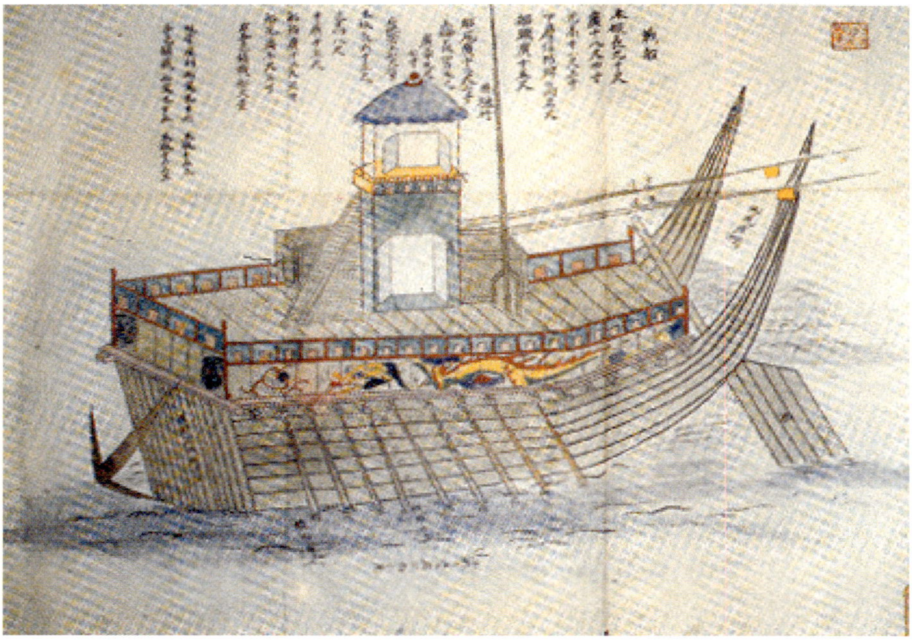

1800년대의 판옥선[板屋船]이며 대표적인 전선[戰船]
[각선도본[各船圖本], 규장각[奎章閣]]

1795년식 거북선과 1800년대 전선을 비교하여 보면 주요치수, 선형, 선체 구조 등이 거의 동일하다는 것을 알 수 있다. 다음 표에서 두 전선의 주요치수를 비교하여 볼 수 있다.

1795년식 거북선과 1800년대 전선(읍진전선)의 주요치수 비교©

단위 : 척(尺)

주요치수 요목		1795년식[6] 거북선	읍진전선[7] (邑鎭戰船)
本板長·底板長	본판장·저판장	64.8	65.0
底板頭廣	저판두광	12.0	12.5
底板腰廣	저판요광	14.5	15.0
底板尾廣	저판미광	10.6	(7.5→10.6)
元高	원고	(8.0)[8]	8.0
舷高	현고	7.5	(7.5)
牌高	패고	4.3	(4.3)
上粧長	상장장	(87.0)	(87.0)
上粧廣	상장광	(34.0)	(34.0)
駕木	가목(멍에)	14 개	15 개
底板 條數	저판 조수	10 개	12 개
直艣板·曲木	직로판·곡목	7 개	13 개

저자는 귀선지제에 누락되어 있는 1795년식 거북선의 주요치수를 추정하고 정리하면서 1795년식 거북선은 당시의 전선임을 알 수 있었다. 그리고 한 가지 중요하고 흥미로운 공통점을 발견할 수 있었다. 즉 임진왜란 당시의 거북선이 당시의 주력전선인 판옥선에 거북이 잔등판을 덮고 선두(이물)에 용의 머리와 선미(고물)에 거북이 꼬리 등을 장식한 것처럼 1795년식 거북선도 당시의 대표적인 전선인 판옥선(읍진전선)에 임진왜란 당시와 동일하게 거북이 잔등판을 덮고 머리와 꼬리 등을 장식한 것이라는 사실이다.

읍진전선의 주요치수와 구조 등을 비교 및 참조하여 귀선지제에 누락된 1795년식 거북선의 주요치수를 추정하였으며 주요치수 추정과 병행하여 축척선을 제작할 수 있는 선형도(Lines Plan, 또는 Hull Form Plan)와 선체 구조도를 작성하였다.

이렇게 하여 도출된 1795년식 거북선의 주요치수를 다음 표에 정리하여 놓았으며, 두 가지 그림은 축척선을 제작하기 위하여 준비된 선형도와 선체 구조도를 보여주고 있다. 또한, 축척선을 제작하기 전에 먼저 측면 45도 투시도를 작성하였다.

6) "이충무공전서" 귀선지제.

7) 각선도본.

8) ( )안의 숫자는 추정치임을 의미함.

1795년식 거북선의 주요치수 종합표©

번호	주요치수 항목		치수	
	귀선지제, 고대선 용어	우리말 용어	자尺	m
1	全船長(전선장)	배 전체 길이	(109.0)[9]	(34.05)[10]
2	船體長(선체장)	배 몸체의 길이	(87.0)	(27.18)
3	船頭廣(선두광)	배 이물 너비	(17.0)	(5.31)
4	船腰廣(선요광)	배 한판 너비	(29.0)	(9.06)
5	船尾廣(선미광)	배 고물 너비	14.5	4.53
6	船頭高(선두고)	배 이물 높이	(10.6)	(3.31)
7	船腰高(선요고)	배 한판 높이	(8.0)	(2.50)
8	船尾高(선미고)	배 고물 높이	(11.6)	(3.62)
9	船深 (선심)	배 선창 깊이	(7.0)	(2.19)
10	底板數(저판수)	배밑판의 수	10조	-
11	底板長(저판장)	배밑판의 길이	64.8	20.24
12	底板頭廣(저판두광)	배밑판의 머리 너비	12.0	3.75
13	底板腰廣(저판요광)	배밑판의 허리 너버	14.5	4.53
14	底板尾廣(저판미광)	배밑판의 고물 너비	10.6	3.31
15	底板厚(저판후)	배밑판의 두께	(1.0)	(0.31)
16	舷板數(현판수)	삼판의 수	7판	-
17	第一舷板長(제일현판장)	부자리의 길이	68.0	21.24
18	第七舷板長(제칠현판장)	동두틀의 길이	113.0	35.30
19	舷板厚 (현판후)	삼판의 두께	0.4	0.12
20	艫板數(노판수)	이물비우의 수	4횡판	-
21	舳板數(축판수)	고물비우의 수	7판	-
22	插舵穴(삽타혈)	킷다리 구멍	1.2	0.37
23	防牌高(방패고)	방패의 높이	4.3	1.34
24	龜背板數(귀배판수)	거북이 잔등 판의 수	11판	-
25	龜頭長(귀두장)	거북이 머리의 길이	4.3	1.34
26	龜頭廣(귀두광)	거북이 머리의 너비	3.0	0.94
27	帆竹挾板 間隔(범죽협판 간격)	돛대 골짝 너비	1.5	0.47

9) ( )안의 숫자는 누락(漏落)된 항목과 치수에 대한 추정치임.
10) 영조 척 1척 = 0.3124m.

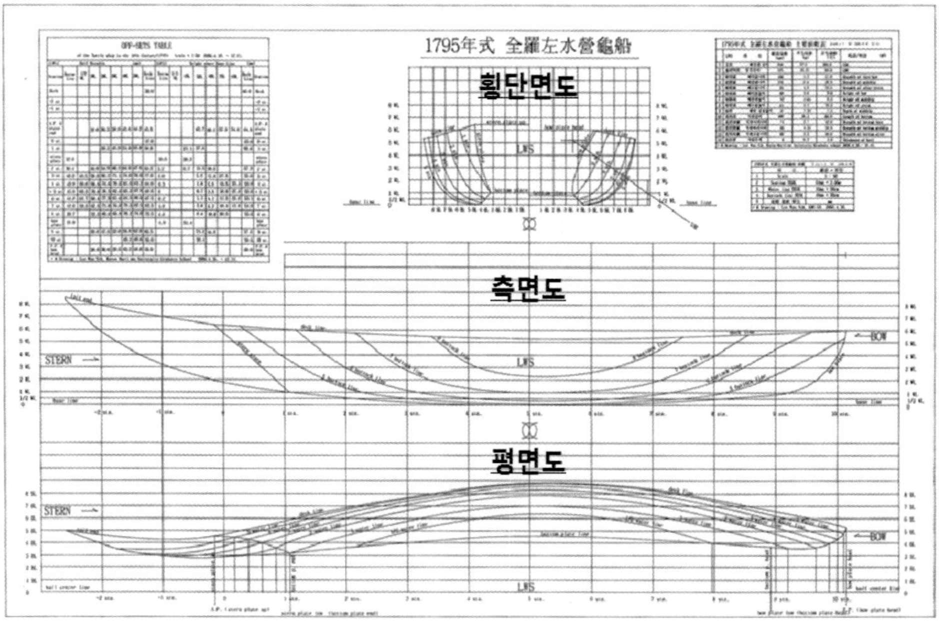

1795년식 전라좌수영귀선의 선형도ⓒ
[원인고대선박연구소]

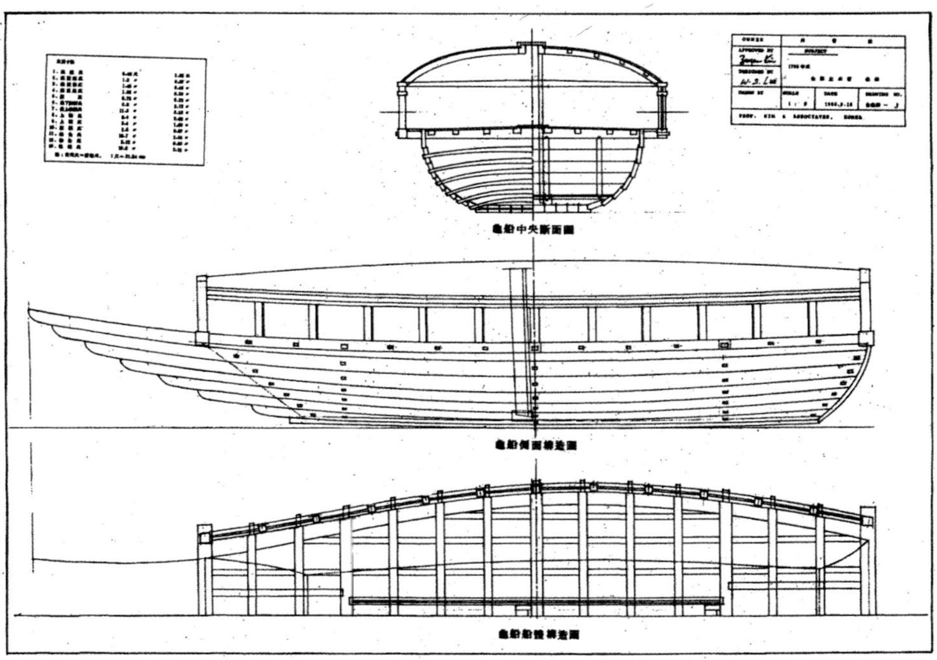

1795년식 전라좌수영귀선의 선체구조도ⓒ
[원인고대선박연구소]

1795년식 전라좌수영귀선 투시도©

저자는 1990년대 초부터 10년이 넘도록 "한국 전통선박 복원에 대한 체계적 조사연구사업"을 주도하여 왔으며, 현대중공업 선박해양연구소(現代重工業 船舶海洋研究所)가 소장(所藏), 전시(展示)하고 있는 우리나라의 전통선박, 즉 한선(韓船)의 축척선(縮尺船)은 모두 위 사업의 일환으로 현대중공업 선박해양연구소와 원인고대선박연구소가 공동으로 대략 원형의 1/25 축척으로 복원한 것이다.

1795년식 전라좌수영귀선의 주요치수가 정리되고 축척선 제작을 위한 도면이 준비된 후에 1795년식 전라좌수영귀선의 축척선을 제작하였다. 다음 사진은 1/25 축척으로 추정 복원된 1795년식 전라좌수영귀선의 축척선을 보여주고 있다.

추정 복원된 1795년식 전라좌수영귀선의 1/25 축척선ⓒ
[현대중공업 선박해양연구소]

"이충무공전서"에 수록된 1795년식 거북선이 의미하는 바를 알아보려는 작업이 어느 정도 마무리되었다. 어사 박문수(朴文秀)의 장계(狀啓) 기록을 보거나 김수항(金壽恒)의 장계(狀啓) 기록을 보아도 알 수 있는 바와 같이 일반적인 정황으로 볼 때 조선의 전선은 시간이 흘러 후대로 내려오면서 배의 크기, 즉 치수가 점점 커졌다는 것을 알 수 있다. 따라서 임진왜란 당시의 거북선은 1795년식 거북선보다 크기가 상대적으로 작았으리라 추정된다. 사실은, 추정이 아니라 확실한 증거 기록이 있으며, 이에 대해서는 다음 장에서 논의하려고 한다.

임진왜란 당시 거북선의 주요치수 추정작업에 도움이 될 것이므로 1795년식 거북선의 주요치수비를 산출하여 다음 표에 정리하여 놓았다.

1795년식 거북선의 주요치수비(추정)©

번호	주요치수비 요목(主要値數比 要目)			치수/치수 (値數/値數)	치수비 (値數比)
	고대선 용어 (古代船 用語)	우리말	기호[11] (記號)		
1	船體長/船腰廣	선체장/선요광	L/B	87.0/29.3	3.00
2	船體長/船深	선체장/선심	L/T	87.0/ 7.0	12.43
3	船體長/船腰高	선체장/선요고	L/h	87.0/ 8.0	10.88
4	船體長/底板長	선체장/저판장	L/l	87.0/64.8	1.34
5	船腰廣/船深	선요광/선심	B/T	29.0/ 7.0	4.14
6	船腰廣/底板長	선요광/저판장	B/l	29.0/64.8	0.45
7	船腰廣/底板腰廣	선요광/저판요광	B/b	29.0/14.5	2.00
8	底板長/底板腰廣	저판장/저판요광	l/b	64.8/14.5	4.47
9	船頭/腰/尾 廣比	선 두/요/미 광비	BF/B/BA	17.0/29.0/14.5	0.59/1/0.50
10	底頭/腰/尾 廣比	저 두/요/미 광비	bf/b/ba	12.0/14.5/10.6	0.83/1/0.73

위의 표에 정리되어있는 1795년식 거북선의 주요치수비는 대단히 유용하다. 왜냐하면, 위의 표에 정리되어있는 주요치수비를 이용하면 조선시대 각종 전선(戰船)의 주요치수(主要値數)를 산출(算出)할 수 있기 때문이다. 예를 들어 임진왜란 당시 거북선의 저판장(底板長)은 10파(把)= 50자(尺) 이므로 선체장(船體長)을 알려고 하면, 저판장(底板長) 50자(尺)에 선체장(船體長)/저판장(底板長)의 치수비 1.34를 곱하면 된다. 이렇게 하여 임진왜란 당시 거북선의 선체장(船體長)은 67자(尺)가 된다는 것을 알 수 있다. 물론 이 수치는 추정치(推定値)이지만 사실이거나 거의 사실에 가까운 추정치라고 할 수 있다.

11) 미국 조선학회(SNAME : Society of Naval Architects and Marine Engineers)의 표준기호를 주로 채택하였음.

7. 임진왜란 당시의 거북선(龜船)

임진왜란 당시의 거북선은 고려시대 왜구(倭寇)와의 수많은 해전에서 큰 공을 세운 과선(戈船)과 별맹선(別猛船)의 장점과 조선 수군의 주력 전선(戰船)인 판옥선(板屋船)의 장점을 결합하여 개발한 전선(戰船), 즉 조선 수군의 신형(新型) 전함(戰艦)이다.

그러나 불행하게도 오늘날 임진왜란 당시 실제 전투에 참가한 거북선에 대한 사료(史料)는 극히 희소하다. 일반적인 외부형상이나 전투력 등에 대해서만 단편적인 기록이 전해올 뿐 거북선의 특성이나 설계도, 구조도, 건조과정 등 전체를 파악할 수 있는 직접적인 사료는 전혀 전해지지 않고 있다.

조선왕조실록(朝鮮王朝實錄), 승정원일기(承政院日記) 등 기록문화가 찬란했던 조선에서 어찌 이런 일이 있을 수 있을까? 그만큼 문(文)과 무(武)를 차별하고 과학기술을 천시했기 때문일까?

이순신 장군 자신의 일기인 난중일기(亂中日記)나 장계(狀啓), 조선왕조실록(朝鮮王朝實錄) 등에 실려있는 사료도 희소하고 단편적일 뿐만 아니라 무엇보다도 거북선이나 거북선의 잔해가 발견된 적이 없기 때문에 임진왜란 당시 거북선의 실체는 규명(糾明)되지 않고 있다. 정확한 형태조차도 알 수가 없다. 참모습을 정립하고 자신 있고 시원스럽게 자랑해보고 싶으나 답답하고 안타까운 심정이다.

임진왜란 당시의 거북선은 크게 보아 판옥선의 선체, 즉 판옥 상장(上粧) 위에다 덮개를 씌우고 덮개 위에 철첨(鐵尖, Spike)을 꽂았으며 선두(船頭-이물)에 용(龍)머리를 설치한 것이라고 할 수 있다. 따라서 거북선의 크기, 선형, 구조 등을 규명하거나 추정하는 데는 판옥선의 자료가 큰 도움이 되겠으나 임진왜란 당시의 판옥선에 대한 사료도 희소하다.

임진왜란 당시의 거북선에 대해서는 의문점이 너무나 많다. 열 명의 학자들이 모이면 열 명의 의견이 다 다르다. 따라서 저자는 다음의 과정을 통하여 임진왜란 당시 거북선의 실체를 추적해 보았다.

우선 많은 의문점이나 논의점 중에서 중요한 것을 추려서 열거해 보았다. 그리고 임진왜란 당시의 거북선에 대한 기록이나 후대의 기록이라도 믿을 만한 것을 총정리하였다. 기록을 보면서 의문점 중 정리할 수 있는 것은 하나하나 정리해 나갔고 기록을 찾을 수 없는 것은 여러 가지 근거가 있는 방법에 의하여 추정해 보았다.

임진왜란 당시의 거북선에 대한 중요 의문점이나 논의점을 열거해 보면 다음과 같다.

임진왜란 당시 거북선에 대한 중요 의문점, 또는 논의점

- 거북선의 역할
- 거북선의 건조장소(建造場所)
- 거북선의 건조척수(建造隻數)
- 거북 잔등 덮개(蓋板)의 철첨(鐵尖, Spike)과 용머리(용두, 龍頭)
- 철갑(Iron Clad)
- 귀신머리(귀두, 鬼頭)
- 장대(將臺, Bridge) 또는 지휘탑(指揮塔, Conning Tower)
- 노의 형태(形態, Type)와 수
- 거북선은 돛으로도 운항을 하였나?
- 거북선의 승선인원
- 대포의 수 및 위치
- 거북선의 갑판구조
- 거북선의 크기, 또는 주요치수(Main Dimensions)
- 거북선의 선형(船型, Hull Form)
- 거북선의 선체구조
- 거북선의 중량과 흘수
- 거북선의 안정성(Stability)
- 거북선의 전투 속력
- 거북선의 최초 참전

임진왜란 당시 거북선에 대한 기록으로는 우선 이순신 장군 자신의 일기인 "난중일기"와 임금에게 올린 보고서인 임진장초를 비롯한 각종 장계(狀啓), 조선왕조실록, 이순신 장군의 조카인 이분(李芬)의 충무공행록(忠武公行錄) 그리고 여러 가지 후대의 기록들이 있다. 임진왜란 당시 거북선에 대한 기록물을 다음 쪽의 표에 정리하여 보았으며 각각의 기록물에 실린 기록들을 살펴보고자 한다.

임진왜란 당시의 거북선에 대한 사료ⓒ

사 료	작성 시기	내용요약
난중일기	1592. 1. 1 ~1598. 11. 17	- 2월 1일 : 거북선에 쓸 만한 판자 고름 - 2월 8일 : 거북선에 쓸 범포(돛베) 29필 받음 - 3월 27일 : 거북선에서 방포하는 것 (대포 쏘는 것) 시험 - 4월 11일 : 돛을 만들기 시작 - 4월 12일 : 거북선을 타고 나가 지자대포와 현자대포를 쏘아봄
임진장초의 당포파왜병장과 그 외의 장계	1592. 6. 14~	- 제2차 출전의 사천해전, 당포해전, 당항포해전, 율포해전에 대한 장계 - 거북선의 최초 출전 - 거북선의 건조 동기와 구조, 형태 및 돌격선으로서의 거북선의 역할과 활약에 대해서 상세히 기록 - 당포파왜병장 이후의 장계에서도 거북선의 전공과 거북선의 지휘관인 돌격장에 대해서는 계속 보고를 하고 있으나 거북선의 특성에 대한 기록은 더 이상 찾아볼 수 없음
조선왕조실록 중 선조수정실록	선조 25년 (1592년) 5월 1일	- 거북선의 구조와 형상에 대한 단편적 기술
이충무공의 조카 이분의 충무공행록	1598년~1619년	- 임진왜란 당시 거북선의 구조, 형상, 화포의 배치 등에 대한 단편적 기술과 거북선의 역할 및 활약에 대한 간략한 서술
순검사 권반의 장계	1615년	- 전선의 본판장 치수에 대한 절목 반포
영의정 김수항의 장계	숙종 13년 (1687년)	- 이순신 장군이 거북선의 본판장을 10파와 9파반으로 하여 건조하도록 하였다는 장계
영남 균세사 박문수의 장계	영조	- 거북선의 총혈 수
이충무공전서 중 충무공행장	정조 19년 (1795년)	- 임진왜란 당시 거북선의 구조와 형상 및 화포의 배치 등에 대한 단편적인 사료
호좌수영지의 전함조		- 거북선의 배의 길이, 노의 수와 군병 수
여암 신경준의 논병선화차제비어지구		- 전함의 저판 길이를 원래의 길이인 10파(50척)로 할 것을 제안
이순신 종가 귀선도	연대 불확실 1795~1800년 대로 추정	- 거북선의 구조와 치수에 대한 단편적인 자료

난중일기(亂中日記)

이순신 장군은 언제부터인지는 모르겠으나 마지막 전투인 노량해전을 앞둔 1598년 11월 17일까지 일기를 썼다. 우리는 일반적으로 이순신 장군의 일기를 "난중일기(亂中日記)"로 알고 있지만 난중일기라는 이름으로 불리게 된 것은 임진왜란이 끝나고 200년이 지난 다음의 일이다. 이순신 장군은 자신이 쓴 일기를 연도별로 분류하여 그 표지에 "임진일기(壬辰日記)", "병신일기(丙申日記)", "정유일기(丁酉日記)" 등으로 표시하여 놓았을 뿐이지 "난중일기"라는 명칭을 쓴 적이 없다.

이순신 장군의 일기가 "난중일기"라고 불리게 된 것은 "이충무공전서(李忠武公全書)"를 편찬하면서부터였다. "이충무공전서"를 편찬한 학자들이 책을 쉽게 구분하기 위하여 이순신 장군의 일기를 "전란 중의 일기"라는 뜻으로 난중일기(亂中日記)라는 이름을 부여하였다. 따라서 이순신 장군이 임진왜란의 전란을 겪는 동안 기록한 일기가 임진왜란 후 200년이 지나서 "난중일기"라는 이름을 갖게 된 것이다.

"난중일기"는 이순신 장군 개인의 일기이지만 임진왜란 당시의 전투상황, 군영 생활, 이순신 장군의 정치적인 생각과 나라와 백성을 사랑하고 걱정하는 마음 등을 담고 있을 뿐만 아니라 당시의 날씨나 백성들의 생활상까지 상세하게 기록하고 있다. 무엇보다도 해전(海戰)에 관한 기록은 다른 서적에서는 보기 드문 것으로 임진왜란과 세계해전의 역사를 연구하는 데 있어서 없어서는 안 될 귀중한 자료로 꼽힌다. 그러한 가치로 인하여 "난중일기"는 우리나라의 국보이고 또한 UNESCO 세계기록유산으로 등재되어 있다.

공교롭게도 난중일기는 임진왜란이 일어난 해인 1592년(선조 25년) 1월 1일부터 시작하고 있다. 난중일기에 의하면 이순신 장군은 1592년(임진년) 2월 19일부터 2월 26일 사이에 예하 5관(官) 5포(浦)를 순시한 바 있으며 이때 예하 진포(鎭浦)의 병기 수리 및 정비 상태와 새 전선(戰船)의 건조 상황을 확인하였다. 2월 25일에는 발포진(鉢浦鎭)의 전비가 불비하여 군관을 벌한 일도 있었고 새로 건조한 전선에서 대포의 방포(放砲) 시험도 하였다.

전라좌수영 본영에서 건조한 거북선은 본영(本營)의 거북선이라는 뜻으로 영귀선(營龜船)[1]이라고 선명(船名)을 정한 것 같다. 거북선의 선명으로는 영귀선(營龜船) 외에

1) 이순신 장군의 1592년 6월 14일 자 장계인 "당포파왜병장"에 영귀선(營龜船)이라는 선명(船名)이 나온다.

방답귀선(防踏龜船)과 순천귀선(順天龜船)이라는 선명이 있는데 방답귀선은 전라좌수영의 본영이 아닌 다른 곳에서 건조된 듯하고 순천귀선은 순천부사 권준의 임지인 순천에서 건조한 것으로 추측되기도 하지만 건조장소에 대해서는 어디에서도 기록을 찾을 수 없다.

난중일기에는 언제 거북선을 진수하였는지 분명한 날짜가 언급되어 있지 않으나 1592년 3월 27일 이전에 전라좌수영 선소(船所) 앞 수장(水場)에서 거북선을 진수한 것 같다. 3월 27일 일기에 "거북선에서 방포 하는 것(대포 쏘는 것)도 겸해서 시험하였다(겸시귀선방포(兼試龜船放砲))"라고 하였는데 '겸해서'라는 말은 '선체의 운항 시험을 하는 길에 대포의 방포 시험도 겸해서 하였다'는 뜻이다.

4월 11일에는 거북선에 쓸 돛을 만들기 시작하였고, 4월 12일에는 거북선에서 지자(地字)대포와 현자(玄字)대포의 방포(放砲) 시험을 하였다고 일기(日記)에 기록한 것으로 보아 4월 12일에는 돛을 제외한 모든 건조작업이 완료되었다고 판단된다. 임진왜란이 일어나기 하루 전이다.

이순신 장군의 난중일기 중 거북선의 건조과정에 대하여 간략하게 기록하여 놓은 것이 있다. 비록 간략하고 단편적이기는 하지만 임진왜란 당시의 거북선 건조에 관한 중요한 사료라고 할 수 있으며 난중일기에 나오는 기록을 원문(原文)과 함께 정리하여 보았다.

- 2월 1일 :

  "出船滄 点擇可用板子時 水場內 鯈魚雲集 張網獲二千余個 可謂壯矣…
  仍坐 戰船上… 飮酒…"
  (출선창 점택가용판자시 수장내 조어운집 장망획이천여개 가위장의…
  잉좌 전선상… 음주…)

  "선창으로 나가서 쓸 만한 판자를 고르는데 이때 수장(水場) 안에 작은 고기 떼가 몰려들어 왔기에 그물을 쳐서 2,000여 마리를 잡았다. 장한 일이다…. 그대로 전선 위에 앉아서… 술을 마셨다…."

- 2월 8일 :

  "捧龜船帆布二十九疋"
  (봉귀선범포이십구필)

"이날 거북선에 쓸 범포(돛베) 29필을 받았다."

- 3월 27일 :
  "兼試龜船放砲"
  (겸시귀선방포)
  "겸해서 거북선에서 방포 하는 것(대포 쏘는 것)도 시험하였다."

- 4월 11일 :
  "始製布帆"
  (시제포범)
  "돛을 만들기 시작하였다."

- 4월 12일 :
  "食後騎船 放龜船地玄字砲"
  (식후기선 방귀선지현자포)
  "아침 식사를 한 후에 배를 타고 거북선의 지자, 현자대포를 쏘아 보았다."

이순신 장군의 임진장초(壬辰壯草)2)

임진장초(壬辰壯草)는 이순신 장군이 임진왜란이 일어나기 12일 전인 선조 25년(1592년) 4월 1일 전라좌도 수군절도사 재임 시부터 선조 27년(1594년) 정월 10일 삼도수군통제사를 겸직할 당시까지 군무에 관한 사항을 보고한 장계 초안이다. 이는 모두 184장 1권으로 선조 25년(1592년) 4월부터 9월까지 17건, 선조 26년(1593년) 1월부터 12월까지 31건, 선조 27년(1594년) 1월에 12건으로 나뉜다.

임진장초에는 이순신 장군 휘하 함대의 상황, 거북선의 건조 동기, 일본 수군과의 전투상황 및 전과, 군사 운용상의 건의, 진중(陣中)의 경비 상황, 군량의 조달, 군무와 관련된 보고 및 왕명(王命)의 복명 등이 소상하게 기록되어 있어 사료가치가 높이 평가, 인정되어 1962년 12월 20일 국보 제76호로 지정되었다.

---

2) 이순신, "임진장초(壬辰壯草)", 국보 제76호, 아산현충사, 1592-1598.

임진장초 안에 기록되어 있는 당포파왜병장(唐浦破倭兵狀)[3]은 이순신 함대의 제2차 출전(1592년 5월 29일~6월 10일) 때의 네 번에 걸친 해전, 즉 사천해전(泗川海戰), 당포해전(唐浦海戰), 당항포해전(唐項浦海戰), 율포해전(栗浦海戰)에 대한 장계인데 이순신 장군은 제2차 출전 때 거북선을 출전시켰다고 장계를 올리면서 거북선의 건조 동기와 구조, 형태 및 돌격선(突擊船)으로서의 거북선의 역할과 활약에 대해 상세히 기록하고 있다. 이순신 장군의 당포파왜병장 장계 중 거북선에 대한 기록을 발췌하여 원문과 함께 옮겨놓는다.

- 사천해전(泗川海戰) (1592년 5월 29일)

"臣嘗慮島夷之變 別制龜船 前設龍頭 口放大砲 背植鐵尖 內能窺外 外不能窺內 雖賊船數百之中 可以突入放砲"

(신상려도이지변 별제귀선 전설용두 구방대포 배식철첨 내능규외 외불능규내 수적선수백지중 가이돌입방포)

"신이 일찍이 섬나라 오랑캐의 난리를 염려하여 별도로 거북선을 만들었습니다. 배 앞(이물)에는 용의 머리를 달았고 입에서 대포를 쏘며 잔등에는 쇠꼬챙이를 꽂았습니다. 배 안에서는 밖을 내다볼 수 있으나 밖에서는 안을 들여다볼 수 없습니다. 비록 적의 배가 수백이라도 그 가운데로 뚫고 들어가 대포를 쏠 수 있습니다."

"今行 以爲突擊將所騎 而先令龜船 突進賊船中 先放天地玄黃各樣銃筒"

(금행 이위돌격장소기 이선령귀선 돌진적선중 선방천지현황각양총통)

"이번 싸움길에 돌격장이 거북선을 타고 나왔습니다. 먼저 거북선으로 하여금 적의 선대 안으로 돌진하게 명하고, 먼저 천자대포, 지자대포, 현자대포 그리고 황자대포 등 여러 가지 대포를 발포하였습니다."

당포파왜병장(唐浦破倭兵狀) 이후의 장계(狀啓)에서도 거북선의 전공(戰功)과 거북선의 지휘관인 돌격장에 대해서는 계속 보고를 하고 있으나 거북선의 특성에 대한 기록은 더 이상 찾아볼 수 없다.

3) 1592. 6. 14. "이도당항포등사처승첩계본-계위초포사(二度唐項浦等四處勝捷啓本-啓爲勦捕事)", "이충무공전서-당포파왜병장(唐浦破倭兵狀)"

이분(李芬)의 충무공행록(忠武公行錄)과 최유해(崔有海)의 충무공행장(忠武公行狀)

이순신 장군의 일대기를 적은 대표적인 전기가 두 가지가 있다. 하나는 이순신 장군의 조카 이분(李芬, 1566~1619)이 직접 기록한 "충무공행록(忠武公行錄)"이고 다른 하나는 인조 대에 승지를 지낸 최유해(崔有海, 1587~1641)가 저술한 "충무공행장(忠武公行狀)"이다. 충무공행록이나 충무공행장이나 언제 쓰여졌는지 알 수가 없으나 충무공행록은 임진왜란이 끝난 1598년부터 이분(李芬)이 타계한 1619년 사이에 쓰여진 것으로 추정된다. 충무공행장은 저자인 최유해(崔有海)가 임진왜란이 일어났을 당시 어린아이였고 이분(李芬)보다 20년 이상 후배라는 점을 감안할 때 충무공행록이 쓰여진 후에 저술된 것으로 추정된다.

최유해(崔有海)가 어떤 사연으로 이충무공의 전기라고 할 수 있는 충무공행장을 쓰게 되었는지 알 수는 없으나 이순신 장군의 조카 이분(李芬)이 조선 선조 때의 성리학자인 정구(鄭逑, 1543~1620)에게서 성리학을 배웠고 최유해(崔有海)는 정구(鄭逑)의 문하생이었으므로 같은 계열의 학맥과 관련이 있을 것으로 사료된다.

최유해는 이분의 충무공행록을 참고로 하여 충무공행장을 저술한 것 같으며 두 저술의 내용 자체는 거의 대부분 일치한다. 그러나 이분의 충무공행록이 더 사실적이고 구체적인 설명에 치중한 반면 최유해의 충무공행장은 미사여구(美辭麗句)에 의한 추상적인 묘사가 많은 특징을 갖고 있어서 전체적인 흐름은 거의 동일하여도 세부 묘사에서는 차이가 있다.

앞에서 살펴본 바와 같이 정조(正祖) 19년(1795년)에 규장각(奎章閣)에서 편찬한 "이충무공전서(李忠武公全書)" 책머리인 권수(卷首)에는 귀선지제(龜船之制)와 1795년식 귀선도(龜船圖) 두 장이 수록되어있고 귀선지제에는 1795년식 거북선의 주요치수(主要値數), 구조(構造), 전투성능(戰鬪性能)에 대한 설명과 최유해(崔有海)가 저술한 "충무공행장(忠武公行狀)"의 일부 내용이 수록되어있다.

이충무공전서의 귀선지제(龜船之制)에 이분(李芬)의 충무공행록 중의 기록을 수록하지 않고 최유해(崔有海)의 충무공행장 중의 기록을 수록한 이유는 두 가지 저술의 내용이 거의 일치하는 데다 최유해(崔有海)는 인조 대에 승지의 벼슬을 지낸 분이라 왕명(王命)에 의한 이충무공전서를 편찬하는 과정에서 문장이 좀 더 세련된 고위 관리의 저술을 채택한 것이 아닌가 하는 생각이 든다.

충무공행록이나 충무공행장이나 두 저서의 내용이 거의 동일하기는 하지만 이 책에서는 이순신 장군의 조카인 이분(李芬)이 저술한 충무공행록(忠武公行錄)을 참조하기로 하였다.

"충무공행록(忠武公行錄)"에는 비록 단편적이기는 하지만 임진왜란 당시 거북선의 구조와 형상 및 화포의 배치 등에 대한 귀중한 사료가 기록되어 있으며 원문과 함께 옮겨놓는다.

> "公在水營 知倭寇必來 本營及屬鎭戰具 無不修備 造鐵鎖橫截於前洋 又創作戰船 大如板屋 上覆以板 板上有十字形細路 以容人之上行 餘皆插以刀錐 四無着足之處 前作龍頭 口爲銃穴[4] 後爲龜尾 尾下有銃穴 左右各六銃穴 大概狀如龜形 故 名曰 龜船 及後遇賊 以編茅覆 於錐刀之上 而爲之先鋒 賊欲登船陷之 則斃於刀錐 欲來掩圍 則左右前後 一時銃發 賊船雖蔽海雲集 而此船之出入橫行 所向披靡 故前後大小戰 以此常勝焉…."

> "공이 수영에 있을 때 왜적이 반드시 쳐들어올 것을 알고 본영 및 소속 진포의 무기와 기계들을 수리 보수하지 않은 것이 없고, 쇠사슬을 만들어 앞 바다를 가로막았다. 또 전선(戰船)을 새로 만드니 크기는 판옥선만 한 데 위는 판자로 덮고 판자 위에 열십자 모양의 좁은 길을 내어 사람들이 지나다닐 수 있게 하고 그 나머지는 모두 칼과 송곳을 꽂아 사방으로 발붙일 곳이 없도록 했으며, 앞(이물)에는 용의 머리를 만들어 달았으며 입은 총구멍이 되고 뒤는 거북의 꼬리처럼 되었는데 그 아래에 총구멍이 있고 좌우에 각각 여섯 개의 총구멍이 있다. 대개 그 모양이 거북의 모양과 같기 때문에 이름을 거북선(龜船)이라고 하였다. 그 뒤 적을 만날 때에는 거적으로 송곳 위를 덮고 선봉이 되어 나가는데 적이 배에 올라와 덮치려 하면 칼 송곳에 찔려서 죽으며, 에워싸고 엄습하려 하면 좌우와 앞뒤에서 한꺼번에 대포(大砲)를 놓으니 적선이 아무리 바다를 덮어 구름같이 모여들어도 이 배는 그 속을 좌우로 드나들며 가는 곳마다 쓰러지지 않는 것이 없기 때문에 전후 크고 작은 싸움에서 이 거북선(龜船)으로 항상 승리를 한 것이었다."

---

4) 총(銃)이라고 한 것은 총통(銃筒-포砲)을 이르는 것이다.

조선왕조실록(朝鮮王朝實錄)

"선조수정실록(宣祖修正實錄)" 선조 25년(1592년) 5월 1일 자에는 거북선의 구조(構造)에 대하여 다음과 같이 기록되어 있다.

> "先是, 舜臣大修戰備, 自以意造龜船, 其制船上鋪板如龜, 背上有十字細路, 纔容我人通行, 餘皆列插刀錐, 前作龍頭, 口爲銃穴. 後爲龜尾, 尾下有銃穴. 左右各有銃穴六. 藏兵其底, 四面發砲. 進退縱横, 捷速如飛. 戰時覆以編茅, 使錐, 刀不露, 賊超登, 則掐于錐, 刀, 掩圍則火銃齊發. 横行賊船中, 我軍無所損, 而所向披靡, 以此常勝."
>
> (선시, 순신대수전비, 자이의조귀선, 기제선상포판여귀, 배상유십자세로, 재아인통행, 여개열삽도추, 전작용두, 구위총혈. 후위귀미, 미하유총혈. 좌우각유총혈육. 장병기저, 사면발포. 진퇴종횡, 첩속여비. 전시복이 편모, 사추, 도불로, 적초등, 즉함간추, 도, 암위즉화통재발. 횡행적선중, 아군무소손, 이소향피폐, 이차상승.)

거북선에 대한 "선조수정실록(宣祖修正實錄)" 선조 25년(1592년) 5월 1일 자 기록에 대하여 사소하나마 학자들에 따라 해석에 차이가 나므로 중요 부분에 대해서만 저자의 의견을 정리해 보고자 한다.

舜臣大修戰備 - 순신은 전투 장비를 크게 수리하였다.
(순신대수전비)

自以意造龜船 - 스스로의 의지로 거북선을 만들었다(건조(建造)하였다).
(자이의조귀선)

其制船上鋪板如龜 - 그 제도(구조構造)는 배(판옥선) 위에 거북잔등과
(기제선상포판여귀) 같은 판자(개판蓋版)를 덮었다.

背上有十字細路 - 잔등 위에는 열십자의 좁은 길이 있다.
(배상유십자세로)

纔容我人通行 - 아군(우리 군사)이 겨우 다닐 수 있다.
(재용아인통행)

餘皆列插刀錐 - 나머지에는 모두 칼과 쇠꼬챙이를 줄지어 꽂았다.
(여개열삽도추)

前作龍頭 - 앞(이물)에는 용의 머리를 만들어 달았다.
(전작용두)

口爲銃穴 - 입은 총혈(총통의 구멍)이 된다.
(구위총혈)

後爲龜尾 - 뒤는 거북의 꼬리가 된다.
(후위귀미)

尾下有銃穴 - 꼬리 아래에 총혈이 있다.
(미하유총혈)

左右各有銃穴六 - 좌우에 각각 여섯 개의 총혈이 있다.
(좌우각유총혈육)

藏兵其底 - 병사는 그(거북이등과 같은 개판(蓋板)) 아래 숨기고
(장병기저)

四面發砲 - 사면에서 대포를 쏜다.
(사면발포)

進退縱橫 - 전후좌우로 나아가고 물러선다.
(진퇴종횡)

捷速如飛 - 나는 듯이 민첩하고 빠르다.
(첩속여비)

위의 부분적인 해석을 모아보면 전체적인 해석은 다음과 같이 된다.

"이에 앞서, 순신은 전투 장비를 크게 수리하고 스스로의 의지로 거북선을 만들었는데 그 제도(구조(構造))는 배(판옥선) 위에 거북이 등과 같은 판자를 덮고, 등 위에는 십자 모양의 좁은 길을 내어 아군이 겨우 다닐 수 있게 하고, 나머지에는 모두 칼과 송곳을 줄지어 꽂았다. 앞(이물)에는 용의 머리를 만들어 달았고 입은 총혈(총통의 구멍)이 된다. 뒤(고물)는 거북의 꼬리가 되며 꼬리 아래에 총혈이 있다. 좌우에 각각 여섯 개의 총혈이 있다. 병사는 그(거북이 등과 같은 개판) 아래 숨기고, 사면에서 대포를 쏜다. 전후좌우로 나아가고 물러서기가 나는 듯이 민첩하고 빠르다. 싸울 때에는 거적이나 풀로 덮어 송곳과 칼날이 드러나지 않게 하였는데,

적이 뛰어오르면 송곳과 칼에 찔리게 되고 덮쳐 포위하면 화총(火銃)을 일제히 쏘았다. 그리하여 적선 속을 횡행(橫行)하여도 아군은 손상을 입지 않은 채 가는 곳마다 적선을 격파하였으므로 언제나 승리하였다."

라는 기록이 있다.

영남균세사(嶺南均稅使) 박문수(朴文秀)의 장계(狀啓)

영남균세사(嶺南均稅使) 박문수(朴文秀)는 삼남지방(三南地方)을 암행(暗行)할 때, 충무공(忠武公) 이순신(李舜臣)이 기록한 문서인 "충무공이순신소기(忠武公李舜臣所記)"를 보았다고 하며 영조(英祖) 임금에게 임진왜란 당시의 거북선과 영조 당시의 전선(戰船)을 비교하면서 자신의 의견을 피력한 장계를 올린 바 있다.[5] 우선 영남균세사(嶺南均稅使) 박문수(朴文秀)가 영조(英祖) 임금에게 올린 장계에 기록한 바를 원문과 함께 옮겨놓는다.

嶺南均稅使 朴文秀 奏曰

"臣詳見戰艦龜船之制, 戰船則每於改造時, 其體漸長, 決難運用, 至於龜船,則當初體制如艨衝, 上覆厚板, 以避矢石, 而臣得見, 忠武公李舜臣所記, 則龜船左右, 各開六銃穴, 而今則各開八穴, 龜船之比前過大, 亦可知不可不改造矣."

(영남균세사 박문수 주왈

신상견전함귀선지제, 전선칙매어개조시, 기체점장, 결난운용, 지어귀선, 칙당초체제여몽충, 상복후판, 이피시석, 이신득견, 충무공이순시소기, 칙귀선좌우, 각개육총혈, 이금칙각개팔혈, 귀선지비전과대, 역가지불가불개조의.)

"영남균세사 박문수가 왕에게 아뢰기를,

신이 전함과 거북선의 제도를 자세히 보았습니다. 전선은 개조할 때마다, 그 선체가 점차 길어져서 결코 운용하기가 어렵습니다. 거북선에 이르러서는 당초 체제는 몽충과 같아 위를 두꺼운 판자로 덮으므로 써 화살과 돌을 피하였으나, 신이 충무공 이순신이 기록한 바의 것을 얻어 본 즉 거북선 좌우에 각각 6개의 총혈을 열었으나 지금은 8개의 총혈이 열려 있어, 거북선이 전에 비하여 지나치게 커진 것을 역시 알 수 있으니 불가불 개조하여야 합니다."

---

5) "영조대왕(英祖大王)실록(實錄)" 73권 영조(英祖) 27년(1751년) 2월 21일 己丑 條.

안타깝게도 어사 박문수가 보았다고 하는 "충무공이순신소기(忠武公李舜臣所記)"는 현재 전해지지 않고 있다. 그러나 "충무공 이순신이 기록한 바의 것(忠武公李舜臣所記)을 얻어 보니, 거북선의 좌우에 각각 6개의 총혈을 열었다"고 한 어사 박문수의 기록과 임진왜란 당시의 기록인 이분(李芬)의 충무공행록(忠武公行錄)에 "좌우에 각각 6개의 총혈이 있다"라고 한 기록과는 정확히 일치하고 있다.

호좌수영지(湖左水營誌)

전라좌수영(全羅左水營)에서는 임진왜란이 일어나던 1592년부터 후대에 이르기까지 운영상황을 기록하여 왔는데 이것을 호좌수영지(湖左水營誌) - 전라좌수영의 영지(營誌)라고 한다. 호좌수영은 전라좌수영의 별칭(別稱)으로 관(官)의 공문(公文)에서는 군사기밀(軍事機密) 관계로 인하여 전라좌수영 대신 호좌수영(湖左水營)이란 별칭을 주로 사용하였다.

호좌수영지 필사본에는 경주이씨익제공파(慶州李氏益齊公派) 문중에서 소장하고 있는 필사본과 충민사 필사본(忠愍祠 筆寫本)의 두 가지 필사본이 전해 내려오고 있다.

경주이씨익제공파 문중에서 소장하고 있는 필사본은 속표지에 별도로 기록한 내용으로 보아 1592년에서 1815년까지의 전라좌수영(全羅左水營)의 영지(營誌)를 필사(筆寫)한 것임을 알 수 있으며 전함조(戰艦條)에 다음과 같은 거북선에 대한 내용이 기록되어 있다.

> "戰艦 四龜船, 本板長十把, 左右櫓十六隻, 船將一, 旗牌官二, 捕盜官二, 訓導一, 射夫十, 射手(砲手)二十四, 火砲匠十, 沙工八, 船直一, 能櫓軍九十."
> (전함 사귀선, 본판장십파, 좌우로십육척, 선장일, 기패관이, 포도관이, 훈도일, 사부십, 사수(포수)이십사, 화포장십, 사공팔, 선직일, 능로군구십.)
>
> "전함 중 4번째 거북선의 본판장(배밑)은 10파요, 좌우의 노는 16자루이다, 선장 1인, 기패관 2인, 포도관 2인. 훈도 1인, 사부 10명, 사수(포수) 24명, 화포장 10명, 사공 8명, 선직 1명, 능로군 90명"(합계 149명)

호좌수영지(湖左水營誌) 충민사필사본(忠愍祠筆寫本) 중사조(中司條)에도 다음과 같이 거북선에 대한 기록이 있다.

"中司前哨官, 四船將所騎, 宿字第二號龜船, 本板長周尺[6]四十七尺, 乾隆二十一年 丙子月日失火, 新造, 左右櫓十六隻, 軍兵一百五十五名內. 船將一人,[7] 旗牌官二人, 捕盜官二人, 訓導一人, 射夫十五名, 火砲匠十名, 砲軍二十四名, 沙工八名, 能櫓軍九十六名, 船直一名. 謹按龜船忠武公所製"

(중사전초관, 사선장소기, 숙자제이호귀선, 본판장주척사십칠척, 건융이십일년 병자월일실화, 신조, 좌우로십육척, 군병일백오십오명내. 선장일인, 기패관이인, 포도관이인, 훈도일인, 사부십오명, 화포장십명, 포군이십사명, 사공팔명, 능로군구십육명, 선직일명. 근안귀선충무공소제)

"중앙의 사파총 편대의 전방 초계관인 제4전선의 선장이 타는 숙자 급의 제2호 거북선의 배 밑의 길이는 주척으로 47척이다. 건융이십일년(1756년) 병자월일에 불이 나 타버려서 새로 만들었다. 좌우의 노는 16자루이고, 군관과 병졸의 수는 모두 155명 안쪽이다. 선장 1인, 기패관 2인, 포도관 2인, 훈도 1인, 사부 15명, 화포장 10명, 포군 24명, 사공 8명, 능노군 96명, 선직 1명이다. 삼가 살피건대 귀선은 충무공이 만든 바의 것이다." (합계 160명)

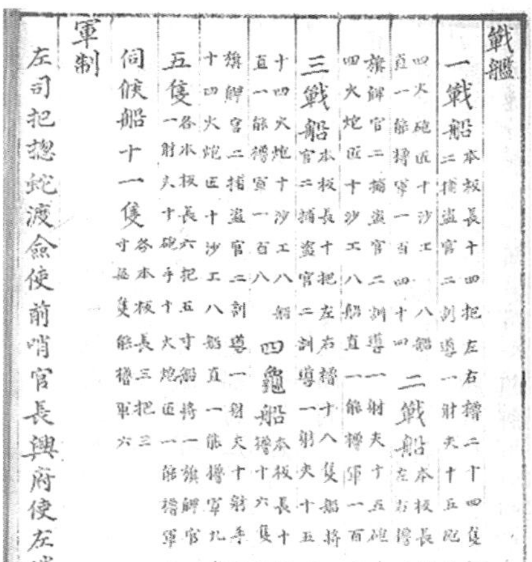

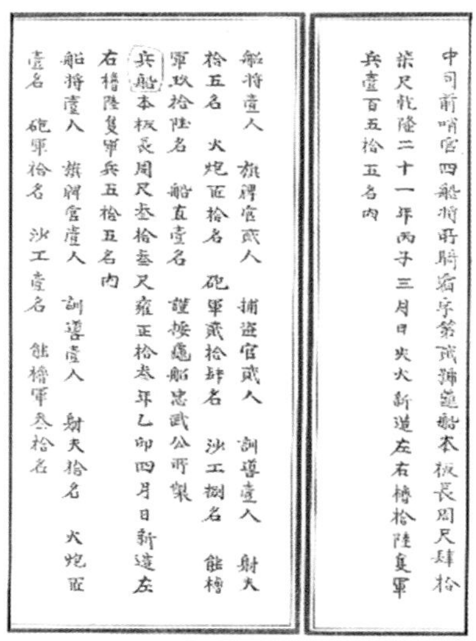
中司前哨官四船將所騎宿字第貳號龜船本板長周尺肆拾
柒尺乾隆二十一年丙子三月日失火新造左右櫓拾陸隻軍
兵壹百五拾五名內

船將壹人 旗牌官貳人 捕盜官貳人 訓導壹人 射夫
拾五名 火炮匠拾名 砲軍貳拾肆名 沙工捌名 能櫓
軍玖拾陸名 船直壹名 謹按龜船忠武公所製
兵船本板長周尺叁拾叁尺雍正拾叁年乙卯四月日新造左
右櫓陸隻軍兵五拾五名內
船將壹人 旗牌官壹人 訓導壹人 射夫拾名 火炮匠
壹名 砲軍拾名 沙工壹名 能櫓軍叁拾名

경주이씨 익제공파 필사본 **충민사 필사본**

호좌수영지에 있는 거북선의 치수와 군병 수
[경주이씨익제공파, 충민사, 복사본. 이원식 소장[所藏]]

---

6) 周尺이라고 하였는데, 周尺은 20.81cm. 戰艦은 營造尺을 사용한다. 1把는 營造尺 5척이다.
7) 軍官은 人이라 하고, 兵은 名이라고 한다.

임진왜란 당시의 거북선에 대해서 지금까지 살펴본 사료 외에도 여암(旅菴) 신경준(申景濬)의 "논병선화차제비어지구(論兵船火車諸備禦之具)8)"에 언급되어 있는 사료나 이충무공의 후손 가문에서 소장하고 있는 사료 등이 있는데 이들은 실체 규명을 위한 해당 사항 논의 때 참고하고자 한다.

이제부터는 앞에 열거한 항목 하나하나에 대하여 지금까지 살펴본 사료로부터 결론을 도출할 수 있는 항목은 결론을 도출하고 사료가 부족하거나, 없거나 도출이 어려운 항목에 대해서는 체계적이고 합리적으로 추정을 하면서 임진왜란 당시의 거북선의 실체에 대해서 조금씩 접근해 가려고 한다.

거북선의 역할 : 거북선은 지휘선인가, 돌격선인가?

거북선은 지휘선이다, 아니다 하는 논란이 있었다. 그러나 거북선은 지휘선이 아닌 돌격선이었음이 분명하다. 거북선의 지휘관을 돌격장이라고 지칭한 것을 보아도 알 수 있다.

이순신 장군은 임진년 4월 30일에 선조 임금에게 '경상도를 구원하러 가는 일을 아뢰는 계본' 즉, 부원경상도장(赴援慶尙道狀)이라는 장계를 올린 바 있는데 여기에는 전라좌도수군의 함대 편성에서 '돌격장 본영군관 이언량(突擊將 本營軍官 李彦良)'을 배정하였다고 기록되어 있다. 돌격장은 거북선(龜船)의 선장(船將)을 이르는 말이고 이후로 "영귀선의 돌격장은 이언량"이라고 되어있다.

또한 이순신 장군은 왜적의 침입 후, 첫 해전(제1차 출전)에서 대승(大勝)을 한 후 임금에게 전과(戰果) 보고서인 옥포파왜병장(玉浦破倭兵狀)이라는 장계를 올렸는데 여기에 거북선이 출전하였다는 기록은 없으나

> "突擊將臣軍官李彦良 撞破倭大船一隻)"
> (돌격장신군관이언량 당파왜대선일척)
>
> "돌격장이며 신의 군관인 이언량은 왜적의 대선 1척을 당파 하였다."

라고 기록되어 있다. 그 후 제2차, 제3차 등 계속되는 출전보고서에는 이언량(李彦良), 이기남(李奇男), 박이량(朴以良) 등이 돌격장이라고 기록되어 있다. 이와 같이 이순신

---

8) 병선과 화차와 여러 가지 방어 장비를 논하다.

장군 자신이 거북선의 지휘관을 돌격장이라고 불렀으며 거북선을 돌격선으로 활용하였다.

거북선은 돌격선으로써 적진을 종횡무진 출입하여 적의 전열을 무너뜨리는 것이 주 임무였다. 특히 전투 초기에 적의 함대 안을 돌파하고 들어가 적장이 타고 있는 기선(旗船), 또는 장군선(將軍船)에 접근하여 함포공격을 감행함으로써 적진을 혼란스럽게 하고 공포심을 유발하는 것이 주 임무였다. 임진왜란 초기 연전연승하는 육군에 반하여 연전연패하던 일본의 수군은 조선의 수군에 대한 열등감과 공포증을 갖고 있던 중 바다의 괴물처럼 나타난 거북선을 보고 더욱 큰 공포감에 휩싸이게 되었을 것임에 틀림없다.

거북선의 건조 장소 : 거북선은 어디서 건조하였나?

이순신 장군의 난중일기 중 2월 1일 자에는 이순신 장군이 직접 선창가로 나가서 거북선 건조에 쓸 만한 널판을 골랐다고 기록되어 있다. 따라서 전라좌수영 본영에서 적어도 1척 이상을 건조한 것은 확실하다. 전라좌수영 선창가 육지가 바로 전라좌수영의 거북선을 건조한 조선장(造船場)이다.

호좌수영지에 수록되어있는 전라좌수영 성곽도(全羅左水營 城郭圖)[9]를 보면 남문 밖에 선창(船倉) 즉, 전선 등에서 사용하는 각종 자재를 보관하는 창고가 있다. 그 옆에 선직(船直) 즉, 배를 지키는 군사인 배직이의 선직간(船直間)이 있다. 그 앞쪽에 수장(水藏)이라고 써 놓은 곳이 있는데, 이곳은 포항(浦港) 안쪽이다. 수장(水藏)에 선소(船所)가 있는데 선소는 전선(戰船) 등을 계류(繫留)하는 곳이다. 이 선소에는 전라좌수영의 전선(戰船) 4척을 계류하여 놓았다. 전라좌수영의 예하 5관(官) 5포(浦)에는 선소(船所), 전소(戰所), 전선소(戰船所)가 있다.

9) 호좌수영지(충민사 필사본) 영인본.

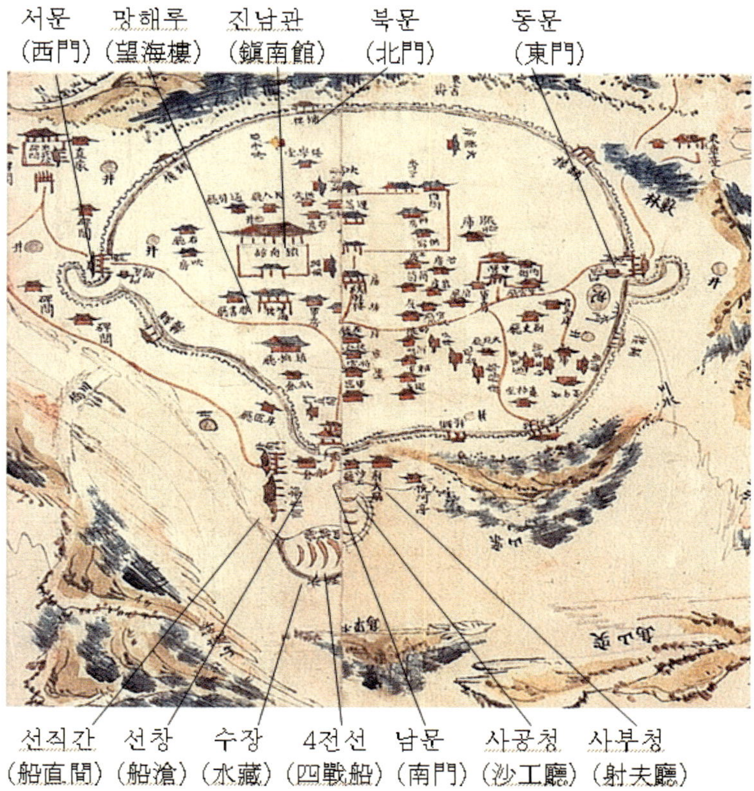

전라좌수영 성곽도[全羅左水營 城郭圖]
[호좌수영지 충민사, 필사본]

전통 한선의 조선(造船)은 바닷물이 들어오는 갯가에서 하게 되는데 최대 만조 때의 물 높이를 고려하여 물이 못 미치는 곳에 터를 잡고 선두가 바다 쪽으로 향하게 하고 좌괴(坐塊-선대를 놓고 착공하는 것)를 한다. 하선체의 건조가 완료되면 만조 때가 되기를 기다렸다가 물이 들어온 후 바다로 진수를 하고 진수 후에는 만조 때는 바닷물 위에 떠서, 간조 때는 굴강 안에서 의장(艤裝) 작업을 하며 마지막으로 돛대(범죽(帆竹))[10]를 세운다.

거북선(龜船)의 조선장(造船場)은 전라좌수영 성곽 남문의 남쪽 선창가에 있었다. 이곳에서 좌괴(坐塊)를 하고, 저판(底板-배 밑)과 로판(艫板-이물비우), 축판(舳板-고물비우), 양현(兩舷)의 삼판(杉板), 횡량(橫梁), 장귀틀(長耳機),[11] 동귀틀(童耳機),[12] 신방(信防), 포판

10) 조선시대 이두 표기.
11) 조선시대 이두 표기.
12) 조선시대 이두 표기.

(鋪板-현대의 갑판(甲板)) 등 선체(船體)의 조선공작(造船工作)을 하게 된다. 선체의 건조(建造)가 완료되면 수장(水場)으로 진수(進水)를 하게 된다. 진수를 한 다음에는 패주(牌柱), 언방(偃防) 등을 설치(設置)하고 상장(上粧)을 치장(治粧)하게 되며 거북 잔등 판을 덮고 용두를 설치한 후 돛대(帆竹) 즉, 범장(帆檣)을 세움으로써 끝이 난다.

적어도 한 척의 거북선, 즉 영귀선(營龜船)은 전라좌수영 본영 남문 앞마당의 갯가 수장(水場)이 있는 경사지에서 위에 기술한 전통 한선의 건조방법에 따라 건조되었음이 틀림없다.

그러나 이순신 장군의 임진장초에는 영귀선(營龜船), 방답귀선(防踏龜船), 순천귀선(順天龜船)의 세 가지 선명(船名)의 거북선이 기록되어 있는데 이것을 두 가지 면으로 상상해 볼 수 있다.

한 가지는, 전술·전략상 거북선이 소기의 임무를 수행하려면 적어도 3척 이상이 있어야 하는데 왜적의 침입이 임박했음을 직감한 이순신 장군께서 시급성을 감안하여 순천이나 방답의 조선소에서도 거북선을 건조하도록 하였을 가능성이 있다.

또 다른 하나는 이순신 장군은 선조 임금의 허락을 받지 않고 나중에 처형당할지도 모르는 위험을 감수하면서 비밀리에 거북선을 건조하기로 결정하고 건조하였다. 극비리에 건조하여야 하는 데 여러 곳에 나누어 건조하면 비밀 유지가 어렵다. 또한 왕의 허락도 없이 건조하면 나중에 처형당할지도 모르는데 그러한 위험을 알면서도 장군의 부하인 순천부사나 방답첨사에게 건조 명령을 내렸을 리가 없다. 따라서 영귀선, 방답귀선, 순천귀선의 선명은 건조지역을 의미하는 것이 아니라 수군 편대에 따른 거북선의 소속 부대명일지도 모른다는 것이다.

하여튼 이순신 장군의 일기(난중일기)나 임진장초나 그 외 어느 사료를 보아도 전라좌수영 본영의 조선소 외 다른 곳에서 거북선을 건조하였다는 기록은 찾아볼 수 없다. 방답귀선이나 순천귀선의 건조 관련 기록은 보이지 않는다.

거북선의 건조척수(建造隻數) : 거북선은 몇 척이나 건조되었나?

이순신 장군은 전투가 끝날 때마다 선조 임금에게 전과 보고서인 장계(狀啓)를 올렸는데 제2차 출전 때의 장계인 당포파왜병장(唐浦破倭兵狀)에서 거북선이 처음으로 전투에 참가하였음을 보고하고 있다. 거북선은 이순신 함대의 제2차 출전 때의 공식적인 첫 전투 참가를 시작으로 이순신 장군이 파직되어 한양으로 압송된 후 칠천량해전까지의 모든 해전에 출전하였다.

거북선의 건조척수는 두 가지 방법으로 추정해 볼 수 있다. 첫 번째 방법으로 이순신 장군의 장계를 분석해 보는 것이다. 이순신 장군은 전투가 끝날 때마다 임금인 선조에게 전과를 보고하는 장계를 올렸는데 장계에는 각각의 출전 때마다 돌격장의 수와 성명이 기록되어 있다. 돌격장은 거북선의 지휘관을 이르는 말이므로 장계에 기록된 돌격장의 수는 바로 거북선의 수라고 할 수 있다.

두 번째 방법으로는 여러 가지 기록을 조사해 보는 것이다.

첫 번째 방법으로 이순신 장군이 장계에 기록한 바에 따라 각각의 출전 시 참가한 거북선의 수와 지휘관의 이름을 살펴봄으로써 거북선의 건조 척수를 추정해 보고자 한다.

- 제2차 출전(1592.05.29 ~ 06.10) : 당포파왜병장(唐浦破倭兵狀)

  ·귀선 돌격장 급제 이기남 (龜船突擊將 及第 李奇男)
  ·귀선 돌격장 신 군관 이언량 (龜船突擊將 臣 軍官 李彦良)

- 제3차 출전(1592.07.05 ~ 07.13) : 견내량파왜병장(見乃梁破倭兵狀)

  ·영돌격귀선장 보인 이언량 (營突擊龜船將 保人 李彦良)
  ·좌돌격귀선장 급제 이기남 (左突擊龜船將 及第 李奇男)
  ·우돌격귀선장 급제 박이량 (右突擊龜船將 及第 朴以良)

- 제4차 출전(1592.08.29 ~ 09.02) : 부산포파왜병장(釜山浦破倭兵狀)

  ·본영귀선, 영돌격장 군관 이언량 (本營龜船, 營突擊將 軍官 李彦良)
  ·순천귀선, 좌돌격장 급제 이기남 (順天龜船, 左突擊將 及第 李奇男)
  ·방답귀선, 우돌격장 급제 박이량 (防踏龜船, 右突擊將 及第 朴以良)

- 제5차 출전(1593.02.01 ~ 03.08) : 웅포해전(熊浦海戰)

  ·좌돌격귀선장 주부 이언량 (左突擊龜船將 主簿 李彦良)

- 1594년 초 이순신 장군은 좌·우돌격도장(左·右突擊都將)이라는 거북선의 새로운 전투편성을 도입하면서 인사이동을 단행하였는데 이순신 장군의 장계를 분석하여 새로 임명된 거북선의 지휘관들을 정리하여 보면 다음과 같다.

  · 중앙 돌격장 훈련주부 이언량 (中央 突擊將 訓練主簿 李彦良)
  · 좌 돌격장 평산포만호 김축 (左 突擊將 平山浦萬戶 金軸)
  · 우 돌격장 군기사부정겸고성현령 조의도 (右 突擊將 軍器寺副正兼固城縣令 趙疑道)
  · 우 돌격도장 훈련정겸사량만호 이여념 (右 突擊都將 訓練正兼蛇梁萬戶 李如恬)
  · 좌 돌격도장(기록에 없음. 박이량으로 추정) (左 突擊都將) (朴以良 ? 推定)

- 제6차 출전(1594.03.04) : 당항포해전(唐項浦海戰)

제6차 출전은 제2의 당항포해전이다. 앞에서 언급한 바와 같이 이순신 장군은 1594년 초 좌·우돌격도장(左·右突擊都將)이라는 거북선의 새로운 전투편성을 도입한 바 있으며 제6차 출전 때부터 시행하였다.

제6차 출전을 위하여 영등포·장문포 앞바다로 출동하려고 31명의 장수를 선발하였으며 31명의 장수 중에서 선발한 거북선의 지휘관은 다음과 같다.

· 귀선돌격장 주부 이언량 (龜船突擊將 主簿 李彦良)
· 좌돌격장 평산포만호 김축 (左突擊將 平山浦萬戶 金軸)
· 우돌격도장 훈련정겸사량만호 이여념 (右突擊都將 訓練正兼蛇梁萬戶 李如恬)

그러나 당항포해전이 끝난 후 전과보고서에 기록된 거북선 관련 지휘관의 이름이 바뀐 것을 보면 전투에 돌입하기 전 좌돌격장을 바꾼 것 같다.

· 우돌격장 훈련주부 이언량 (右突擊將 訓練主簿 李彦良)
· 좌돌격장 군기사부정겸고성현령 조의도 (左突擊將 軍器寺副正兼固城縣令 趙疑道)
· 우돌격도장 훈련정겸사량만호 이여념 (右突擊都將 訓練正兼蛇梁萬戶 李如恬)

지금까지 이순신 장군의 장계(임진장초)에 기록된 바에 따라 각각의 출전 때마다 전투에 참가한 거북선의 수와 거북선의 돌격장(지휘관)을 살펴보았다. "임진장초"에서 확인할 수 있는 바와 같이 임진왜란 초기인 1592년 임진년에 다음 표에 정리하여 놓은 3척의 거북선을 건조하였다고 결론을 내릴 수 있다.

임진왜란 초기(1592년 임진년)의 거북선©

선명(船名)	지휘관(指揮官)		
	임무(任務)	관직(官職)	성명(姓名)
영귀선 (營龜船)	돌격장 (突擊將)	군관 (軍官)	이언량 (李彦良)
순천귀선 (順天龜船)	좌돌격장 (左突擊將)	급제 (及第)	이기남 (李奇男)
방답귀선 (防踏龜船)	우돌격장 (右突擊將)	급제 (及第)	박이량 (朴以良)

임진왜란이 일어난 다음 해인 1593년 윤11월 17일 장계에, 좌 우도에서 전선 150척, 사후선 150척을 가조(加造)하였다는 기록이 보이는데 이때 거북선을 2척 더 건조한 듯하다. 거북선이 3척에서 5척으로 증가함에 따라 1594년 초에 새로운 전투편성을 도입하고 인사이동을 단행하지 않았을까 추측된다.

이순신 장군의 장계에 대한 지금까지의 분석 결과를 정리하여 보면 거북선은 임진왜란 초기인 1592년 임진년에 3척이 건조되었고 그 다음 해인 1593년 계사년에 2척이 추가 건조되어 총 5척이 건조되었다고 잠정 결론을 내릴 수 있다.

참고로 아래 표에 이순신 장군이 장계에 올린 거북선의 지휘관 편성을 연도별로 정리하여 보았다.

거북선 지휘관(돌격장)의 연도별 편성©

임무	귀선장(龜船長)·지휘관		
	1592년 임진년	1593년 계사년	1594년 갑오년
중앙 돌격장	이언량	이언량	이언량
좌 돌격장	이기남	기록에 없음(이기남 ?)	김축(金軸)
우 돌격장	박이량	기록에 없음(박이량 ?)	조의도(趙疑道)
좌 돌격도장	-	-	기록에 없음(박이량 ?)
우 돌격도장	-	-	이여념(李如恬)

두 번째 방법으로 여러 가지 기록을 살펴봄으로써 거북선의 건조척수를 추정해 보고자 한다.

왜장(倭將) 도노오카진자에몬(外岡甚左衛門)은 1592년 7월 28일 부산포에서 전황기록 문서인 "고려선전기(高麗船戰記)"를 작성하였는데 여기에는 1592년 7월 8일의 한산도대첩에 이어 7월 9일 안골포(安骨浦)해전의 실전 상황이 목격한 대로 생생하게 기술되어 있다.

도노오카진자에몬(外岡甚左衛門)은 안골포(安骨浦)해전에서 번갈아 돌격해 오는 3척의 거북선을 지척에서 목격하고 "고려선전기(高麗船戰記)"에 다음과 같이 기록해 놓았다.

> "…敵大船五十八艘其外小船五十艘計にて…大船之內三艘目くら鐵船にて要害し…"
> (…적대선오십팔소기외소선오십소계로서…대선지내삼소목먼철선으로요해하고…)
>
> "…적대선오십팔척과 그밖에 소선오십척 모두로서… 대선 안에는 삼척의 눈먼 철선으로 요해(안전하게 방어)를 하고…"

왜군들은 거북선을 장님배(盲船)라고 불렀다.

또한 일본의 군사서인 "지마군기(志摩軍記)"에도 동일한 기록이 실려 있다(임진년 8월 9일(朝鮮曆 8日)).

한편 나주(羅州)의 역사서인 "나주목지(羅州牧志)"에는,

> "나대용은 임진년 난리를 당하자, 충무공 이순신에게 종사하여 거북선 세 척을 꾸몄다."

라는 기록이 있다.

위의 세 가지 기록에 의하면 1592년 임진년에 거북선이 3척이었다는 것이 확인된다.

이순신 장군은 1594년 3월 4일 제6차 출전 중 제2차 당항포해전 후 장계에서 당항포해전 때 거북선 5척이 전투에 참가하였음을 보고하고 있다. 또한 1592년(선조 25년)부터 1608년(광해군 원년)까지 조선과 명(明)나라 사이의 외교문서집인 "사대문궤(事大文軌)"[13]를 보면 1595년 조선의 임금인 선조가 명(明)나라에 다음과 같이 전투 상황을 통보하는 기록이 있다.

---

13) 1619년(광해군 11년) 편찬.

"수군통제사 이순신은… 전선 60척, 귀선 5척, 초탐선 65척을 거느리고…"

지금까지 살펴본 바와 같이 두 가지 방법, 즉 이순신 장군의 장계에 대한 분석과 여러 가지 기록에 의한 거북선의 추정 건조척수는 정확히 일치한다. 따라서 거북선은 임진왜란 초기인 1592년 임진년에 3척이 건조되었고 그 다음 해인 1593년 계사년에 2척이 추가 건조되어 총 5척이 건조된 것으로 결론을 내릴 수 있다.

정유재란 때 5척의 거북선이 있었다는 기록은 위의 결론을 뒷받침해 준다고 하겠다. 그러나 조선 수군이 칠천량해전에서 대패를 당할 때 조선 수군의 거북선은 왜적에 의하여 5척 모두 격침되고 말았으며 칠천량해전 이후 전쟁이 끝날 때까지 조선 수군에 거북선은 없었다.

거북 잔등 덮개(蓋板)의 철첨(鐵尖, Spike)과 용머리(용두, 龍頭)

임진왜란 당시 거북선의 형상이나 구조나 전투능력 등을 피력하는 기록 중에서 오늘날에도 전해오는 세 가지 대표적인 기록을 들자면, 아래와 같다.

- 이순신 장군의 제2차 출전 후 장계인 당포파왜병장(唐浦破倭兵狀)
- "선조수정실록" 25년 5월 1일 자 귀선 관련 기록
- 이순신 장군의 조카 이분(李芬)의 충무공행록(忠武公行錄)

이순신 장군은 여러 번의 장계를 통하여 거북선의 활약과 전과(戰果)에 대하여 보고를 하고 있지만 거북선의 건조 동기, 구조, 전투능력 등에 대해서 서술한 보고는 제2차 출전 후 선조 임금에게 올린 장계인 당포파왜병장(唐浦破倭兵狀) 단 한 번뿐이다. 당포파왜병장 장계 중 거북선의 구조와 전투능력에 대한 이순신 장군의 기술을 원문과 함께 다시 옮긴다.

"臣嘗慮島夷之變, 別制龜船, 前設龍頭, 口放大砲, 背植鐵尖, 內能窺外, 外不能窺內, 雖賊船數百之中, 可以突入放砲."

"신이 일찍이 왜적의 난리를 염려하여, 전선과 다른 제도(別制)로 귀선(龜船-거북선)을 만들었습니다. 배 앞(이물)에는 용의 머리를 달았고, 입에서 대포를 놓으며, 잔등에는 철첨(鐵尖-쇠꼬챙이)을 꽂았습니다. 배 안에서는 밖을 내다볼 수 있으나, 밖에서는 안을 들여다볼 수 없습니다. 비록 적의 배가 수백이라도 그 가운데로, 뚫고 들어가 대포를 놓을 수 있습니다."

"선조수정실록" 선조 25년 5월 1일 자에는 거북선의 구조(構造)에 대하여 다음과 같이 기록되어 있다.

"舜臣大修戰備, 自以意造龜船, 其制船上鋪板如龜, 背上有十字細路, 纔容我人通行, 餘皆列插刀錐, 前作龍頭, 口爲銃穴, 後爲龜尾, 尾下有銃穴, 左右各有銃穴六, 藏兵其底, 四面發砲, 進退縱橫, 捷速如飛, …."

"순신이 전쟁 병기를 크게 수리하고 스스로의 의지로 써 거북선을 만들었는데 그 제도는 배(판옥선) 위에 거북이 등과 같은 판을 덮고, 등 위에는 십자 모양의 좁은 길을 내어 아군이 겨우 다닐 수 있게 하고, 나머지는 모두 칼과 송곳을 줄지어 꽂았다. 앞(이물)에는 용두를 달았고 입은 총혈이 된다. 뒤(고물)는 거북의 꼬리가 되며 꼬리 아래에 총혈이 있다. 좌우에 각각 여섯 개의 총혈이 있다. 병사는 그(거북잔등판) 아래 숨겨 두고 사면에서 발포를 한다. 앞뒤와 좌우로 나아가고 물러서기가 나는 듯이 민첩하고 빠르다…."

충무공 이순신 장군의 조카 이분(李芬)이 기록한 충무공행록(忠武公行錄)의 내용은 아래와 같다.

"公在水營 知倭寇必來 本營及屬鎭戰具 無不修備 造鐵鎖橫截於前洋 又創作戰船 大如板屋 上覆以板 板上有十字形細路 以容人之上行 餘皆插以刀錐 四無着足之處 前作龍頭 口爲銃穴 後爲龜尾 尾下有銃穴 左右各六穴 大槪狀如龜形 故 名曰 龜船 及後遇賊 以編茅覆 於錐刀之上 而爲之先鋒 賊欲登船陷之 則斃於刀錐 欲來掩圍 則左右前後 一時銃發 賊船雖蔽海雲集 而此船之出入橫行 所向披靡 故前後大小戰 以此常勝焉…."

"공이 수영에 있을 때 반드시 왜적이 침입해 올 것을 알고 본영 및 소속 진포의 무기와 기계들을 수리 보수하지 않은 것이 없고, 쇠사슬을 만들어 앞바다를 가로막았다. 또 전선을 새로 만드니 크기는 판옥선만 한 데 위는 판자로 덮고 판자 위에 열십자 모양의 좁은 길을 내어 사람들이 그 위를 다닐 수 있게 하고, 그 나머지는 모두 칼 송곳을 꽂아 사방으로 발붙일 곳이 없도록 했으며, 앞(이물)에는 용의 머리를 만들어 달았으며, 입은 총구멍이 되고 뒤는 거북의 꼬리처럼 되었는데 꼬리 아래에 총구멍이 있고 좌우에 각각 여섯 개의 총구멍이 있다. 대개 그 모양이 거북의 모양과 같기 때문에 이름을 거북선이라고 하였다. 그 뒤 적을 만날 때에는 거적으로 송곳 위를 덮고 선봉이 되어 나가는데 적이 배에 올라와 덮치려 하면 칼 송곳에 찔려서 죽으며, 에워싸고 엄습하려 하면 좌우와 앞뒤에서 한꺼번에 대포를 놓으니, 적선이 아무리 바다를 덮어 구름같이 모여들어도, 이 배는 그 속을 좌우로 드나들며 가는 곳마다 쓰러지지 않는 것이 없기 때문에 전후 크고 작은 싸움에서 이 귀선으로 항상 승리를 한 것이었다."

앞에서도 언급한 바 있지만, 왜적은 전통적으로 접근전에 강하였다. 따라서 왜적의 전통적인 해전(海戰) 양식은 등선육박전(登船肉薄戰)이었다. 즉, 우리의 전선에 접근하여 갈고리를 던져서 전선을 가까이 끌어들인 후 뛰어올라 칼싸움을 하는 것이었다. 이러한 왜적의 해전 양식에 대항하기 위하여 고려 제8대 현종 원년(1009년)에는 과선(戈船)이라는 전선을 개발한 바 있고 임진왜란 때에는 이순신 장군 휘하에서 거북선을 개발한 것이다.

이순신 장군 자신이 직접 거북선을 소개한 장군의 장계(狀啓)인 당포파왜병장(唐浦破倭兵狀)에는 거북선의 등꽂이가 "철첨(鐵尖)"이라고 기술되어 있는 반면 선조수정실록과 이분(李芬)의 충무공행록에는 "칼과 송곳(刀錐)"이라고 기술되어 있는 것과 같이 표현은 조금 다르지만, 거북선의 배 앞(이물)에는 "용머리(龍頭)"를 달았고 등에는 칼·송곳 같은 쇠꼬챙이를 꽂았다는 것은 당시의 여러 사료에 생생히 기록되어 있는 사실이다.

이순신 장군 자신이 여러 번의 장계를 통하여 거북선의 역할을 분명히 정의한 바와 같이 거북선은 돌격선으로서 전투 초기에 적장이 타고 있는 기선, 또는 장군선에 접근하여 함포 공격을 감행함으로써 적진을 혼란스럽게 하고 공포심을 유발하는 것이 주 임무인데 적선에 접근하였을 때 적병이 배 위로 뛰어오르는 것을 방지하기 위하여 거북이 등에 쇠꼬챙이를 꽂은 것이다.

이충무공의 조카인 이분(李芬)의 충무공행록(忠武公行錄)에는 거북이 등을 거적으로 덮어 쇠꼬챙이가 보이지 않도록 위장을 하고 선봉으로 나아갔다고 기록해 놓았는데 임진왜란 초기에는 많은 왜적들이 아무것도 모르고 거북이 등에 뛰어올라 쇠꼬챙이에 찔려서 죽었을 것이다. 그러나 나중에는 왜적들도 거북선의 특성을 알았을 테고 거북선의 등 위로 뛰어오르는 일은 없었을 것이다.

철갑(Iron Clad) : 거북선은 철갑선(Iron Clad Ship)인가?

임진왜란 당시 왜군(倭軍)의 장수(將帥)인 도노오카진자에몬(外岡甚左衛門)의 고려선전기(高麗船戰記)에는 임진년 7월 9일에 안골포(安骨浦)해전에서 3척의 귀선을 목격하였다는 기록이 있으며 일본의 고사류원(古事類苑) 병사부이(兵事部二) 지마군기(志摩軍記)에는 (임진년 8月 9日(조선력(朝鮮曆) 8日)),

> "…敵大船五十八艘其外小船五十艘計にて…大船之內三艘目くら鐵船にて要害し…"
> (…적대선오십팔소기외소선오십소계로서…대선지내삼소목면철선으로요해하고…)
>
> "…적대선오십팔척과 그밖에 소선오십척 모두로서…대선 안에는 삼척의 눈먼 철선으로 요해(안전하게 방어)를 하고…"

라는 기술이 있다.

또한 천구장유(川口長孺)의 정한위략 권지이(征韓偉略 卷之二)[14]에는 고려선전기(高麗船戰記)를 인용하면서,

> "敵船 有以全鐵裝者 我砲不能傷"
> (적선 유이전철장자 아포불능상)
>
> "적선 중에는 배 전체를 철로 장치한 배가 있는데 우리의 포로서는 상하게 할 수 없었다."

라는 기록이 있다.

이러한 일본의 기록에 근거하여 영국 해군에서는 1883년에,

> "고려(코리아) 전선은 철판으로 선체를 싸고 마치 거북이 껍질 모양으로 만들어 당시 일본의 목조병선을 깨트렸으니 세계 최초의 철갑선은 진실로 조선인이 발명한 것이다."

라고 기록한 바 있으며 이에 따라 한때 대영백과사전(Encyclopaedia Britannica)에 "거북선은 세계 최초의 철갑선"이라고 기재되었다가 슬그머니 삭제해 버린 바 있다.

---

14) 1831년 (일본 천보2년)에 편찬된 것임.

노산 이은상 선생께서는 1945년 이충무공일대기(李忠武公一代記)를 저술할 때 "철갑거북선(鐵甲龜船)의 창제(創製)"항목에서 1883년 영국 해군의 기록을 인용하면서

> "우리의 철갑거북선(鐵甲龜船)은 불침전함(不沈戰艦) 이상의 불가사의(不可思議)가 아닐 수 없다."

라고 하며[15] 거북선의 철갑선 설(說)을 주장하였으며 또한 1969년에 현충사에 전시할 거북선을 제작할 때 이은상 선생의 강력한 주장에 의하여 거북선에 철갑을 씌우게 되었다(거북 등에 육각형 철판을 부착하였음).

그러나 이순신 장군의 일기, 장계, 이순신 장군의 조카 이분(李芬)의 행록 등 어디에도 거북선에 철갑을 씌었다는 기록은 찾아볼 수 없다. 임진왜란 이후의 기록에도 거북선에 철갑을 씌웠다는 기록은 없다. 1795년식 거북선이 철갑선이 아니라는 것은 1795년식 거북선의 구조와 성능을 설명한 이충무공전서 귀선지제의 기록을 보아도 알 수 있다.

귀선지제에,

> "통제영귀선은 방패난간 위쪽의 좌우에 각각 열한 쪽의 널판(덮게, 또는 거북 등판)을 써서 고기의 비늘처럼 마주 덮고… 전라좌수영귀선은 덮게 위에 거북 문양을 그렸다…."

라고 기록되어 있다. 다시 말해서 통제영귀선은 나무판만으로 씌웠고 전라좌수영귀선은 나무판으로 씌운 후 그 위에 거북 문양을 그렸다는 기록만 있을 뿐 철갑을 씌웠다는 기록은 찾아볼 수 없다. 거북선은 철갑선이 아닌 것이 분명하다.

귀신머리(귀두, 鬼頭) : 거북선에는 귀신머리(귀두(鬼頭))가 있었나?

"이충무공전서" 책머리(卷首)에는 1795년식 통제영귀선도(統制營龜船圖)와 전라좌수영귀선도(全羅左水營龜船圖)의 귀선도(龜船圖) 두 장이 수록되어 있다. 그런데 통제영귀선 그림에는 귀신머리(귀두, 鬼頭) 조각(彫刻)이 그려져 있지 않으나 전라좌수영귀선 그림에는 귀신머리 조각이 그려져 있다.

---

15) 참고문헌 : 李忠武公一代記, PP. 23-25.

귀선지제의 전라좌수영귀선 설명문에

"全羅左水營龜船, 尺度長廣與統制營龜船, 略同而但龜頭下又刻鬼頭…"
(전라좌수영귀선, 척도장광여통제영귀선, 략동이단귀두하우각귀두…)

"전라좌수영귀선은 척도장광이 통제영귀선과 대략 같으나 다만 거북머리 아래에 또 귀신머리를 조각하였다…"

라고 하였다.

그리고 이순신 장군의 장계에는 "적선을 당파(撞破)하고…"라는 표현이 여러 번 나온다. 1795년식 전라좌수영귀선 그림에 귀신머리(귀두(鬼頭)) 조각(彫刻)이 그려져 있는 것과 이순신 장군의 당파(撞破)라는 표현으로부터 여러 학자들이나 작가들이,

"거북선의 선두(船頭)를 적선에 충돌하여 적선을 당파(撞破) 한다."

또는,

"당파전술(撞破戰術)이란 거북선의 선두(船頭)를 적선에 충돌(衝突)하게 하는 전술이다."

라고 해석하고 있다. 그러나 이것은 크게 잘못된 해석이다.

1795년식 전라좌수영귀선(全羅左水營龜船) 그림의 귀신머리(귀두(鬼頭))의 위치는 적선을 충돌하여 깨뜨릴 수 있는 위치에 있지도 않고 그만큼 크지도 않다. 또한, 어디를 보아도 거북선의 선체를 적선에 충돌시켰다는 기록은 찾아볼 수 없다. 적선을 파괴하기 위하여 거북선이 적선에 충돌하게 되면 거북선 또한 상응하는 손상을 피(避)할 수 없게 된다. 특히 거북선과 적선이 충돌로 인하여 고착(固着)되었을 때가 가장 심각한 문제가 된다.

이순신 장군의 입장에서 생각해 보자.

"앞으로 전투는 계속될 테고 그때마다 거북선은 고유의 임무를 수행해야 한다. 어느 정도 떨어져서 총통(銃筒-화포(火砲))을 쏘아 적선을 파괴할 수 있는데 손상을 각오하면서 적선에 충돌할 이유가 없다. 거북선이 손상을 입으면 다음 작전에 차질이 발생할지도 모른다."

당연히 이렇게 판단하셨을 것이다.

이순신 장군이 장군의 장계에서 여러 번 피력한 '당파(撞破)'라고 하는 것은,

"총통(銃筒-화포(火砲))에서 철환·대장군전·장군전을 방포 즉, 당(撞-철환·대장군전·장군전을 화약의 힘으로 때려 치다)하여, 왜적의 군선에 명중시켜서 왜적의 군선을 파(破-깨어 부수다)하였다."

라는 뜻이다.

1592년 5월 7일 제1차 출동 후, 이순신 장군이 임금에게 올린 장계인 초도옥포승첩계본(初度玉浦勝捷啓本)에,

"幷倭船二十六隻 銃筒放中 撞破焚滅"
(병왜선이십육척 총통방중 당파분멸)

"왜선 26척 모두를 총통으로 쏘아서 맞혀서(銃筒放中) 때려쳐서(撞) 깨어 부수고(破) 불태워(焚) 버렸다(滅)."

라고 하였다.

요즈음 대중 놀이에 당구(撞球)라는 놀이가 있는데 여기서 당(撞)이란 "쳐서 보낸다"는 뜻이다. 그러니까 당구(撞球)란 "당구채로 당구공을 쳐서 보내어 다른 공을 맞추는 놀이"인 것이다. 이와 동일한 뜻으로 총통(화포)에서, 철환·대장군전·장군전을 화약의 힘으로 "쳐서 내보내 왜적의 군선에 명중하게 하는 것"을 당(撞)이라고 하고 "총통(화포)에서 화약의 힘으로 쳐서 내보낸 철환·대장군전·장군전이 왜적의 군선에 명중하여 왜적의 군선을 파괴하는 것"을 파(破)라고 한다. 결코 선체를 적선에 충돌시켜 파괴(破壞)하였다는 뜻이 아니다.

그러면 1795년식 전라좌수영귀선 그림의 귀신머리(귀두(鬼頭))는 어떻게 해석해야 할까? 전라좌수영귀선 그림의 귀신머리(귀두(鬼頭)) 조각(彫刻)은 후대에 와서 거북선을 좀 더 신비스럽게 표현하기 위한 상상의 산물(産物)이거나 아니면 해수(海水, 바닷물) 속에 살아있는 생물(生物)을 제압(制壓)하는 신(神), 즉 벽사(辟邪)의 상징적인 장식물로 볼 수 있다.

장대(將臺, Bridge) 또는 지휘탑(指揮塔, Conning Tower) : 거북선에 장대(將臺, 지휘탑)가 있었나?

거북선에는 귀배판(龜背板-거북 잔등판) 위에 지휘관이 전투 지휘를 하는 장대(將臺-지휘탑)가 있었다고 주장하는 사람들이 있다. 그리고 후대의 이충무공순신종가소장귀선도(李忠武公舜臣宗家所藏龜船圖) 그림을 보면 장대가 그려있는 그림이 있기도 하다.[16)]

그러나 임진왜란 당시 거북선의 역할은 돌격선(突擊船)이었고 지휘선이 아니었다. 귀배판 위에 장대를 설치하면 거북 잔등 같은 귀배판을 덮을 수 없거나 덮었다고 하면 전투 시 더 큰 문제가 발생한다. 즉 전투 병력과 원활한 소통을 할 수 없게 된다. 임진왜란 당시의 거북선에는 장대(將臺-지휘탑)가 없었다.

노의 형태(形態, Type)와 수(數)

언더우드 박사의 “The Korean Boats and Ships, 1933”에 거북선은 포판(鋪板-제1갑판) 아래에서, 즉 선창(船艙) 안에서 서양식 노(oar)를 젓는다고 기술되어 있다. 노산 이은상 선생은 이 자료에 따라 현충사에 전시할 거북선을 포판(鋪板-제1갑판) 아래에서 노를 젓는 방식으로 고증하고 제작하였다. 그러나 이것은 잘못된 것이다.

우리나라의 전통선박, 즉 한선(韓船)에 대한 연구를 통하여 우리나라 전통선박에서는 서양식 노(oar)를 채택한 적이 없다는 것을 알게 되었다. 우리나라에서는 전통식 노(櫓) 즉, 조선노(朝鮮櫓-sweep)를 사용해 왔으며 거북선도 전통식 노(櫓), 즉 조선노(朝鮮櫓)를 멍에에 걸고 저어 나갔다.

노(櫓)의 수는 판옥선의 경우를 보거나 귀선지제(龜船之制)나 호좌수영지(湖左水營誌) 등 여러 사료에서 볼 수 있는 바와 같이 좌우 각각 여덟(8) 자루(隻)씩 총 16자루(隻)였다. 판옥선이나 거북선에서 노(櫓) 한 자루당 능로군(能櫓軍-격군(格軍), 노 젓는 군인) 4명과 노군장(櫓軍長) 1명을 합하여 5명씩 배치하였으며 실제로 노를 젓는 사람은 4명이다. 평소에는 두 명씩 교대로 서서 나란히 노를 젓고 전투 시에는 4명이 두 명씩 마주 서서 저었다. 여기에 예비 격군을 포함하여 격군의 총 수는 통상 90명 이상이 되었고 때로는 100명이 훨씬 넘기도 하였다.

---

16) 이충무공순신종가소장귀선도, 조선삼도수군조련도.

거북선은 돛으로도 운항을 하였나?

"이충무공전서" 책머리(卷首)에 나오는 귀선지제(龜船之制)에는 다음과 같이 명(明)나라 사람의 기록을 인용하면서 거북선이 돛으로도 운항하였음을 언급하고 있다.

> "皇明華鈺海防議云, 朝鮮龜船, 布帆豎眠惟意, 風逆潮落亦可行."
> (황명화옥해방의운, 조선귀선, 포범수면유의, 풍역조락역가행.)
>
> "명나라의 화옥(華鈺)이라는 사람이 쓴 해방의(海防議)라는 책에 조선(朝鮮)의 귀선(龜船)은 돛을 세우고 눕히기를 마음대로 하고 역풍이 불거나 바닷물이 썰거나 마음대로 행선(行船)한다."

이와 같이 거북선은 노(櫓)와 함께 돛으로도 운항을 하였으며 돛에는 이물돛(두범(頭帆))과 한판돛(요범(腰帆))의 둘(2)이 있었다. 평시에는 주로 범주(帆走), 즉 돛으로 운항을 하였으나 전투 시에는 노만 사용하였을 것이다. 거북선은 돌격선으로서 전투 초기에 신속히 적의 기선이나 대장선인 층각선으로 돌진하여 총통을 방포함으로써 당파하고 적 진중을 횡행하면서 적선을 당파하여 전열을 흩트려 놓는 것이 주임무였으며 이때는 돛이 오히려 방해가 되기 때문이다.

거북선의 승선인원

전라좌수영(全羅左水營)에서는 임진왜란이 일어나던 1592년부터 후대에 이르기까지 운영상황을 기록하여 왔는데 이것을 호좌수영지(湖左水營誌), 즉 전라좌수영의 영지(營誌)라고 한다.

호좌수영지 필사본에는 경주이씨익제공파(慶州李氏益齊公派) 문중에서 소장하고 있는 필사본과 충민사 필사본(忠愍祠 筆寫本)의 두 가지 필사본이 전해 내려오고 있으며 두 가지 필사본 모두에는 거북선에 대한 약간의 사료와 함께 승선인원에 대한 자세한 내용이 기록되어 있다.

호좌수영지의 두 가지 필사본, 즉 경주이씨 소장 필사본과 충민사 필사본에 기록되어있는 거북선의 승선인원을 표(Table)에 정리하여 보았다.

거북선의 승선인원(호좌수영지)ⓒ

항 목	용어 풀이	경주이씨 필사본	충민사 필사본
전선 급수(戰船 級數)		4	4 선(船)
선명(船名)		귀선(龜船)	숙자제이호귀선 (宿字第二號龜船)
본판장(本板長)		10 파(把)	주척(周尺)-47척
좌우 노(左右 櫓)		16 척(隻)	16 척(隻)
선장(船將)	돌격장(突擊將)	1 인	1 인
기패관(旗牌官)	수군군관(水軍軍官) (갑판사관(甲板士官))	2 인	2 인
포도관(捕盜官)	기율군관(紀律軍官) 군기관(軍紀官)	2 인	2 인
훈도(訓導)	항해군관(航海軍官) (항해사(航海士))	1 인	1 인
사부(射夫)	궁수(弓手), 저격수(狙擊手)	10 명	15 명
화포장(火砲匠)	화약병(火藥兵)	10 명	10 명
사수(射手)	함포사수(艦砲射手)	24명(射手)	24명(砲軍)
사공(沙工)	조타수(操舵手)	8 명	8 명
능노군(能櫓軍)	격군(格軍-노젓는 군인)	90 명	96 명
선직(船直)	배직이, 갑판병(甲板兵)	1 명	1 명
총원(總員)		149 명	160 명

위의 비교에서 호좌수영지의 경주이씨 소장 필사본의 내용과 충민사 필사본의 내용이 거의 일치한다는 것을 알 수 있다. 다만 사부(射夫)와 능로군(能櫓軍)의 군병 수에서 조금 차이가 나는데 이것은 필요에 따라 사부와 능로군의 인수를 증감한 것으로 보면 될 것이다. 능로군은 예비 인력을 고려한 것 같다.

임진왜란이 끝나고 8년 후(1606년) 나대용(羅大用)의 상소(上疏)[17]에 의하면,

"龜船雖曰利於戰用, 射, 格之數, 不下板屋船一百二十五名…"
(귀선수왈이어전용, 사, 격지수, 불하판옥선일백이십오명…)

"거북선은 전쟁에 쓰기는 좋지만, 사수(射手, 포수(砲手))와 격군의 숫자가, 판옥선의 125명보다 적지 않고…"

17) 선조(宣祖) 39년(1606년) 12월 24일 무오(戊午).

라고 하였으며 여기에 사부(射夫, 궁수(弓手)), 화포장(火砲匠), 사공(沙工, 조타수(操舵手)) 등 그 외의 인원을 더하면 거북선의 총 승선인원은 160명 정도가 된다.

김재근(金在瑾) 교수(教授)는 그의 저서(著書)인 "우리 배의 역사(歷史)"에서,

> "거북선의 정원(定員)으로 격군(格軍)은 노 한 자루에 5명씩 80명과 예비격군 20명 이상을 합하여 100여 명이고 전투요원은 화포장(火砲匠), 포수(砲手, 사수(射手)), 사부(射夫) 등을 모두 합하여 50~60명 정도 되어 총원이 150~160명 정도"

라고 하였다.[18]

지금까지 살펴본 사료와 기록으로부터 임진왜란 당시 거북선의 승선인원은 150~160명 정도 되는 것이 거의 확실하다고 할 수 있다.

거북선의 승선인원을 보면 노를 젓는 능로군(能櫓軍), 또는 격군(格軍)의 수가 총 승선인원의 2/3정도가 된다. 이처럼 노를 젓는 격군(格軍)의 수가 전투요원의 수보다 훨씬 많은 이유에 대해서 김재근(金在瑾) 교수는 그의 저서 "우리 배의 역사(歷史)"에서 다음과 같이 피력하고 있다.[19]

> "해전에서는 우선 무엇보다도 자유자재로 움직일 수 있는 기동성을 매우 중요시했기 때문이다. 제아무리 뛰어난 전투력을 가졌다 하더라도 마음대로 적에게 접근하고 또한 유리한 자리를 차지하는 능력이 없으면 아무런 소용이 없었다."

해전(海戰)의 승패는 전선(戰船)의 기동력에 좌우되며 전선(戰船)의 기동력은 격군(格軍)들의 역할에 좌우된다는 사실을 잘 알고 있는 이순신 장군은 능로군(能櫓軍, 격군(格軍))을 전투병보다도 더 중요시했다. 이순신 장군은 출전을 끝내고 다음 출전을 준비하는 동안 될수록 격군들을 집으로 보내 가사를 돌보게 했으며 출전이 임박하면 소집을 하였고 출전 중에도 틈나는 대로 휴식을 취하도록 하여 전투가 치열할 때 최선을 다할 수 있도록 하였다. 물론 출전 시에는 반드시 예비 격군을 승선시켰다. 이순신 장군의 배려가 눈물겹다.

---

18) 김재근(金在瑾) 저(著) "우리 배의 역사(歷史)" pp. 212와 213 〈표22〉 군선(軍船)의 정원(定員) 1989년 1월 25일 서울대학교 출판부 발행

19) 위의 책 pp. 212.

대포의 수 및 위치

이순신 장군의 조카 이분(李芬)의 충무공행록(忠武公行錄)과 선조수정실록(宣祖修正實錄)에는,

"前作龍頭 口爲銃穴 後爲龜尾 尾下有銃穴 左右各六銃穴"
(전작용두 구위총혈 후위귀미 미하유총혈 좌우각6총혈)

"거북선 앞(이물)에 용머리를 달고 입은 총혈(銃穴-대포구멍)이 되고, 뒤는 거북이 꼬리가 되어 꼬리 아래 총혈이 있으며, 좌우에 각각 여섯(6) 개의 총혈이 있다."

라고 기록되어 있고 영남균세사(嶺南均稅使) 박문수(朴文秀)가 영조(英祖) 임금에게 올린 장계에는,

"충무공 이순신이 기록한 바의 것(忠武公李舜臣所記)을 얻어 보니, 귀선의 좌우에 각각 6개의 총혈을 열었다."

라고 기록되어 있다. 이 세 가지 기록은 정확히 일치하고 있으니 임진왜란 당시 거북선에는 좌우에 각각 여섯(6) 개의 총혈이 있었다고 판단된다.

이순신 장군의 장계에 의하면 거북선에는 천자총통, 지자총통, 현자총통, 황자총통 등 각양의 총통을 탑재한다고 하였으며 상황에 따라 각종 총통을 적절히 활용하였다고 사료된다. 또한 이순신 장군은 "당포파왜병장" 장계에서 거북선은 사천해전(泗川海戰) 때 처음 전투에 참가하였고 천지현황 각양 총통을 방포하였다라고 기록하여 놓았다.

호좌수영지(湖左水營誌)의 승선인원에 대한 기록 등 여러 가지 사료를 종합 검토하여 각 총혈에 배치된 총통을 살펴보면,

- 좌우 여섯(6) 개의 방패 총혈 중 가운데 네(4) 개의 총혈에는 천자총통, 지자총통, 현자총통, 황자총통 등 각 1좌(座)[20]씩 배치
- 배 앞 이물의 용머리 용구(龍口)에 현자총통 1좌를 배치
- 선미 거북꼬리 아래 1개의 방패 총혈에 황자총통 1좌를 배치

20) 좌(座)는 총포의 수를 세는 조선시대의 용어로 오늘날의 문(門)과 같다.

하여 총 10좌의 총통을 배치하였고

- 좌우의 각각 나머지 2개의 총혈, 총 4개의 총혈에는 사부(射夫-저격궁수(狙擊弓手)) 10~15명을 배치하였다.

용구(龍口)와 거북꼬리에 배치한 총통을 제외하고 좌우 여섯(6) 개의 방패 총혈 중 어느 총통을 어느 총혈에 배치하느냐 하는 것은 가변적이었던 것 같다.

화포장(火砲匠-화포병(火砲兵))의 임무는 목표물의 거리를 예측하고 화약의 근수(斤數-양(量))를 계산해서 총통에 장전(裝塡)하는 것이고 포탄이 장전되고 나면 사수(射手, 포수(砲手))는 도화선(導火線-화승(火繩)) 심지에 점화, 즉 불을 붙여서 방포(포를 발사함)를 하게 된다. 총 10개의 총통(銃筒-화포(火砲))이 탑재되어 있으므로 총통 1좌에 화포장 1명씩을 배치하면 화포장수는 10명이 된다. 10명의 화포장수는 호좌수영지의 승선인원 기록과 정확히 일치한다.

사수(射手-포수(砲手))는 총통의 포구 안을 닦아내고 철환이나 장군전 등을 장전한 다음 총통을 방패 총혈에 장착한다. 좌우 각각의 천자총통에 각 3명씩, 지자총통 현자총통과 황자총통에 각 2명씩, 용두의 현자총통에 2명, 선미 황자총통에 2명을 배치하여 22명의 사수가 정원이나 약간 명의 예비 사수를 추가 승선시키기도 하였다.

거북선의 갑판구조

임진왜란 당시의 거북선에 대해서 가장 많은 논란의 대상이 되는 것이 갑판구조이다. 학자에 따라 단갑판(1층갑판)구조, 두갑판(2층갑판)구조, 세갑판(3층갑판)구조까지 주장하는 바가 다양하다. 사실 임진왜란 당시의 거북선에 대한 정확한 사료가 없으므로 어느 것이 옳다고 단정할 수는 없다. 그러나 임진왜란 당시의 거북선은 판옥선을 모체(母體)로 하여 개발된 전선(戰船)이므로 판옥선에서 거북선으로 변경되어 가는 과정을 논리적, 합리적으로 살펴보는 것이 타당하리라고 사료된다.

우선 임진왜란 당시 거북선의 단갑판(1층갑판)구조설(說)이다. 고(故) 김재근(金在瑾) 교수의 저서인 "거북선"에는,

"거북선은 판옥선의 상갑판을 제거하고 그 대신 둥그런 개판을 덮은 것"21)

21) 김재근(金在瑾) 저(著) "거북선" 18쪽 1992년 4월 15일 정우사(正宇社) 발행.

이라고 기술되어 있다. 즉 거북선은 단갑판(1층갑판) 구조로 되어있다는 것이다.

그러나 임진왜란 당시의 거북선에 대한 사료가 비록 희소하기는 하지만 그러한 기술, 즉 판옥선의 상갑판을 제거하였다는 기술은 어디에서도 찾아볼 수 없다.

거북선의 갑판구조가 단갑판(1층갑판)이었다면, 즉 노갑판과 전투갑판이 하나의 동일한 갑판으로 되어있었다면 거북선은 판옥선의 장점을 상실하게 되고 돌격선으로서의 역할을 수행하기가 어려웠을 것이라는 점을 몇 가지 면에서 살펴볼 수 있다.

우선 전투 활동을 위한 군사 한 명당 점유면적이다. 앞에서 살펴본 기록에 의하면 임진왜란 당시 거북선의 승선인원은 150~160명 선으로 추정되는데 거북선의 갑판이 하나였다면 군사 한 명당 점유면적이 0.6제곱미터(m^2)정도밖에 되지 않는다. 오늘날 밀집대형으로 군사 행렬(Parade)할 때의 1인당 점유면적 정도이다. 이처럼 활동하기 어려울 정도로 군사들이 밀집되어 있는 혼잡한 상태에서 노 젓고, 대포 쏘고, 불화살을 날리며 전투 활동을 한다는 것은 대단히 어려울 뿐만 아니라 극히 비효율적이라고 판단된다.

그 다음으로 전투환경을 고려해 보아야 한다. 당시의 화약은 독성매연이 심하여 거북선과 같이 폐쇄된 공간에서는 몇 번 포 사격을 하고 나면 질식할 정도의 상태가 되었을 것이다. 그러나 돌격전을 수행하려면 계속 대포를 쏘아 대면서 격군들은 최대의 기동력을 발휘하여야 하는데 이것은 결코 기대할 수 있는 상황이 아니다.

고(故) 김재근(金在瑾) 교수도 그의 저서인 "거북선"에서,

> "거북선의 상장은 판옥선의 상갑판을 제거하고 그 대신 둥그런 개판으로 덮은 것이라고는 하지만 노를 젓는 노군과 전투에 임하는 군사들을 한데 수용함으로써 그 기능에 여러 가지 영향을 미쳤다. 우선 생각되는 것은 노군과 전사가 한곳에 모여서 어떻게 능률적으로 노역을 하고 발포 등 전투를 했겠는가 하는 문제이다. 사실 거북선은 장소가 비좁아서 전투의 능률이 좋지 않았다는 결점이 있었는데, 거북선의 척수가 예상외로 적었다는 것도 그런 데에 원인이 있었다."[22]

고 단갑판(1층갑판)구조의 비적합성, 또는 비효율성을 지적하고 있다.

22) 김재근(金在瑾) 저(著) "거북선" 18쪽 1992년 4월 15일 정우사(正宇社) 발행.

거북선의 갑판구조가 단갑판(1층갑판)구조였다면 거북선의 전선(戰船)으로서의 기능은 평가절하될 수밖에 없다. 알 수는 없지만 만일 1952년 임진년에 건조한 거북선이 단갑판(1층갑판)구조였다면 실전을 통하여 비효율성을 확인하였을 테고 1593년에 추가로 건조한 거북선에 대해서는 개선하였을지도 모른다.

또 다른 주장으로 세갑판(3층갑판)구조설(說)이 있다. 3층갑판설에 대해서는 3층 갑판이 되어야 할 이유, 즉 각각의 갑판의 용도, 또는 역할에 대한 합리성이 결여되어 있으며 더 이상 논의할 필요가 없다고 생각한다.

저자는 임진왜란 당시 거북선의 갑판구조는 판옥선과 동일하게 노갑판과 전투갑판의 두갑판(2층갑판)구조로 되어 있었을 것이라고 생각한다. 그 이유는 다음과 같다.

첫째, 비록 제한적이기는 하지만 임진왜란 당시의 사료에 의한 추정이다. 임진왜란 당시의 거북선에 대한 몇 가지 대표적인 사료를 살펴보자. 우선 이분(李芬)의 "이충무공행록"을 보면,

> "又創作大船 大如板屋 上覆以板"
> (우창작대선 대여판옥 상복이판)
>
> "또 큰 배를 만들었는데 크기는 판옥선과 같고 위를 판자로 덮었다."

라고 기술되어 있고 "선조수정실록" 선조 25년(1592년) 5월 1일자 기록에는,

> "自以意造龜船 其制船上鋪板如龜"
> (자이의조귀선 기제선상포판여귀)
>
> "스스로의 의지로 거북선을 만들었는데 그 제도는 배(판옥선) 위에 거북(잔등)과 같은 판자를 덮었다."

라고 되어 있으며 최유해(崔有海)의 "이충무공행장"을 보면

> "創智作大船 船上覆以板"
> (창지작대선 선상복이판)
>
> "큰 배를 지혜롭게 만들고 배 위를 판으로 덮었다."

라고 기술되어 있다. 위의 세 기록 모두 판옥선의 배 위를 (거북이 등과 같이) 판자로 덮었다고 기술되어 있으니 임진왜란 당시 거북선의 거북 등 아래 구조는 판옥선과 동일(同一)하였을 것이고, 따라서 갑판구조도 판옥선과 동일하게 두갑판(2층갑판)

구조로 되어있었을 것이다.

둘째, 전투역량 면으로 본 추정이다. 조선 제13대 임금인 명종 10년(1555년)에 등장한 판옥선은 동아시아 최강의 전선이었다. 판옥선은 임진왜란 당시 조선 수군의 주력전선으로 승선인원이 200명 전후가 되어 고려 말, 조선 초의 전선인 대맹선보다 2배 이상의 전투원을 승선시킬 수 있었다. 특히 노 젓는 노갑판과 전투를 하는 전투갑판을 아래·위 갑판으로 분리하여 역할분담을 충실히 하도록 하였으며 능로군(能櫓軍, 격군, 노 젓는 군인)은 노갑판에서 보호를 받으며 노 젓는데 전념할 수 있도록 한 것이 가장 큰 장점이었다. 이순신 장군은 판옥선의 장점을 누구보다도 잘 알고 있었을 것이므로 거북선을 개발할 때도 판옥선의 장점을 그대로 살렸을 것이다.

그러나 임진왜란 당시 거북선의 갑판구조에 대한 명확한 기록이 없고 학자들의 의견이 다르므로 어느 갑판구조가 옳다고 단정할 수는 없다. 다음의 그림은 대맹선으로부터 판옥선으로, 판옥선으로부터 거북선으로의 단면이 변화되어 온 과정을 추정하여 본 것이다.

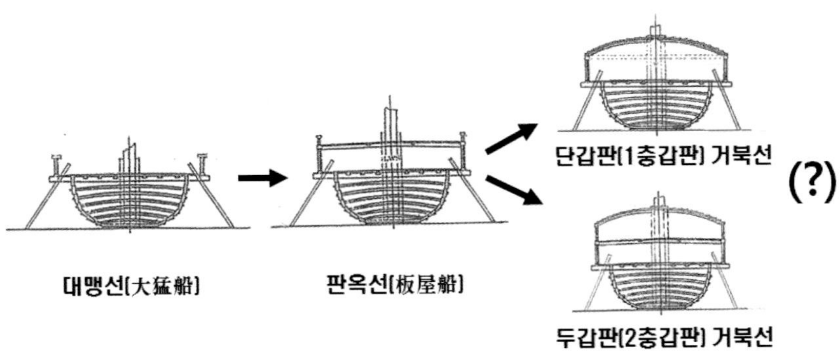

조선시대 전선(戰船)의 갑판구조 변화 추정ⓒ

이순신 장군의 장계나 선조수정실록 등에 의하면 용머리 입(용두구(龍頭口))과 거북꼬리에도 현자총통과 황자총통을 설치하고 포를 쏘았다고 하는데 이렇게 하려면 용두(龍頭)를 아무렇게나 설치하는 것이 아니라 포를 쏠 수 있도록 현자총통의 포신(砲身)과 용머리 입(용두구(龍頭口))을 맞추어 설치해야 한다.

다음의 두 그림은 용머리 입(용두구(龍頭口))을 통하여 발포(發砲, 포(砲)를 쏘는 것)할 수 있도록 용두(龍頭)의 위치를 선정한 현자총통과 용두(龍頭)의 추정배치도를 보여주고 있다. 왼쪽 그림은 단갑판(1층갑판) 거북선의 경우에 대한 것이고 오른쪽 그림은 두갑판(2층갑판) 거북선의 경우에 대한 것이다.

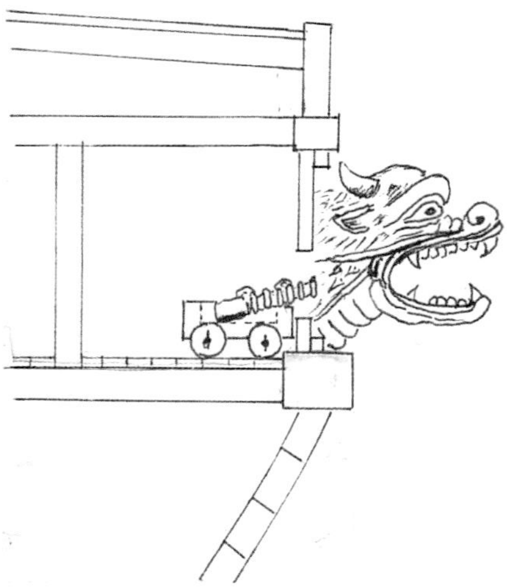

단갑판[1층갑판] 거북선의 경우

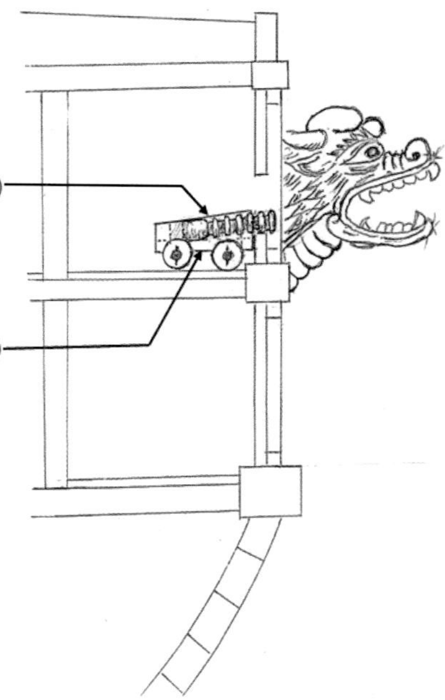

두갑판[2층갑판] 거북선의 경우

현자총통과 용두[龍頭]의 추정배치도©

임진왜란 당시 실제로 전투를 한 거북선의 갑판구조에 대해서 단갑판(1층갑판) 구조를 주장하는 학자들의 근거는 "이충무공전서"에 실려있는 거북선 그림(龜船圖)에 있다. 고(故) 김재근 교수께서도 2층갑판의 의견을 제시한 저자에게 "이충무공전서"는 실존하는 역사적 기록임을 강조하시며 믿어야 한다고 말씀하신 바가 있다.

그러나 "이충무공전서"에 실려있는 거북선 그림은 실제로 전투를 한 거북선에 대한 것이 아니고 왕권강화를 위하여 도화서 화원이 그린 상징적인 거북선 그림이다. "이충무공전서" 책머리에 있는 귀선지제(龜船之制)에는 두 가지 거북선에 대한 주요치수, 구조, 전투성능에 대한 설명이 기술되어 있는데, "임진장초(壬辰狀抄)[23]에 이순신 장군이 직접 기록한 거북선의 구조와 전투성능과는 크게 다르다. 뿐만 아니라 귀선지제에 실려있는 거북선에 대한 기술 중에는 극히 비현실적이고 허황된 부분이 많이 있다.

23) 임진장초(壬辰狀抄) : 이순신 장군이 임진왜란 전란 중에 선조 임금에게 올린 장계

앞에서 살펴본 바와 같이 임진왜란 당시 실제로 전투를 한 거북선에 대한 세 가지 대표적인 사료를 종합적으로 정리하면,

> "임진왜란 당시의 거북선은 판옥선의 상갑판 위에 거북이 등과 같은 덮개를 씌우고 덮개 위에 철첨(鐵尖, Spike)을 꽂았으며 선수에 용머리를 설치한 전선(戰船)이다."

라고 할 수 있으므로 거북선의 갑판 구조도 판옥선의 갑판구조와 동일하게 노갑판과 전투갑판의 두(2) 개의 갑판으로 되어있었을 것이다. 이것은 저자의 추정이고, 저자의 바람이며, 저자의 믿음이기도 하다. 따라서 이후로는 판옥선과 동일한 두 개의 갑판구조를 갖는 거북선에 대해서 논의를 하고자 한다.

거북선의 크기, 또는 주요치수(Main Dimensions)

이순신 장군의 난중일기나 임진장초, 그리고 이충무공전서의 귀선지제, 충무공행록 등 어느 사료에서도 1592년 임진왜란 당시 거북선의 구조나 주요치수에 대한 기록은 찾아볼 수가 없다. 따라서 우리나라의 전통선박, 즉 한선(韓船)을 설계하거나 건조할 때 사용한 전통적인 방법에 의하여 임진왜란 당시 거북선의 주요치수를 추정하여 보기로 하였다.

우리나라에서는 전통적으로 선박(船舶)을 건조할 때 배밑판의 길이인 본판장(本板長)의 치수만 알게 되면, 한선(韓船) 구조(構造)에 대한 비례(比例)에 따라 설계(設計)를 하고 건조 작업을 시작할 수 있었다. 다시 말해서 본판장(本板長)의 치수(値數)는 한선(韓船) 건조(建造)의 기본이 되는 치수이다. 배밑판의 길이인 본판장(本板長)을 저판장(底板長)이라고도 하며 본판장(本板長)과 저판장(底板長)은 동일한 용어이다.

조선왕조실록(朝鮮王朝實錄), 비변사등록(備邊司謄錄), 영지(營誌), 진지(鎭誌), 읍지(邑誌) 등에는 전선(戰船)이나 관선(官船)의 대소(大小)를 단지 이 본판장(本板長)의 치수(値數) 하나만으로 기록해 놓고 있다. 왜냐하면 본판장(本板長)의 치수만 알면 그 외의 주요치수는 한선(韓船)의 비례 공식에 따라 계산을 하여 산출할 수 있기 때문이다.

이러한 역사적 사실에 입각하여 볼 때 임진왜란 당시 거북선의 주요치수를 추정하기 위해서는 그 당시 거북선의 본판장(本板長) 치수를 아는 것이 가장 중요하다. 따라서 임진왜란 이후에 작성된 문헌사료 중에서 임진왜란 당시 거북선의 본판장(本板長)에 대한

자료를 할 수 있는 한 조사하여 보았으며 그 결과를 정리하고자 한다.

① 권반(權盼)의 '삼남주사전선본판장상정절목(三南舟師戰船本板長詳定節目)'24)

乙卯三月初一日朔丁未轉曰　權盼熟諸南邊之事
使此人擇從事官急速下送
整理舟師事, 令備邊司議處
(을묘삼월초1일삭정미전왈　권분숙제남변지사
사피인택종사관급속하송
정리주사사, 영비변사의처)

"을묘년 3월 1일에 왕이 전교하기를 권반이 여러 가지 남변의 일을 잘 알고 있으니 이 사람으로 하여금 종사관을 뽑아 데리고 급히 내려보내 주사의 일을 정리하라고 비변사에 영을 내렸다."

순검사(巡檢使) 권반(權盼)이 왕명을 받들어, 삼남지방의 전선(戰船)의 본판장(本板長)의 치수(値數)를 아래와 같이 상정(詳定)하여 장계(狀啓)를 올린 후 절목(節目)을 반포(頒布)하였다.

節目, 戰船 本板長 値數 : 大船 十四把, 次船 十一把, 之次船 十把 - 九把半
(절목, 전선 본판장 치수 : 대선 14파, 차선 11파, 지차선 10파 - 9파반)

조선시대 궁궐이나 관아의 건축물을 조영(造營)할 때, 그리고 전선(戰船)을 건조(建造)할 때에는 영조척(營造尺)을 사용하도록 정해져 있었다. 영조척(營造尺) 1척(尺)은 0.3124m25)로 하였으며 1파(把)는 영조척(營造尺) 5척(尺)이다.

② 영의정(領議政) 김수항(金壽恒)의 장계(狀啓)26)

임진왜란이 끝나고 17년이 지난 1615년에 순검사 권반(權盼)이 전선 본판장에 대한 절목을 반포하였음에도, 이후에도 각종 전선(戰船)은 신조(新造)를 할 때마다 그 크기가 점차(漸次) 증대(增大)하여져서 논란(論難)이 되었다. 숙종(肅宗)13년(1687년)에 영의정 김수항은 왕(王)에게 이러한 폐단(弊端)에 대하여 다음과 같은 장계(狀啓)를 올렸다.

---

24) 권반(權盼), 「삼남주사전선본판장상정절목(三南舟師戰船本板長詳定節目)」, 광해군(光海君) 7년(1615년).

25) 영조척(營造尺) 1척(尺)은 31.24cm이다. 박흥수, 「이조척도에 관한 연구」, 대동문화연구 4집, 1976.
2010년경에 일부 학계에서는 재검토한 결과라고 하며 31.22cm로 통용해야 한다고 하나 그 차이는 0.06%에 불과하고 실제적으로는 거의 동일하다.

26) "비변사등록" 41책, 규장각, 숙종 13년(1687년) 1월 1일 조.

"領議政金(壽恒)所啓, … 而其中統制使邊國翰所報, 頗爲詳盡矣, 蓋國翰狀啓, 以爲忠武公李舜臣所定式者, 乃其舊制而二去乙卯年, 巡檢使權盼按檢三南舟師時, 與統制使·三道諸將老卒輩相議, 一船所載軍器什物, 船之長短廣狹, 一一勘定書啓後頒布節目, 統制使·水使所騎大船本板, 則詳定十四把, 而今加半把, 次船則十一把, 而今加一二把, 之次船則十把或以九把半, 而今加二三把, 各加把數, 其大有漸, 較諸當初事目, 則頗失於大少之制, 而乙卯巡檢, 在於經亂二十餘年之後, 其時必備詳利害, 講定節目."

"영의정 김수항이 장계를 올린바, … 그 중에 통제사 변국한(邊國翰)의 보고서가 상당히 자세하였는데 국한이 장계하기를, 충무공이순신(忠武公李舜臣)이 식(式)을 정(定)한 바로 써, 곧 그 옛 제도는 지난 을묘년(乙卯年-1615년)에 순검사(巡檢使) 권반(權盼)이 삼남지방(三南地方)의 수군(水軍)을 안검(按檢)할 때 통제사(統制使)와 삼도(三道)의 여러 장수(將帥)와 늙은 졸병(卒兵)들과 상의하였던 것입니다. 한 척(隻)의 배(排=船舶)에 신는 군기(軍器)와 집물(什物)과 배(排=船舶)의 길이의 장단(長短-길고 짧음)과 너비의 광협(廣狹-넓고 좁음)을 일일이 감정(鑑定)하여 장계(狀啓)를 써서 올린 후 절목(節目)을 반포(頒布)하였습니다. 통제사(統制使)와 수사(水使)가 기선(騎船-배를 타는)하는 대선(大船)의 본판(本板)은 14파(把)로 상정(詳定)하였으나 지금은 반파(半把)가 늘었고, 차선(次船)은 11파(把)로 상정(詳定)하였으나 지금은 1~2파(把)가 늘었고, 지차선(之次船)은 10파(把), 혹은 9파반(把半)으로 정(定)하였으나 지금은 2~3파(把)가 늘어나서, 각 파수(把數)가 더해지고 그 크기도 점점 커져 당초의 사목(事目)과 비교한 즉 대소의 제도를 거의 잃어버렸습니다. 을묘년(1615년) 순검사(巡檢使)의 순검(巡檢)은 병란(兵亂)이 지난 20년 후에 있었던 일이지만 그때에 반드시 이익과 손해 관계를 상세하게 살펴서 절목(節目)을 결정하였던 것입니다."

여기에서 한 가지 확인할 수 있는 것은, 임진왜란 때 이순신 장군이 지차선(之次船)의 본판장(本板長)을 10파(把), 혹은 9파반(把半)으로 하여 전선과 거북선을 건조하도록 정하였는데, 지금은 13파 내지 12파로 늘어났다는 것이다. 다시 말하면 1592년 임진왜란 당시의 거북선은 지차선, 즉 제4급 전선으로서 본판장이 당초에는 10파 혹은 9파반이었는데 1687년에 와서는 13파 내지 12파로 늘어났다는 것이다.

③ 호좌수영지(湖左水營誌)

호좌수영지에 대해서는 앞에서 비교적 상세히 논의한 바가 있으므로 여기서는 해당 항목에 대해서만 언급을 하고자 한다. 호좌수영지에는 경주이씨익제공파소장 필사본(慶州李氏益齊公派所藏 筆寫本)과 충민사 필사본(忠愍祠 筆寫本)의 두 가지가 전해져 내려오는데 경주이씨익제공파소장 필사본 호좌수영지의 전함조(戰艦條)에는 거북선의 본판장(本板長)이 10파라고 기록되어 있고 충민사 필사본에는 9파반(把半)이라고 기록되어 있다. 위의 기록으로 미루어 볼 때 임진왜란 당시의 거북선은 저판장(底板長)이 10파(50척)인 제1호 거북선과 저판장(底板長)이 9파반(47척 5촌)인 제2호 거북선의 두(2) 종류가 있었는데 이러한 선제(船制)는 다른 역사문헌이나 기록에서는 찾아볼 수 없다.

④ 여암전서(旅菴全書)[27]

여암(旅菴) 신경준(申景濬)은 「논병선화차제비어지구(論兵船火車諸備禦之具)」에서 전함의 저판 길이를 수정하여야 한다고 제안하였는데, 이는 임진왜란 병란 이후 전함을 새로 건조할 때마다 점차로 크기가 늘어나서 논란이 되어왔기 때문에 옛날의 제도 즉, 전함이 점차 커지기 전의 제도를 따를 것을 합리적인 수치로 제안하였다.

여암(旅菴) 신경준(申景濬)은 귀선의 저판의 길이에 대하여

"龜船則本板長五十尺以應大衍之數"[28]
(귀선측본판장 50척 이응대연지수)

"귀선의 본판장 50척은 대연의 수에 응한다."

라고 제안하였는데 50척(尺)은 10파(把)에 해당한다.

⑤ 이충무공순신종가소장귀선도(李忠武公舜臣宗家所藏龜船圖)

"이충무공순신종가소장귀선도"는 이충무공의 가문에서 보관해 오던 것인데 충무공의 종손 이재훈(李載勳)씨가 1976년에 제공한 것으로 제작연대는 확실하지 않으나 "이충무공전서"에 수록된 귀선도의 화법과 비슷하므로 1795년~1800년간에 제작된 것으로 추정된다.

---

27) 여암 신경준, 「여암전서」, 영인본, 아세아문화사. 여암 신경준(1712-1781)은 영조대의 실학자이다.
28) 대연(大衍)의 수(數)란 주역에 있어서, 하늘이 생긴 수를 3으로 잡고, 땅이 생긴 수를 2로 잡아, 그 합한 수인 5를 각각 10번까지 늘리어 이루어진 수 50을 이른다.
신기철, 「우리말큰사전」, 삼성출판사, 1978.

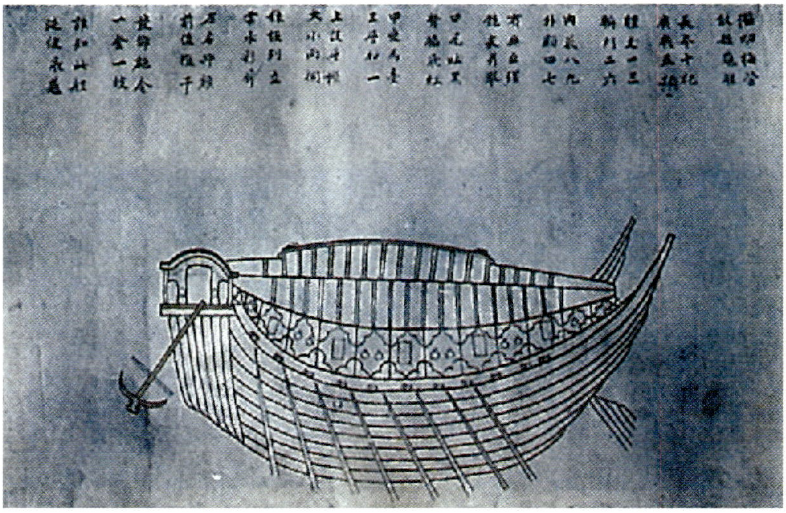

이충무공순신종가소장귀선도[李忠武公舜臣宗家所藏龜船圖]
무두귀선도[無頭龜船圖]

이충무공순신종가소장귀선도[李忠武公舜臣宗家所藏龜船圖]
쌍범귀선도[雙帆龜船圖]

이충무공순신종가소장귀선도에는 거북머리가 없는 무두귀선도(無頭龜船圖)와 귀배판(거북잔등판) 위에 좌대 및 장대(將臺-선장의 지휘탑)를 설치한 용두·장대·쌍범귀선도(龍頭·將臺·雙帆龜船圖)의 두 가지가 있는데 거북머리가 없는 무두귀선도(無頭龜船圖) 상단에 거북선을 찬양하는 "귀선송(龜船頌)"이 있으며 전문은 다음과 같다.

濫叨梅營, 敢粧龜船, 長本十把, 廣幾五把,
體長一三, 轅門二六, 內藏八九, 外顯四七,
有無互鐶, 銃矢竝擧, 口尾吐黑, 背脇飛紅,
甲變爲臺, 三層加一, 上設座幕, 大小兩欄,
鍊板列立, 雲水彩屏, 左右插旗, 前後欖干,
發號施令, 一金一鼓, 誰知此船, 泛被飛龜.

위의 "귀선송(龜船頌)"은 전함(戰艦), 즉 거북선에 관한 군사기밀에 속하는 시(詩)로서 거북선의 구조, 주요치수 항목, 치수, 총통 등에 대한 지식이 없으면 "귀선송"이 무엇을 칭송하였는지 해독하기 어렵다. 여기서 거북선(龜船)에 관한 구조와 치수에 관한 구절(句節)만을 인용하면 다음과 같다.

"濫叨梅營[29], 敢粧龜船, 長本十把, 廣幾五把, 體長十三[30], 轅門[31]二六"
(남도매영, 감장귀선, 장본10파, 광기5파, 체장13, 원문 26)

"전라좌수영에서 감히 거북선을 꾸몄으니, 본판의 길이는 10파(50척)요, 선체의 너비는 약 5파(25척)요, 선체의 길이는 13파(65척)요, 방패판문은 26척(짝)이다."

위의 "귀선송"에 기록된 거북선의 치수를 정리하면 다음과 같다.

- 본판장(本板長)(뱃밑판의 길이) ------- 10파(把)
- 선요광(船腰廣)(한판의 너비) ------- 5파(把)
- 선체장(船體長)(배의 길이) ------- 13파(把)
- 방패판문(防牌板門)(방패문짝) ------- 26척(隻)

위 "귀선송"에서 본판장 치수를 10파(把)로 기록한 것은 임진년 당시의 거북선의 "치수 기록"을 근거로 하여 작성된 것으로 추정된다.

---

29) 매영(梅營)은 전라좌수영의 별칭이다. 주로 문필가들이 문학적 표현으로 사용한다.
관(官)의 서한문에서는 군사기밀 관계로 전라좌수영의 별칭인 매영(梅營) 또는 호좌수영(湖左水營)을 사용한다.

30) 장(粧)은 조선(造船), 장본(長本)은 본판장(本板長)=저판장(底板長), 광(廣)은 선체(船體)의 광(廣), 체장(體長)은 선체장(船體長)을 의미한다.

31) 원문(轅門)을 전선(戰船)에서는 방패 판문(防牌 板門)으로 해석한다. 방패 판문(防牌 板門)의 수는 좌우현(舷)에 각각 10척, 선두(船頭)에 3척, 선미(船尾)에 3척을 부설한다는 뜻으로 해석된다. 귀선도에는 좌우현에 각각 13척의 방패를 설치한 것으로 그려져 있으니 귀선도의 그림과 같이 해석할 수도 있다.

지금까지 임진왜란 당시 거북선의 본판장(저판장) 치수에 대하여 여러 가지 사료를 조사하였으며 그 결과를 아래 표(Table)에 정리하여 놓았다.

임진왜란 당시 거북선의 본판장(本板長) 치수에 대한 사료정리©

자료명 資料名	저자/출판/소장 著者/出版/所藏	자료 연대 資料 年代	본판장(저판장) 치수 本板長(底板長) 値數
1. 권반의 절목 權盼의 節目	삼남주사전선본판장상정절목 三南舟師戰船本板長詳定節目	1615	10파, (1호) 9파반 (2호)
2. 김수항의 장계 金壽恒의 狀啓	비변사등록 제41책/규장각 備邊司謄錄 第41冊/奎章閣	1687	10파, (1호) 9파반 (2호)
3. 호좌수영지 필사본 湖左水營誌 筆寫本	경주이씨익제공파/사본 慶州李氏益齊公派/寫本	1592-1815	10파 (1호)
4. 호좌수영지 필사본 湖左水營誌 筆寫本	충민사/좌수영성역화사업회 忠愍祠/左水營聖域化事業會	1592-1756	9파반 (2호)
5. 여암전서 - 영인본 旅庵全書 - 影印本	여암 신경준/아세아문화사 旅庵 申景濬/亞細亞文化社	1712-1782	10파 (1호)
6. 이순신 종가 귀선도 李舜臣宗家 龜船圖	충무공기념사업회/이재훈 忠武公記念事業會/李載勳	1592-1800	10파 (1호)
7. 호좌영사례 湖左營事例	규장각 奎章閣	---	10파 (1호)

임진왜란 이후의 여러 문헌사료로부터 임진왜란 당시 거북선의 본판장(저판장)에 대한 치수를 정리하여 놓은 표(Table)를 보면 임진왜란 당시 거북선의 본판장(저판장) 치수는 10파라는 결론을 도출하게 된다. 이 치수는 임진왜란 당시의 기록이 없으므로 추정치수라고 해야 하겠으나 저자는 거의 틀림없는 치수라고 생각한다.

임진왜란 당시 거북선의 주요치수를 한선(韓船)에 대한 전통적인 주요치수비와 앞에서 도출한 거북선의 본판장 치수로부터 비례계산을 통하여 추정하였으며 다음 표(Table)에 정리하여 놓았다. 한선(韓船)에 대한 주요치수비는 앞서 소개한 바 있는 1795년식 거북선이나 1800년대 읍진전선(판옥선), 또는 조선통신사선 등의 주요치수로부터 구하였다.

임진왜란 당시 거북선의 주요치수는 당시에 사용하였던 척도(尺度)인 '영조척(營造尺)'으로 계산을 하였다.

임진왜란 당시 거북선의 추정 주요치수ⓒ

주요치수 요목(主要値數 要目)			추정 주요치수(推定 主要値數)	
한선 용어(韓船 用語)		우리말 용어	척(尺)	m
全船長	전선장	배 전체 길이	84.1	26.27
上粧長	상장장	배 상장 길이	68.0	21.24
船頭廣	선두광	배 이물 너비	13.1	4.09
船腰廣	선요광	배 한판 너비	22.6	7.06
船尾廣	선미광	배 고물 너비	11.2	3.50
船頭高	선두고	배 이물 높이	7.8	2.44
船腰高	선요고	배 허리 높이	6.94	2.17
船尾高	선미고	배 고물 높이	8.3	2.59
舳板高	축판고	하반(판)높이	6.15	1.92
舷 高	현 고	배 삼 높이	6.15	1.92
底板長	저판장	배밑판의 길이	50.0	15.62
底板頭廣	저판두광	배밑판의 이물너비	9.3	2.91
底板腰廣	저판요광	배밑판의 허리너비	11.2	3.50
底板尾廣	저판미광	배밑판의 고물너비	8.2	2.56
底板 厚	저판후	배밑판의 두께	0.79	0.25

거북선의 선형(船型, Hull Form)

선박(船舶)의 선체형상(船體形狀)을 선형(船型, Hull Form)이라고 한다. 선형은 선박설계 및 건조를 위한 가장 기본적인 핵심자료이며 선형이 준비되어 있지 않으면 선박설계는 물론 건조 자체를 진행할 수 없게 된다.

특히 선박의 수중형상(水中形狀), 즉 수면(흘수선) 아래의 선체형상은 복원성(復原性), 즉 안정성(安定性, Stability)과 저항추진(Resistance and Propulsion), 운동조종(Ship Motion and Maneuvering) 등 선박의 유체정역학적·동역학적(Hydrostatic and Hydrodynamic) 성능에 직접적인 연관성을 갖고 결정적인 역할을 한다.

또한, 선형은 선박건조 시 생산성이나 건조비에도 많은 영향을 미치고 건조 후 선박운영의 경제성에도 지대한 영향을 미치기 때문에 오늘날 "선형설계기술"은 조선공학에 있어서 가장 중요한 핵심기술 중의 하나가 되어있으나 조선 시대에는 선형의 중요성을 잘 몰랐을 것이다.

오늘날 조선공학에서는 선형을 나타내기 위하여 선도(線圖, Hull Form Plan, 또는 Lines)와 형상치수표(形狀値數表, Table of Offsets)를 도입하고 있다. 선도는 선형을 그림으로 나타낸 것이고 형상치수표는 수치로 나타낸 것이다. 선도가 있으면 형상치수표를 작성할 수 있고 형상치수표가 있으면 선도를 준비할 수 있으나 일반적으로 선도를 우선시하고 있다. 왜냐하면, 선도가 형상치수표보다 더 직접적이고도 세밀하게 선형을 나타내기 때문이다.

오늘날 기본적인 선형설계 방법은 선박의 크기에 따라 선미(AP : Aft-Perpendicular)로부터 선수(FP : Fore-Perpendicular)까지를 약 20구간(區間, Station)정도로 나누고 선저(Baseline)로부터 갑판까지를 10~20개 정도의 흘수선(吃水線, Waterline)으로 나눈 후 각각의 구간에서의 단면형상과 각각의 흘수선에서의 수선면형상이 요구조건을 만족하면서 서로 갈등이 없도록 상호보완적으로 조정하여 가면서 기하학적으로 부드러운 하나의 3차원 형상을 구하는 것이다. 실제 과정은 길고 지루한 시도와 수정(trial and error)작업의 반복이라고 할 수 있다.

그러나 우수한 상사선의 선형을 참조하거나 수정하여 준비하는 경우도 많이 있으며 이것이 훨씬 더 빠르고 효율적인 방법이기 때문에 실제에 있어서 이 방법이 더 많이 활용되고 있다.

위의 방법을 절충하여 임진왜란 당시 거북선의 제1갑판(포판(鋪板)) 아래의 선형을 구해보기로 하였다. 우선 다음 그림에서 볼 수 있는 바와 같이 거북선의 포판(鋪板) 아래의 선체를 선미의 축판(舳板) 상면으로부터 선수의 노판(艫板) 상면까지의 길이를 8개의 구간(區間, Station)으로 나누고 전통선박의 형상을 참조하면서 각각의 단면형상과 각각의 수선면형상이 앞에서 구한 거북선의 주요치수를 만족하면서 전체적으로 부드러운 3차원 곡면의 선체를 이루도록 다듬어 나갔다.

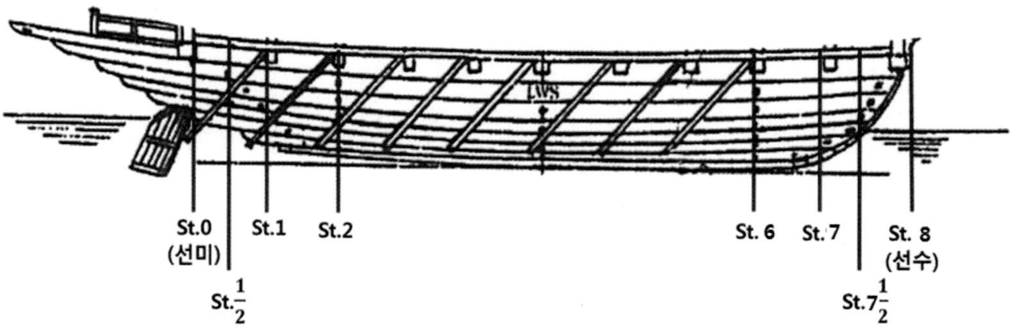

선형 생성을 위한 종방향 구간

아래 그림과 표는 이렇게 하여 구한 임진왜란 당시 거북선의 추정 선도와 추정 형상치수표를 보여주고 있다.

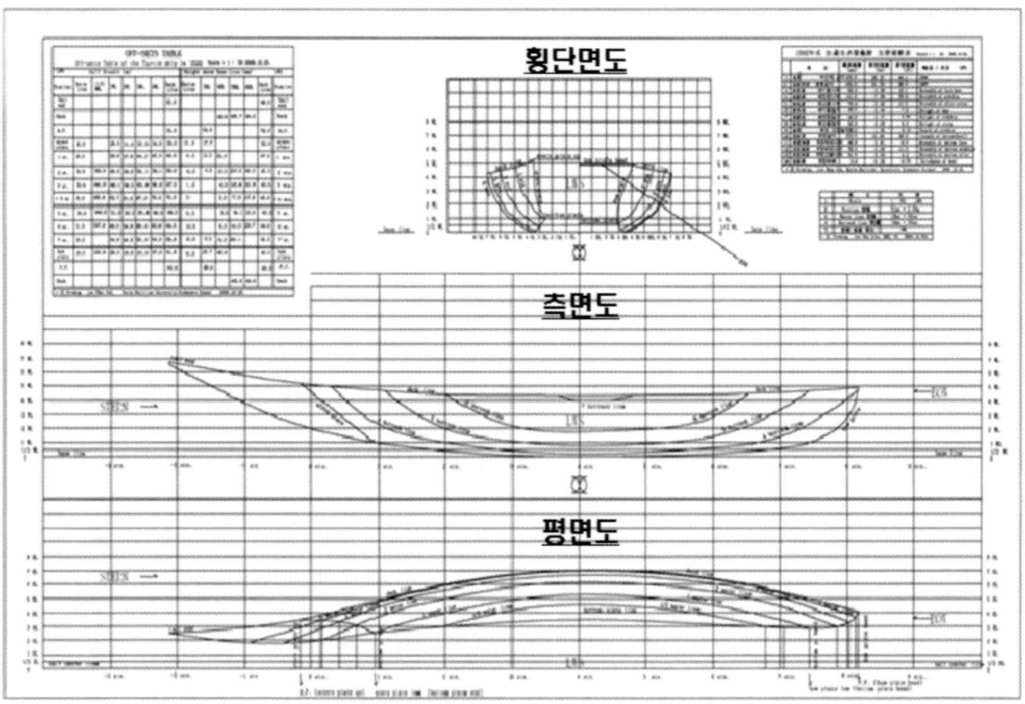

임진왜란 당시 거북선의 추정 선도[線圖]ⓒ[32]
[제1갑판[노갑판] 아래]

---

32) 원인고대선박 연구소.

거북선의 선체구조

임진왜란 당시의 사료에는 거북선은,

> “판옥선과 크기가 같고 판옥선의 청판(廳板) 위를 거북이 등처럼 덮은 전선(戰船)”

이라고 묘사되어 있으므로 임진왜란 당시 거북선의 선체구조, 특히 청판(廳板) 아래 선체구조는 판옥선과 동일(同一)하였을 것이다. 따라서 거북선의 선체구조를 추정하기 위해서는 먼저 판옥선의 선체구조를 살펴보아야 한다.

다음의 그림은 2급전선인 판옥선의 선체구조를 보여주고 있다.

중앙횡단면도

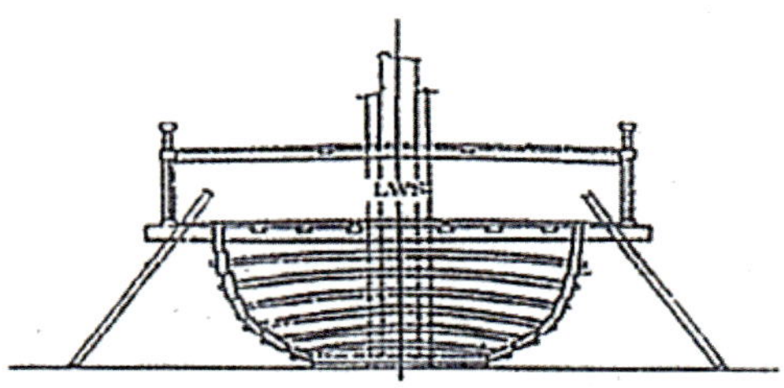

측면도

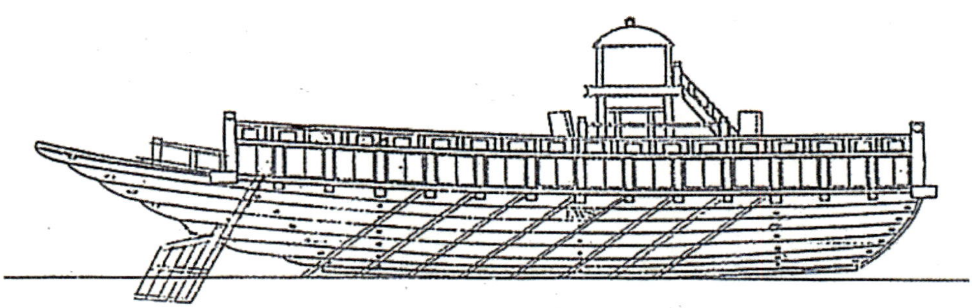

평면도

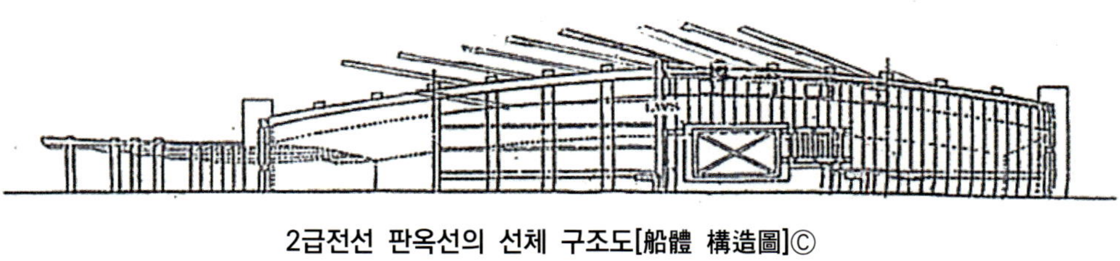

2급전선 판옥선의 선체 구조도[船體 構造圖]ⓒ

아래의 그림은 임진왜란 당시 4급전선인 거북선의 선체구조를 추정해 본 것이다.

중앙횡단면도

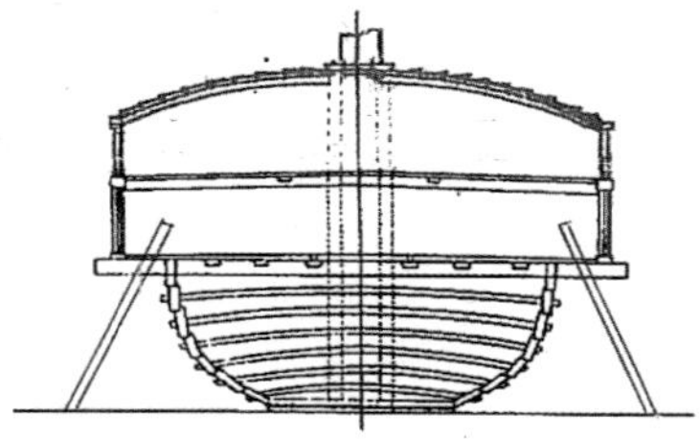

측면도

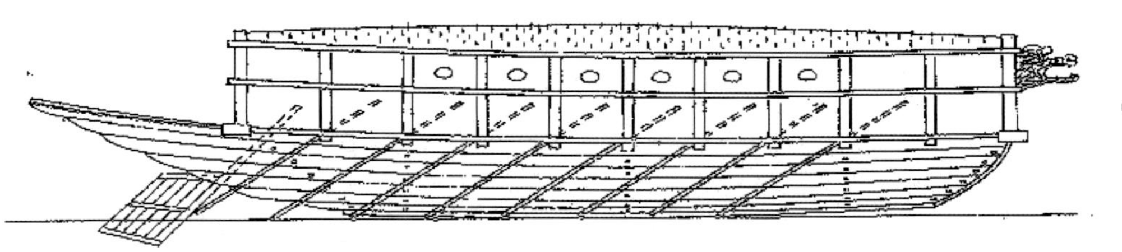

평면도

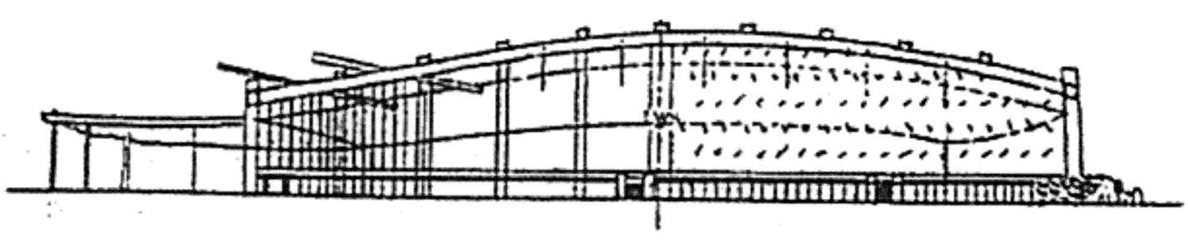

임진왜란 당시 거북선의 추정 선체 구조도[船體 構造圖]©

아래의 그림은 임진왜란 당시 거북선의 선체조립 순서를 추정하여 본 것이다.

1. 판옥선의 하선체(下船體)

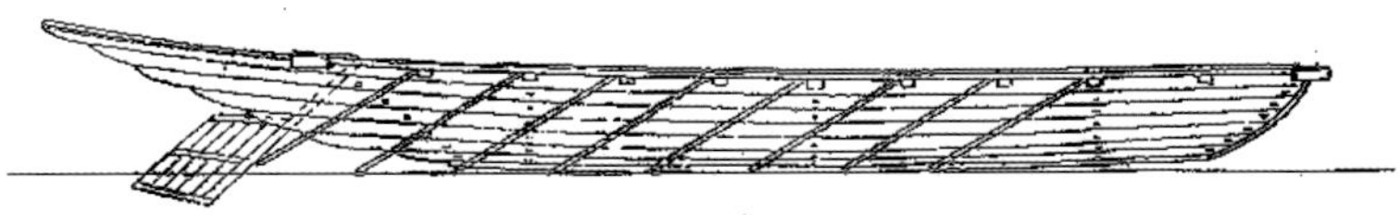

2. 판옥선의 상장(上粧) - 노역간(櫓役間)

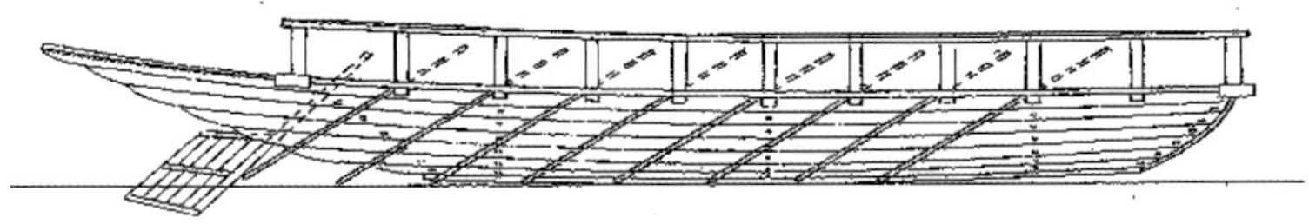

3. 판옥선의 상장(上粧) - 포술간(砲術間)

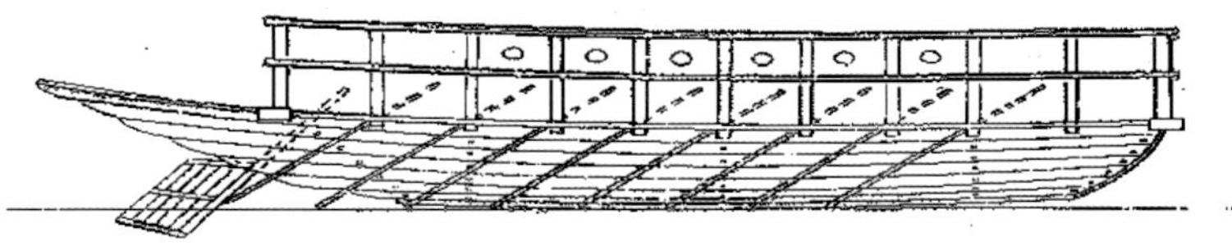

4. 거북선의 귀배판(龜背板-거북 잔등판)

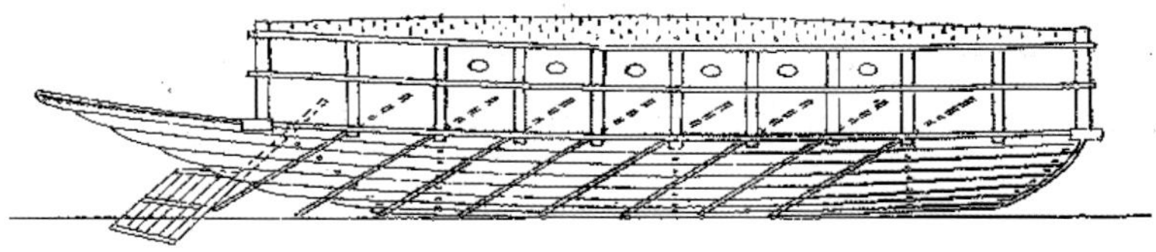

5. 거북선의 용두(龍頭)-거북선의 완공(完工)

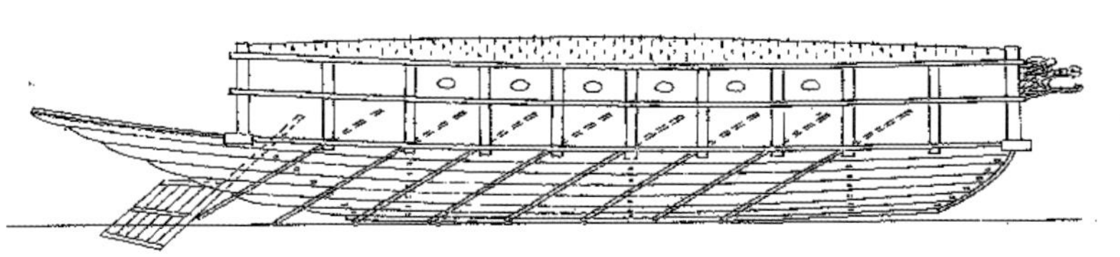

거북선의 추정 선체조립 순서©

아래의 그림은 임진왜란 당시 거북선의 범장구조(帆檣構造)를 추정하여 본 것이다.

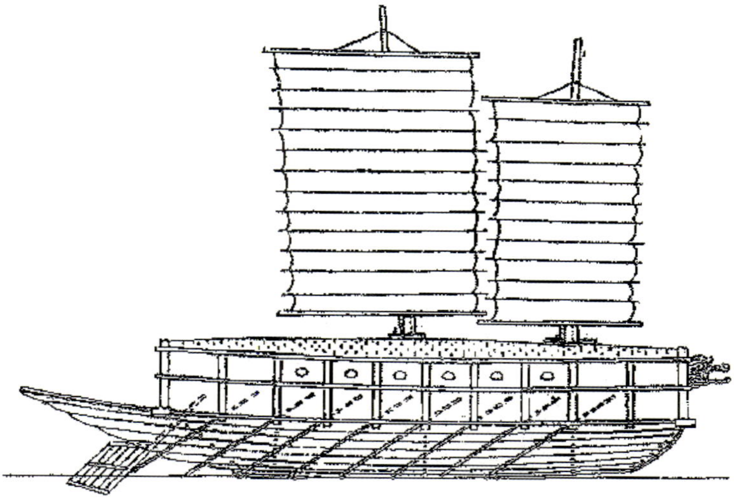

거북선의 추정 범장 구조도[帆裝 構造圖] 우현측면도[右舷側面圖]©

임진왜란 당시 거북선의 갑판구조와 선체구조에 대해서 판옥선과 동일하게 두갑판(2층갑판)의 경우에 대해서 추정하여 보았다. 그리고 나머지 논의, 즉 중량과 흘수, 안정성(stability), 전투속력 등에 대해서도 두갑판(2층갑판) 구조의 가정하에 논의가 이루어질 것이다.

거북선의 중량과 흘수(吃水)

선박의 중량으로는 선박 자체의 무게인 경하중량(Lightship Weight)과 화물의 적재량을 나타내는 재화중량(Deadweight), 그리고 경하중량과 재화중량의 합인 만재중량(Full Load Weight)의 세 가지를 주로 논하게 된다.

일반 상선의 경우 화물을 얼마나 많이 실을 수 있느냐를 나타내는 재화중량이 중요한 설계조건이 되지만 전함의 경우에는 만재중량, 즉 만재배수량(Full Load Displacement)이 설계지표가 되고 있다. 임진왜란 당시 거북선의 경하중량과 만재중량 및 각각의 중량에 대응하는 흘수(수심)를 추정해 보고자 한다.

① 경하중량(Lightship Weight)

경하중량은 화물을 싣지 않은 선박 자체의 중량을 의미한다. 우리나라 전통선박의 경우 경하중량의 대부분은 선체를 이룬 목재의 무게였으며 그 외에 약간의 의장품 무게로 구성되어 있었다. 임진왜란 당시 거북선의 경우에도 경하중량의 대부분은 선체를 이루고 있는 목재 무게가 차지할 것이며 그 외에 고정적으로 탑재하고 있는 화포와 화포 받침, 즉 당차(童車)의 무게, 그리고 철첨(鐵尖) 등의 무게로 구성되어 있었을 것이다.

경하중량을 구하기 위해서는 우선 경하중량의 대부분을 차지하는 목재에 대해서 그 종류와 양을 알아야 하며 목재의 양을 정확히 계산하기 위해서는 자세한 구조도가 있어야 한다. 그러나 임진왜란 당시 거북선의 구조도는 존재하지 않으므로 우리나라의 전통선박, 즉 한선(韓船)의 구조를 참조하여 거북선의 선체구조를 추정한 바 있다.

따라서 대부분의 목재는 소나무라는 가정 아래 선체구조를 하부선체, 제1갑판(노갑판), 제2갑판(포갑판), 등덮개로 구분하고 각 부분마다 판재, 주요 구조재, 보강재 등으로 소요되는 목재의 양을 추정한 후 합계를 구하여 선체건조를 위한 전체 목재량을 추정하였으며 추정된 전체 목재량에 소나무의 비중을 곱하여 목재의 총 중량을 추정하였다. 위의 과정을 거쳐 추정된 목재의 총 중량은 약 25톤(tonne)이 된다.

선체건조를 위한 총 목재중량에 고정적으로 탑재하고 있는 10좌의 총통(화포)과 총통을 싣는 당차(童車), 그리고 거북등의 철첨(鐵尖) 무게를 더하면 임진왜란 당시 거북선의 경하중량은 약 27톤으로 추정된다.

② **만재중량(Full Load Weight)**

만재중량은 화물을 가득 실었을 때의 선박의 총 중량이며 경하중량에 재화중량을 더한 것이다. 거북선이 전투를 위하여 출전할 경우 승선인원과 함께 아래의 물품을 적재하여야 한다.

- 선원과 선원의 휴대품
- 식수
- 식량
- 화약과 총포탄
- 각종 무기

따라서 거북선의 만재중량은 경하중량에 위 항목의 무게를 더한 것이 된다.

이순신 함대의 출전 기간은 대부분 10일 전후이고 거북선의 승선인원은 최대 160명 정도로 추정된다. 이순신 함대는 출전 도중 식수, 식량, 무기 등을 보급받기도 했지만, 거북선이 160명의 인원을 태우고 중도 보급 없이 10일간의 전투를 위하여 출전한다고 가정하였을 때의 최대 중량은 다음과 같이 추정된다.

- 경하중량 27 톤
- 선원 및 휴대품 12 톤
- 식수 16 톤
- 식량 5 톤
- 화약, 총포탄, 각종 무기류 3 톤

계 63 톤

따라서 임진왜란 당시 거북선의 만재중량은 최대 63톤 정도로 추정된다.

③ 경하중량과 만재중량에 대응하는 흘수(수심)

추정 경하중량 27톤과 추정 만재중량 63톤에 대응하는 흘수(수심)을 구하기 위해서는 거북선의 배수량곡선(Displacement Curve)이 있어야 한다. 배수량곡선을 구하기 위하여 우선 앞에서 추정한 선형이나 형상치수표로부터 다음에서 볼 수 있는 바와 같이 각각의 흘수에 대응하는 배수량 표를 준비하였다.

임진왜란 당시 거북선의 흘수에 따른 배수량(추정)©

흘수(m)	0.0	0.2	0.4	0.6	0.8	1.0	1.2
배수량(톤)	0.0	5.5	16.8	31.6	49.0	68.0	88.3

배수량 표를 연속된 곡선으로 연결하면 배수량 곡선이 구해지며 다음 그림은 이렇게 하여 준비한 임진왜란 당시 거북선의 추정 배수량 곡선을 보여주고 있다.

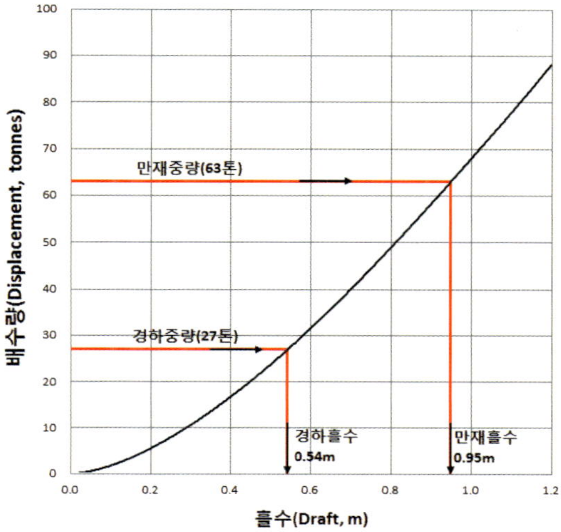

임진왜란 당시 거북선의 추정 배수량 곡선©

위의 그림에서 볼 수 있는 바와 같이 배수량 곡선에서 경하중량 27톤과 만재중량 63톤에 대응하는 흘수(수심)을 구하면 각각 0.54미터(m)와 0.95미터(m)가 된다는 것을 알 수 있다.

지금까지 살펴본 임진왜란 당시 거북선의 추정 중량과 이에 대응하는 추정 흘수(수심)를 다음 표에 정리하여 놓았다.

임진왜란 당시 거북선의 추정 중량과 대응하는 추정 흘수©

구 분	경하상태	만재상태
중 량	27톤	63톤
흘수(수심)	0.54미터(m)	0.95미터(m)

위의 표로부터 임진왜란 당시 거북선은 거북선 자체의 무게는 약 27톤이고 이때의 흘수, 즉 선체가 물속에 들어간 깊이는 0.54미터(m)로 추정되며 전투를 위하여 출전할 때의 최대중량은 약 63톤에 흘수는 0.95미터(m)로 추정된다.

거북선의 안정성(Stability)

선박의 안정성(Stability)을 실제로 분석하려면 상당한 수준의 기하학적, 수학적 지식이 있어야 하며 선박의 무게중심(Center of gravity), 부력의 중심, 즉 부심(Center of buoyancy), 그리고 회전중심(Meta center)에 대한 이해가 있어야 한다. 그러나 이 책에서는 선박의 안정성에 대한 개념을 소개하고 거북선의 안정성에 대해서 분석한 결과를 간략히 논의하고자 한다.

선박의 무게중심은 건조 중에는 중량분포를 분석함으로써 구할 수 있지만 일단 선박의 건조가 끝나면 "경사시험(Inclining experiment)"이라는 시험에 의하여 주어진 적재상태에 대한 정확한 무게중심을 구할 수 있다. 선박의 무게중심은 선박 자체의 구조와 화물 적재상태에 따라 결정되며 적재상태가 변하지 않는 한 변하지 않는다.

부력의 중심, 즉 부심은 수면 아래 선체의 기하학적 형상의 중심이다.

회전중심(Meta center)은 소 각도(小 角度) 경사 시에는 부심을 통하여 수직으로 올린 선이 선박의 중심선과 교차하는 점이 되지만 일반적으로 선체의 기하학적 형상에 대한 복잡한 계산을 통하여 구한다.

선박이 부두에 정박해 있거나 정상상태일 때에는 다음 왼쪽 그림과 같이 선박의 무게중심, 부력의 중심, 그리고 회전중심(Meta center)이 모두 일직선상에 있게 된다. 그러나 다음 오른쪽 그림과 같이 선박이 우현으로 기울면 빗살 부분의 체적(부피)이 우측으로 이동하기 때문에 부심도 오른쪽으로 이동한다. 즉 B에서 B'으로 이동한다. 그러나 앞에서 논의한 대로 선박의 무게중심은 변하지 않고 일정하다.

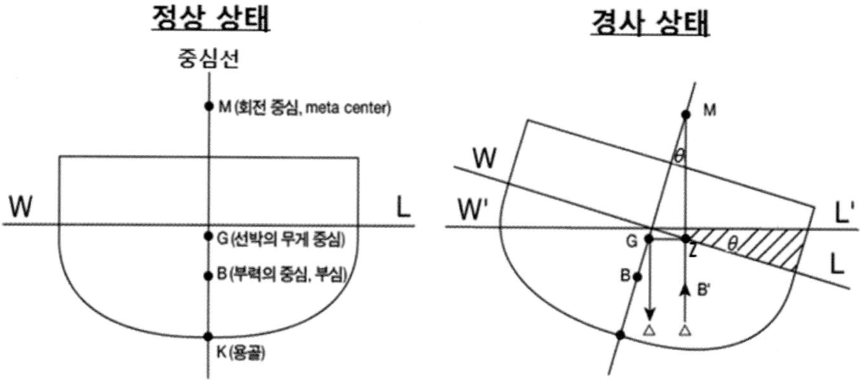

선박의 정상상태와 경사상태

위의 오른쪽 그림에서 알 수 있는 바와 같이 무게중심 G가 회전중심(Meta center) M보다 아래에 있는 한 항상 기울어진 선박을 바로 세우려는 짝힘, 또는 우력(Moment)이 작용하며 짝힘의 크기는 다음과 같다.

$$M_t = \triangle \cdot \overline{GM} \sin\theta = \triangle \cdot \overline{GZ}$$

위의 식에서

M_t : 짝힘(Moment)

$\triangle$: 선박의 배수량

θ : 기울어진 각도(경사각)

를 나타낸다.

무게중심 G가 밑에서 위로 올라갈수록 기울어진 선박을 정상위치로 돌리려는 짝힘이 작아지고 무게중심 G가 회전중심 M 위로 올라가면 음(Minus)의 짝힘이 작용하여 선박은 전복하게 된다.

선박이 기울어졌을 때 정상상태로 회복시키려는 성질을 복원성이라고 하며 그 짝힘을 복원력(Restoring force)이라고 한다. 따라서 선박의 복원성이 좋으려면 무엇보다도 무게중심은 반드시 회전중심 아래에 있어야 하고 무게중심과 회전중심 사이에는 적절한 거리를 유지해야 한다. 회전중심의 높이는 선박 폭의 3승(세제곱)에 비례하고 길이에 비례하므로 선박의 폭을 조금만 넓혀도 복원성은 크게 향상된다.

임진왜란 당시 거북선의 안정성을 만재상태에 대하여 분석하여 보았다. 안정성 분석을 위해서는 적재상태에 대한 무게중심과 회전중심을 알아야 하며 회전중심(Meta center)은 선형이나 형상치수표로부터 복잡한 계산에 의하여 구할 수 있다. 그러나 무게중심을 알 수가 없으므로 다음 그림에서 볼 수 있는 바와 같이 무게중심을 흘수선 위, 제1갑판 위, 그리고 제1갑판과 제2갑판의 중간 이렇게 세 가지를 가정하고 복원성에 대한 분석을 하였으며 제1갑판과 제2갑판 사이의 높이는 5척 반으로 가정하였다. 세 가지 경우는 각각 낙관적, 중도, 비관적 경우에 해당한다.

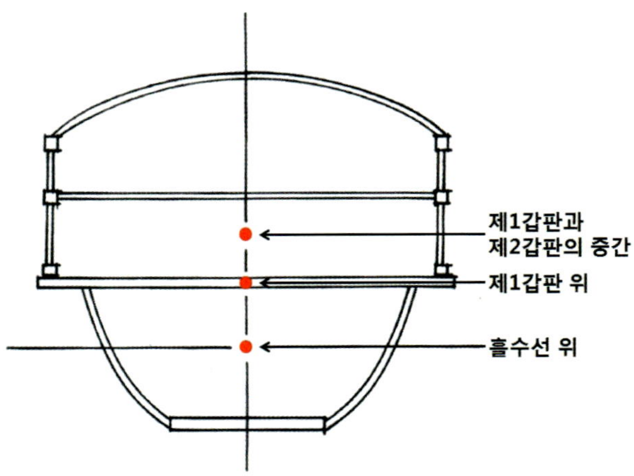

거북선의 복원성 분석을 위한 무게중심의 가정

분석 결과 무게중심의 첫 번째와 두 번째의 가정, 즉 무게중심을 흘수선 위로 가정한 경우와 제1갑판 위로 가정한 경우에 있어서는 모두 충분한 복원성을 유지하는 것으로 나타났고 무게중심의 세 번째의 가정, 즉 무게중심을 제1갑판과 제2갑판의 중간으로 가정한 경우에도 실제 운항에는 문제가 없을 만큼의 대각도 경사 시까지 안정성을 유지하는 것으로 분석되었다.

임진왜란 때, 1593년 2월 22일 웅포해전에서 통선 2척이 서로 부딪쳐서 그 통선 안에 있던 군사들이 배의 한쪽으로 몰리게 되어 통선이 기울어지고 뒤집혀져서 전복을 한 사건이 있었다는 기록이 있다. 그러나 판옥선에 대해서는 안정성이 문제가 되었다던지 안정성, 즉 복원성이 부족하여 사고가 났다는 기록을 찾을 수 없다.

또한 오랜 경험에 의하여 식량, 식수, 탄환 등 무거운 물건은 선박의 가장 밑부분에 싣고 다니면서 될수록 무게중심을 낮추도록 하여 안정성에 대한 세심한 고려를 하였을 것이라는 점을 간과할 수 없다.

경하상태에 대한 안정성 분석을 하려면 무게중심을 새롭게 가정하여 복잡한 계산을 다시 하여야 하나 사실 경하상태에 대한 안정성 분석은 할 필요가 없는 것이다. 왜냐하면 그런 상태로 운항을 하는 경우는 없기 때문이다.

진수 후 시운전을 할 때가 경하상태에 가까운 경우이기는 하지만 경하상태에 가까운 적재상태로 운항을 하는 경우 안정성이 의심되었다면 평형(Ballasting)의 목적으로 돌이나 철구 같은 무거운 물건을 선저에 싣고 다녔을 것으로 추측된다.

거북선의 전투 속력

임진왜란 당시 거북선의 만재 시 전투속력, 즉 배수량 63톤, 흘수 0.95미터(m)일 때의 최대 지속속력을 추정해 보기로 하였다. 선속을 추정하기 위해서는 선속에 따른 저항(Resistance)의 변화, 즉 저항곡선(Resistance curve)과 16개의 노가 낼 수 있는 추력을 알아야 한다.

선박의 저항이나 추력, 속력 등을 다루기 위해서는 조선공학의 높은 이론적 지식이 있어야 하지만 여기서는 조선공학의 배경이 없는 사람들도 선속 추정과정을 이해할 수 있도록 간단히 요약설명하고자 하였다. 우선 거북선의 저항부터 논의하고자 한다.

① 거북선의 만재흘수 시 저항력 추정

오늘날 선박의 저항을 마찰저항(Frictional resistance), 형상저항(Form resistance), 조파저항(Wave resistance)의 저항성분(Resistance components)으로 분류하는데 선체표면이 부드럽지 못할 경우 부가 마찰저항(Additional frictional resistance)을 추가하기도 한다. 위의 저항성분을 모두 합하면 선박의 총 저항(Total resistance)이 되며 일반적으로 저항하면 총 저항을 의미한다.

조선공학에서는 선박의 총 저항을 아래 식으로 나타낸다.

$$R_T = \frac{1}{2}\rho \cdot C_T \cdot S \cdot v^2$$

위의 식에서,

R_T : 총 저항(Newton)
ρ : 유체의 밀도(Kg/m^3)
C_T : 총 저항 계수
S : 선체의 접수표면적(m^2)
v : 선속(m/sec)

을 나타내며 접수표면적(Wetted-surface area)이란 선체와 유체가 서로 접촉하는 선체부분의 면적을 의미한다.

앞의 식에서 볼 수 있는 바와 같이 선속이 일정할 때 선체의 총 저항은 총 저항계수와 선체의 접수표면적에 비례하며 총 저항계수, C_T는 앞에서 언급한 것과 같은 저항성분의 계수로 이루어진다.

$$C_T = C_F + C_{FF} + C_W + \triangle C_F$$

위의 식에서

C_F : 마찰저항계수

C_{FF} : 형상저항계수

C_W : 조파저항계수

$\triangle C_F$: 표면 거칠기로 인한 부가 마찰저항계수

를 의미한다.

선박의 수선 아래의 기하학적 형상을 알고 있을 때 선속에 따른 선박의 저항을 구하기 위해서는 총 저항을 구성하는 저항성분들이 선속에 따라 어떻게 변화하는지를 알아야 하는데 이것을 위해서는 조선공학의 높은 지식이 요구된다.

선체의 총 저항에 있어서 가장 큰 부분을 차지하는 저항성분은 선체와 유체 간의 마찰에 의하여 발생하는 마찰저항(Frictional resistance)이고 이 현상은 저속으로 갈수록 더욱 두드러진다. 마찰저항계수를 구하기 위하여 국제예인수조협의회(ITTC)[33]에서는 1957년 아래와 같은 식을 채택하였으며 오늘날 전 세계의 조선공학계에서 공통적으로 사용하고 있다.

$$C_F = \frac{0.075}{(\mathrm{Log}_{10} R_N - 2)^2}$$

위의 식에서 R_N은 관성력과 점성력의 비를 나타내는 무차원 수로서 "레이놀수수(Reynolds Number)"라고 부르며 다음과 같이 표현된다.

$$R_N = \frac{\rho v l}{\mu} = \frac{v l}{\nu}$$

위의 식에서

l : 선체의 길이(m)

μ : 유체의 동역학적 점성(Dynamic viscosity, kg/m-sec)

ν : 유체의 운동학적 점성(Kinematic viscosity, m^2/sec)

을 나타낸다.

33) International Towing Tank Conference.

이와 같이 세계적으로 통용되는 공식에 의하여 마찰저항계수를 구했으며 조선공학에 대한 저자의 배경과 경험으로부터 나머지 저항성분의 계수를 추정하였다.

이제 총저항식으로부터 선속에 따른 저항을 계산하기 위해서는 선체의 접수표면적을 알아야 하는데 이것은 앞서 추정한 선형이나 형상치수표로부터 추정할 수 있다.

지금까지 논의한 방법과 과정을 통하여 임진왜란 당시 거북선의 선속에 따른 저항과 저항력을 계산하였으며 다음 표에 정리하여 놓았다. 저항은 선체가 이동할 때 유체가 선체에 미치는 힘(Force)이고 저항력은 저항을 이기고 그만한 선속으로 전진하기 위한 공율(Power), 즉 단위 시간당 일의 양을 나타낸다. 조선공학에서는 관습상 저항력을 흔히 유효마력(Effective Horsepower)이라고 부른다. 전에는 힘(Force)의 단위로 킬로그램(kg), 공율(Power)의 단위로 마력(Horsepower)을 썼으나 요즘엔 국제표준협정에 따라 힘의 단위로 Newton, 공률의 단위로 Watt를 쓰고 있다.

임진왜란 당시 거북선의 선속에 따른 추정저항과 추정저항력©

선 속(노트)	2	4	6	8	10
총저항(KN)	0.21	0.78	1.74	3.16	5.21
저항력(KW)	0.22	1.61	5.36	13.02	26.79

위의 표에서 볼 수 있는 바와 같이 선속에 따른 선체저항이나 저항력을 연속된 곡선으로 연결하면 저항곡선, 또는 저항력곡선을 구할 수 있다. 실제 곡선은 추진력 추정이 끝나고 선속추정 시에 사용하려고 한다.

② 거북선의 추력(Thrust) 추정

전투 시 거북선은 능로군(격군)들의 노 젓는 힘에 의하여 기동력을 발휘하게 되므로 거북선의 선속은 좌우 각 8개씩 총 16개의 노가 발생하는 추진력(Propulsion Power)에 의하여 결정된다.

16개의 노에서 발생되는 총 추진력을 추정하기 위한 제1단계로 격군 한 사람이 15분 이상 지속적으로 낼 수 있는 힘을 추정하여야 한다. 누구나 알고 있는 상식이지만 사람이 발생하는 동력은 개인의 체력과 건강 상태에 따라 크게 차이가 나며 시간이 흐름에 따라 감소하는 특징이 있다.

사람이 발생하는 힘, 즉 인력(人力, Human power)에 대하여 여러 가지 참고문헌을 찾으며 조사를 하였다. 대표적으로 미국조선학회(SNAME)를 통하여 발표된 고대 그리스 전투선의 경우 노 젓는 사람 1人이 낼 수 있는 동력에 대한 연구논문[34]과 미국 과학잡지 Scientific American 1986년 12월호에 게재된 인력 수중익선 관련 자료를 예로 들 수 있다.

미국 조선학회(SNAME)의 연구논문에 의하면 잘 훈련된 인간은 순간적으로 1마력(735watt) 이상의 힘을 낼 수도 있으나 시간에 따라 점차 힘이 감소하여 5분 후에는 약 0.5마력(약 370watt), 15분 후에는 약 0.4마력(약 300watt)으로 감소한다고 추정하고 있다. 미국의 과학잡지 Scientific American도 거의 동일한 결과를 보여주고 있다.

저자는 위의 두 가지 참고서적이 제시한 인력(Human power)에 기반하여 프로펠러(Screw propeller)로 구동되는 "인력수중익 쌍동선"을 설계, 건조하고 국제인력선축제 시범경기에 세 번 참가한 적이 있다. 2002년과 2003년에는 2인승, 2004년에는 4인승 인력수중익 쌍동선으로 참가하였으며 4인승 인력선의 경우 최고속력 17노트라는 경이적인 속도를 기록하여 참가한 모든 인력선 중에서 가장 뛰어난 성능을 발휘한 바 있다.[35]

---

34) Coates, J.F., Research and engineering aspects of reconstructing the ancient Greek trireime warship, SNAME Trans., Vol. 98, 1990, pp. 239-262

35) 민계식, 강선형, 이강복, "인력 수중익 쌍동선(Human Powered Vessel)", 2012년 8월 10일 발행, 한림원 출판사.

4인승 인력수중익 쌍동선의 주행 모습

거북선의 선속을 추정하기 위해서는 우선 노를 젓는 격군 한 명이 낼 수 있는 힘을 알아야 하며 그 다음으로 노의 추진효율과 노와 노 사이의 간섭현상을 고려하여 총 유효추진력을 추정하여야 한다. 저자는 앞서 살펴본 조사를 통하여 격군 한 사람이 15-30분 동안 지속적으로 낼 수 있는 힘을 0.4마력(약 300watt)로 가정하였다.

앞에서 언급한 바와 같이 격군들이 노에 전달하는 힘은 전부 추진력이 되지는 않고 일부분만 추진력으로 바뀌게 되며 전달한 힘과 발생한 추진력의 비를 추진효율이라고 한다. 또한 노와 노 사이의 간섭현상으로 인하여 노에서 발생되는 추력이 약간 감소하게 된다.

지금까지 논의한 점을 모두 고려하여 노 하나당 4인의 격군이 젓는 경우 15분 이상 지속될 수 있는 유효추력을 추정하여 보면 약 4.3Kw가 된다.

거북선의 선속은 다음 그림에서 불 수 있는 바와 같이 앞에서 구한 선체 저항력 곡선에 유효추력을 대응해 봄으로써 추정할 수 있으며 위에서 구한 유효추력에 대응하는 선속은 약 5.6노트가 된다.

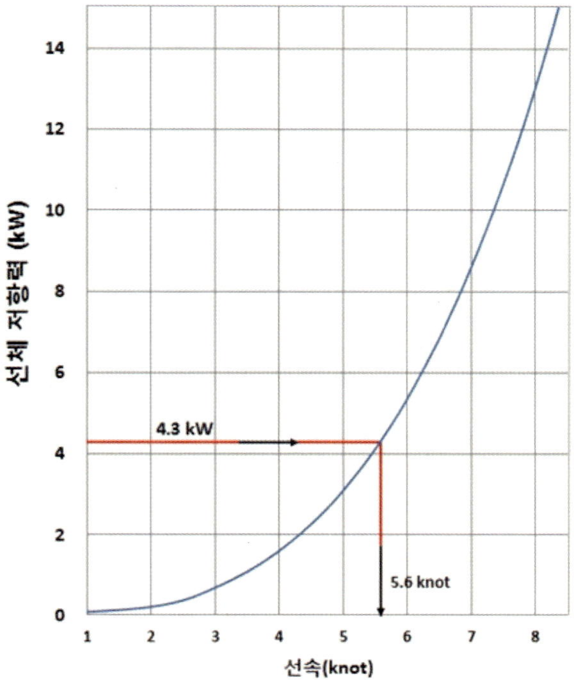

임진왜란 당시 거북선의 추정 저항력 곡선©

따라서 임진왜란 당시 거북선의 만재상태에서의 속도는 노 하나당 4인의 격군이 젓는 경우 약 5.6노트의 선속을 낼 수 있는 것으로 추정된다.

위의 선속추정은 거북선이 보급품을 가득 싣고 출전할 때를 가정하여 추정한 것이라 상당히 보수적인 추정이라고 할 수 있다. 실제로는 속도 면에서 이보다 유리한 상황이었을 것이다.

이순신 함대는 통상 출전하고 2-3일 후부터 실제전투를 하였으며 출전 중 보급을 받기도 했고 보급품만을 전적으로 싣고 다니는 병참선, 또는 군수지원선이 함대 안에 편성되어 있었다. 또한 긴급 시에는 노하나 당 4인이 아니라 예비격군도 투입하여 6인이 젓기도 하였을 것으로 추정된다. 이러한 점을 고려해 볼 때 실제 전투 시 최대속도는 6노트 이상 되었을 것으로 추정된다.

거북선의 최초 참전

거북선이 처음으로 전투에 참가한 것은 공식적으로는 이순신 함대의 2차 출전(1592년 5월 29일~6월 10일) 중 첫 해전인 사천해전(泗川海戰, 1592년 5월 29일) 때인 것으로 되어있다. 이순신 장군의 장계[36]에 의하면 그렇다. 그러나 저자의 추측으로는 처음 해전부터 참가한 듯하다.

이순신 장군은 임진년 4월 30일에 선조 임금에게 '경상도를 구원하러 가는 일을 아뢰는 계본' 즉, "부원경상도장(赴援慶尙道狀)"이라는 장계를 올린바 있는데 여기에는 전라좌도수군의 함대 편성에서 '돌격장 본영군관 이언량(突擊將 本營軍官 李彦良)'을 배정하였다고 기록되어 있다. 돌격장은 거북선(龜船)의 선장(船將)을 이르는 말이고 거북선 아닌 다른 전선의 선장을 돌격장이라고 부른 적이 없다.

또한 이순신 장군은 왜적의 침입 후 첫 해전인 제1차 출전 중 옥포해전(1592년 5월 7일)에서 대승(大勝)을 거둔 후 임금에게 전과(戰果)보고서인 옥포파왜병장(玉浦破倭兵狀)이라는 장계를 올렸는데 여기에 거북선이 출전하였다는 기록은 없으나

"突擊將臣軍官李彦良 撞破倭大船一隻)"
(돌격장신군관이언량 당파왜대선일척)

"돌격장이며 신의 군관인 이언량은 왜적의 대선 1척을 당파하였다."

고 기록되어 있다.

왜 이순신 장군은 임진왜란이 일어나고 최초의 출전을 하기 전부터, 그리고 거북선이 참전하지 않았다고 하는 제1차 출전 때부터 거북선의 지휘관인 돌격장이란 명칭과 돌격장의 이름을 수차 거론하고 돌격장의 전공(戰功)을 강조하는 장계를 올렸을까? 돌격장은 거북선의 지휘관인데 어떻게 거북선 없는 돌격장이 왜적의 대선 1척을 당파할 수 있었을까?

거북선은 제1차 출전 때부터 전투에 참가하였으나 임금의 윤허를 받지 않고 비밀리에 건조한 전선(戰船)이므로 조정의 문책을 피하는 방편으로 상당한 전과를 올리고 공(功)을 세울 때까지 거북선의 참전을 의도적으로 늦게 보고하지 않았을까 하는 생각은 저자의 상상에 불과할지도 모르지만 평생 저자의 머릿속을 떠나지 않는 의문으로 남아있다.

---

36) 당포파왜병장-사천해전(唐浦破倭兵狀-泗川海戰).

주요특성 요약

임진왜란 당시 거북선에 대하여 기술한 여러 가지 사료(史料)들을 종합하여 거북선의 구조, 형태, 기능 등 주요특성(主要特性)을 아래 표(Table)에 요약 정리하여 보았다. 표에 요약・정리되어 있는 주요특성은 임진왜란 당시의 거북선이 어떠한 전선(戰船)이었는지 그 전체적인 윤곽을 파악하는 데 도움이 되리라 사료된다.

임진왜란 당시 거북선의 주요특성 요약©

規模 (규모)	大如板屋(板屋船) (대여판옥(판옥선))	판옥선의 크기와 같은 전선이다.
船頭 (선두)	前設龍頭 口爲銃穴 (전설용도 구위총혈)	앞에는 용머리를 설치했고 용머리 입은 포혈이 된다.
船尾 (선미)	後爲龜尾 尾下有銃穴 (후위귀미 미하유총혈)	뒤는 거북꼬리가 되고, 꼬리 아래에 포혈이 있다.
龜背蓋版 (귀배개판)	上覆以板... 皆插以刀錐 (상복이판... 개삽이도추)	거북 잔등을 판자로 덮고 모두 칼 송곳을 꽂았다.
	遇賊以茅覆於錐刀之上 (우적이모복어추도지상)	적을 만나면 칼 송곳 위를 띠 풀로 덮어 가렸다.
形態 (형태)	狀如伏龜 (상여복귀)	엎드린 거북의 형상과 같다.
板屋 (판옥)	內能窺外 外不能窺內 (내능규외 외불능규내)	안에서는 밖을 내다볼 수 있으나, 밖에서는 안을 들여다 볼 수 없다.
防牌 (방패)	左右各六穴 (좌우각육혈)	좌우현 방패에 각각 여섯 개의 포혈이 있다.
武裝 (무장)	天,地,玄,黃 各樣銃筒 (천,지,현,황 각양총통)	천, 지, 현, 황 등 각종 총통을 탑재하였다.
砲彈 (포탄)	龍頭-鐵丸, 砲穴-大·將軍箭 (용두-철환, 포혈-대·장군전)	용두에서 철환을 방포하고, 방패판문 포혈에서 철환, 대장군전·장군전을 방포한다.
櫓 (노)	左右 各八 (좌우 각 8)	좌우에 각각 8개씩 총 16개의 노가 있다.
帆裝 (범장)	布帆竪眠惟意-頭帆, 腰帆 (포범수면유의-두범, 요범)	돛을 마음대로 세우고 뉘울 수 있다. 이물돛, 허리돛 2개의 돛
騎船 (기선)	突擊將所騎 (돌격장소기)	편대의 돌격장이 귀선의 선장이 된다.

8. 충무공 이순신 장군의 생애(生涯)와 신화

- 서 언
- 출생과 성장
- 출사(出仕)
- 녹둔도(鹿屯島) 전투와 첫 번째 백의종군(白衣從軍)
- 전라좌도 수군절도사 부임과 전쟁 준비
- 제1차 출전 - 신화의 시작
- 제2차 출전
- 제3차 출전과 한산도해전
- 제4차 출전
- 삼도수군통제사와 두 번째 백의종군(白衣從軍)
- 명량해전 - 기적의 승리
- 노량해전과 순국
- 23전 23승의 신화
- 공신 책봉과 후대의 존경
- 이순신 장군의 공훈

서언

이순신 장군의 생애(生涯)에 대해서는 정조(正祖) 19년(1795년) 발간된 "이충무공전서(李忠武公全書)"를 비롯하여 연구조사를 통한 사료가 잘 정리되어 있고 전기나 연구서적도 많이 출판되었으므로 새삼 언급할 필요가 없겠으나 임진왜란 및 거북선과는 뗄 수 없는 인연이 있으므로 이충무공의 생애(生涯)와 행적에 대해서 간단히 살펴보고자 한다.

역사적으로 특정한 인물(人物)을 거론할 때는 흔히 그 인물의 성명만을 쓰는 것이 통례이다. 그러나 저자는 "이순신(李舜臣)"이라고만 쓰면 죄송스러운 마음이 들고 불편함을 느끼게 된다. 따라서 이 책에서는 "이순신 장군"이나 "충무공 이순신", 또는 그냥 "장군"이라고 부를 것이다.

"충무공(忠武公)" 하면 이순신 장군을 의미하는 줄로 알고 있는 사람들이 많이 있다. 그러나 "충무공(忠武公)"이라는 공신시호(功臣諡號)는 이순신 장군에게만 부여된 것은 아니다. 우리나라 역사를 보면 고려 초부터 개국공신을 비롯한 여러 가지 공신시호(功臣諡號)가 있다. 공신은 국가나 왕실에 큰 공을 세운 인물에게 내린 시호이며 신하들의 충성심을 유발하기 위한 왕조시대의 제도였다. "충무공(忠武公)"이라는 시호(諡號)도 이러한 여러 가지 공신시호(功臣諡號) 중의 하나이다.

그런데 우리나라에는 역사를 통하여 "충무공(忠武公)"이라는 공신시호를 받은 분이 이순신 장군 한 사람뿐이 아니고 이순신 장군을 포함하여 열두 분이나 된다고 한다. 우리나라의 역사를 통하여 충무공이라는 공신시호를 받은 분은 고려시대에 세 분, 그리고 조선시대에 아홉 분이 있었다. 임진왜란 3대첩 중의 하나인 진주대첩을 승리로 이끌고 순국한 진주목사 김시민 장군도 충무공이다. 충무공 김시민 장군은 겨우 3,800여 명의 민군을 거느리고 7일간의 격전 끝에 3만여 명의 왜군을 물리친 바 있다. 따라서 "충무공"이라고만 하면 어느 분을 지칭하는지 알 수가 없으므로 이순신 장군을 지칭할 때는 꼭 "충무공 이순신"이라고 하여야 한다.

출생과 성장

이순신 장군의 본관(本貫)은 오늘날의 황해도 연안(延安) 근처에 있는 덕수(德水)이다. 이순신 장군의 선대 조상은 고려 말기 이돈수(李敦守)를 중시조(中始祖)로 하고 있으며 고려 말까지 무반(武班)가문이었으나 왕조가 조선으로 바뀌면서 양반사대부로 변신했다.

이순신 장군의 현조(玄祖) 이변(李邊)은 최고의 학자가 맡는 홍문관 대제학이었고 증조(曾祖) 이거(李琚)는 청요직(淸要職) 대간(臺諫)을 역임했다.

이순신 장군의 조부(祖父) 이백록(李百祿)은 소장사림세력의 중심인물인 조광조(趙光祖) 등과 뜻을 같이하다가 중종 14년(1519년) 조광조(趙光祖) 일파가 숙청된 기묘사화(己卯士禍) 때 연루되어 처벌을 받았다. 이순신 장군의 조부가 이때 처형된 것으로 알고 있는 사람들도 있으나 사실은 과거를 응시할 수 없는 가벼운 처벌을 받았다고 한다. 이 처벌이 언제 풀렸는지는 알 수 없으나 이순신 장군의 부친(父親) 이정(李貞)은 평생 벼슬을 하지 않았다고 한다.[1]

이순신 장군의 생애(生涯)에서 저자에게 큰 의문으로 남아있는 것이 있으니 이순신 장군이 왜 무과(武科)를 선택하였나 하는 것이다. 조선시대 이순신 장군과 같은 문신(文臣) 집안 자제로서 무과 선택은 극히 드물었기 때문이다.

이순신 장군은 무과 필기시험인 무경(武經)에서 만점을 받아 문재(文才)를 드러내지만 조선은 문신인 도체찰사(都體察使)·순찰사(巡察使)가 무신을 지휘하던 나라였다. 무과(武科)는 문과(文科)에 비하여 낮게 평가되었다.

이순신 장군은 조선의 제12대 임금인 인종(仁宗)이 승하하고 제13대 임금인 명종(明宗)이 즉위한 1545년(명종 원년) 음력 3월 8일[2] 한성부(漢城府, 지금의 서울) 건천동(乾川洞) 자택에서 부친(父親) 이정(李貞)과 모친(母親) 변씨(卞氏)의 네 아들 중 셋째 아들로 태어났다.

이순신 장군 부친께서 돌림자인 신(臣)자 위에 세상을 태평성대로 이끌었던 중국 상고사의 전설적 지도자(임금)들이었던 삼황오제(三皇五帝)의 복희(伏羲)씨와 요(堯), 순(舜), 우(禹) 임금의 이름을 따 아들들의 이름을 지었다고 한다. 따라서 이순신(李舜臣) 장군 큰 형의 이름은 희신(羲臣)이고 둘째 형은 요신(堯臣)이며 동생은 우신(禹臣)이다. 조선시대 건촌동은 지금 남산 아래의 중구 인현동을 말하는데 실제로 현재 중구 명보프라자 건물 앞에 생가터 표지석이 서 있다.

---

1) 유성룡(柳成龍)의 징비록(懲毖錄).
2) 양력으로 4월 28일. 따라서 오늘날 매년 4월 28일 아산 현충사(顯忠祠)에서 충무공 이순신 장군 탄신다례행제를 거행한다.

이순신 장군 생가터 표지석[저자 촬영]

이순신 장군은 15세가 될 때까지 남산 아래 건천동에서 자랐다. 저자도 어린 시절 초등학교 상급반이 될 때까지 전쟁놀이를 하며 지냈는데 이순신 장군도 어린 시절 전쟁놀이를 많이 한 듯하다. 이순신 장군은 어릴 적 동네에서 전쟁놀이를 할 때 항상 대장 노릇을 하였다고 한다.3)

이순신 장군의 어린 시절을 이야기할 때 흔히 두 역사적인 인물인 유성룡과 원균이 언급되곤 한다. 세 사람 중에서 원균이 가장 연장자이다. 원균은 이순신 장군보다 다섯 살 위였고 유성룡은 세 살 위였다. 유성룡과 원균은 이순신 장군의 생애를 통하여 좋고 나쁜 인연을 이어가므로 두 사람에 대해서 간략히 살펴보고자 한다.

서애 유성룡(1542~1607)은 대대로 안동 하회마을에서 터를 잡고 살아온 사대부 집안 출신이다. 유성룡은 중종 37년(1542년) 경상도 의성에 있는 외가에서 태어났으나 한양 건천동에서 자랐다. 유성룡은 이순신 장군의 둘째 형인 요신(堯臣)과 동갑내기 친구였을 뿐만 아니라 건천동에서 이순신 장군과 함께 어린 시절을 보냈으므로 이순신 장군의 가문에 대해서나 이순신 장군의 성장배경, 성품 및 자질에 대해서 누구보다도 소상히 파악하고 있었을 것이다. 그의 저서 "징비록(懲毖錄)"에 이순신 장군의 가문은 명문(名門)이라고 하면서 이순신 장군의 집안 내력이 비교적 상세히 기록되어 있는 것을 보아도 알 수 있다.

서애 유성룡은 선조 임금이 신뢰하는 원로대신으로 임진왜란 내내 임금 선조를 곁에서 모셨으며 선조가 명나라(만주)로 피신하려는 것을 끝까지 만류한 대신으로 유명

3) 유성룡(柳成龍)의 징비록(懲毖錄).

하다. 이순신 장군의 발탁에도 앞장섰으며 이순신 장군의 목숨을 두 번이나 구원했다. 유성룡이 없었다면 이순신도 없었을 것이다.

원균(元均)은 아호(雅號)를 매월당(梅月堂)이라고 하며 중종 35년(1540년) 지금의 경기도 평택에서 병마절도사를 지낸 원준량(元俊良)의 장남으로 태어났다. 원균 장군도 어린 시절 이순신 장군의 집에서 멀지 않은 동네에서 살았다고 하나 연배도 5년이나 위이고 어린 시절부터 무관인 부친을 따라다녔다고 하므로 어린 시절 이순신 장군과 원균 장군이 서로 알고 지내면서 교류를 하였는지는 분명치 않다.

원균 장군은 1567년[4] 식년 무과에 을과(乙科) 2위로 급제하여 일찍 군문(軍門)에 들어섰으며 무관으로 출사를 한 후 함경도에서 야인(여진족) 토벌에 큰 공을 세웠다. 임진왜란이 일어나기 두 달 전인 1592년 2월에 경상우도 수군절도사로 임명되었으나 임진왜란 초기 이렇다 할 전과가 없었다. 1597년 정유재란이 발발하고 이순신 장군이 모함을 받아 한양으로 압송된 후 경상도 수군절도사와 삼도수군통제사를 겸임하여 이순신 장군이 맡고 있던 삼도수군 통제의 임무를 대신하였으나 1597년 7월 16일 칠천량해전에서 참패를 하여 거북선을 비롯한 귀중한 전선을 잃고 고성춘원포(固城春原浦)에 상륙하여 전투를 하며 후퇴하다가 장렬히 전사했다.

이순신 장군의 조카 이분(李芬)의 충무공행록[5]에 보면

> "이순신 장군은 처음에는 위의 두 분 형님들을 따라 사서삼경(四書三經) 등 문과 공부(유학)를 하여 선비로서의 상당한 경지에 이르렀으나 문(文)을 포기할 뜻을 품곤 했다."

라고 기록하고 있다.

이순신 장군의 성장배경은 "문(文)"이었으나 이순신 장군이 20세가 될 무렵 중요한 변화가 일어나는데 바로 활 잘 쏘기로 유명한 방진(方震)의 무남독녀와 혼인을 한 것이다. 이순신 장군의 장인인 방진(方震)은 상주(尙州)를 본관으로 하는 무과(武科) 출신으로 보성군수를 역임했다고 하여 "보성공"으로 불린다.

이순신 장군의 부인이 된 방진의 무남독녀 상주 방씨는 어릴 때부터 매우 영특하고 민첩하였다고 한다. 저자가 초등학교 다닐 때 국어 교과서인지 동화집인지는 확실치

4) 이순신 장군의 무과 합격보다 9년이 빠르다.
5) "이충무공전서(李忠武公全書)" 권9 "행록(行錄)".

않으나 보성공의 집에 화적떼가 들이닥쳤을 때 방소녀의 기지로 화적떼가 도망가게 했다는 일화[6]를 재미있게 읽은 기억이 있다. 이순신 장군은 활을 잘 쏘는 무과 출신 보성공 방진의 사위가 된 후 무과로 전향하지 않았나 추측된다.

출사(出仕)

이순신 장군은 28세 되던 선조 5년(1572년) 1월에 첫 번째 무과시험에 응시하였으나 훈련원 별과 시험에서 달리던 말에서 떨어져 왼쪽 다리가 부러지는 바람에 낙방을 하였다.

저자가 어렸을 때 읽은 이순신 장군의 전기에서 낙마한 이순신 장군이 한쪽 다리로 일어서서 버드나무 껍질을 벗겨 부러진 다리를 동여매고 다시 말을 타려 하자 구경꾼들이 모두 놀라워했다는 이야기를 본 기억이 난다.

이순신 장군은 다시 4년을 기다렸다. 이순신 장군이 32세 되던 선조 9년(1576년)에 두 번째로 무과에 응시하여 병과(丙科) 제4인으로 합격했다. 갑과(甲科) 제1인이 장원급제이고 병과 제4인은 총 29명 합격자 중 12등이니 좋은 성적이 아니라고 생각할지 모르지만 그 당시의 상황을 알고 나면 생각이 바뀔 것이다. 조선 중기의 무과(武科) 시험은 주로 군(軍) 간부들이 더 좋은 직책에 오르기 위하여 응시하였으므로 현역군인이 아닌 사람이 무과에 합격한 것 자체만으로도 대단히 어려운 일을 한 것이라고 볼 수 있다.

무과에 합격한 그해 12월 이순신 장군은 여진족과 접하고 있던 함경도 삼수(三水) 지역의 권관(權管, 종 9품)으로 첫 관직에 나아갔다. 이곳에서 2년 임기를 마치고 선조 12년(1579년) 2월에 한성의 훈련원 봉사(奉事, 종 8품)로 승진하였다.

내직으로 온 지 얼마 안 되어 직속상관인 병조정랑의 무리한 인사 청탁을 들어주지 않아 임기를 다 채우지 못하고 다시 충청도 병마절도사 군관(軍官)으로 교체되었다. 충청도 병마절도사의 군관으로 간 지 9개월여 만인 선조 13년(1580년) 7월에 전라좌도의 수군만호인 발포만호(鉢浦萬戶)로 영전했다. 이순신 장군이 36세에 발포만호가 된 것은 이때까지의 관력으로 보아 결코 늦지 않은 승진이라고 할 수 있다.

6) "이충무공전서(李忠武公全書)" 권14 "방부인 전".

이순신 장군이 발포만호로 부임한 지 얼마 되지 않아서 그의 직속상관인 전라좌도 수군절도사와의 사이에 "오동나무 사건"이 발생한다. 역시 저자가 초등학교 학생 시절에 이순신 장군 전기에서 감명 깊게 읽은 사건이며 "이충무공전서"권9, "행록"에 기록되어 있다.

이러한 강직한 성품으로 인하여 이순신 장군은 종종 직속상관과 마찰을 일으키기도 했으며 앙심을 품은 상관들의 모함으로 장군은 발포만호로 부임한 지 1년 반 만인 그 다음 해, 즉 선조 15년(1582년) 정월에 파직된다. 그러나 발포만호로 근무하면서 습득한 수군(水軍)에 대한 경험은 훗날 전라좌수사로 부임하였을 때 큰 도움이 되었을 것이다.

발포만호에서 파직된 그해 5월, 장군은 훈련원 봉사로 복직되었으나 종 4품에서 종 8품으로 강등된 상태였다. 이순신 장군이 훈련원 봉사로 복직했을 때 병조판서와의 사이에 "전통(箭筒, 화살통) 사건"이 발생하는데 이순신 장군은 지혜로운 말 한마디로 이 문제를 해결하였다.

훈련원 봉사로 복직되고 해가 바뀐 선조 16년(1583년) 초에 이순신 장군은 북방의 여진족 문제로 인하여 함경도 경흥부에 속하는 건원보(乾元堡)의 권관(權管, 종 9품 말단 관직)으로 부임하였다. 이때에 여진족의 족장을 사로잡은 공을 세워 참군(參軍, 정 7품)으로 승진했다고 하는데 선조대의 사초(史草)가 임진왜란으로 인하여 모두 소실되어 정확하지 않을 수도 있다.

같은 해(1583년) 겨울 11월 15일 이순신 장군의 부친 이정(李貞)이 아산(牙山)에서 세상을 떠났다. 그러나 이순신 장군은 다음 해(1584년) 정월(正月)에야 부친의 부음을 접했다. 장군은 아산으로 돌아가서 부친의 삼년상(三年喪)을 마치고 선조 19년(1586년) 1월에 사복시주부(司僕寺主簿, 종 6품)로 복직했다.

녹둔도(鹿屯島) 전투와 첫 번째 백의종군(白衣從軍)

사복시주부(司僕寺主簿) 자리에 부임한 지 16일 만에 장군은 함경도 두만강 부근의 조산보만호(造山堡萬戶)로 천거되었다. 이곳 역시 야인(여진족)들의 약탈이 심했던 곳인데 이순신 장군의 함경도 지역에서의 근무경력과 전투경험에 의하여 선발이 된 것 같다. 이순신 장군은 조산보에서의 만호직분을 충실히 수행하여 다음 해인 선조 20년(1587년) 가을에 조산보 부근에 있는 녹둔도(鹿屯島)의 둔전관을 겸하게 되었다.

저자는 임진왜란 중 이순신 장군의 23전 23승의 신화에 대해서 경탄과 존경의 념(念)을 금할 수 없지만 임진왜란이 일어나기 5년 전에 여진족과의 목숨을 건 장군의 녹둔도 전투에 대한 사료를 중학생 때 읽고 깊은 감명을 받아 그때의 감동이 지금까지 생생하게 머릿속에 남아있다.

조선의 최북단 두만강 하구에 서울 여의도 면적의 네(4) 배가 되는 녹둔도(鹿屯島)라는 섬이 있다. 세종대왕의 6진(六鎭) 개척 후 경흥부에 속해있었으며 토사가 쌓여 생긴 섬으로 넓고 비옥했기 때문에 조선군이 둔전(屯田)으로 활용했다. 백성들은 농사철에만 들어가 경작을 했으며 섬 안에는 여진족의 약탈을 막기 위해 토성과 목책을 쌓아 방비했다.

녹둔도의 둔전관을 겸하게 된 장군은 이 섬이 멀리 있고 이곳을 지키는 병력이 너무 적어 방어하기 곤란하다고 판단하여 직속상관인 북병사 이일(李鎰)에게 수비에 필요한 군사를 증원시켜 달라고 여러 번 요청하였다. 그러나 이일은 이 요청을 묵살하였다.

이순신 장군이 녹둔도의 둔전관을 겸하게 된 선조 20년(1587년) 가을, 경흥부사 이경록과 조산만호(造山萬戶) 이순신은 병사들을 지휘해 풍년이 든 녹둔도의 둔전에서 추수를 하고 있었다. 이 틈을 타 야인(건주 여진족)들이 기습공격을 해왔다. 야인들은 책루를 지키던 수장(戍將) 오형과 임경번 등 조선군사 11명을 살해하고 군민(軍民) 160명을 잡아갔다. 이순신과 이경록이 반격을 하여 적의 간부 서너 명을 베고 잡혀갔던 군민 60여 명을 구출해왔다. 이 과정에서 이순신 장군도 왼쪽 다리에 화살을 맞는 부상을 입었다.

북병사 이일은 이순신 장군의 병력증원 요청을 무시한 자신의 과오를 숨길 목적으로 이 사건의 책임을 물어 이순신 장군을 참수하려고 했으나 이순신 장군은 당당하게 항변하였다. 이 사건이 조정에 보고되자 조정에서는 이 전투가 단순한 패전이 아니므로 이순신 장군으로 하여금 "백의종군(白衣從軍)"해 공을 세워 속죄하도록 명했다. 이순신 장군의 첫 번째 백의종군이다. 이 사건 때 이순신 장군이 참수를 당했다면 조선의 운명은 어찌 되었을까? 생각만 해도 아찔하다.

다시 한번 언급하거니와 녹둔도 전투는 임진왜란이 일어나기 5년 전에 여진족과의 목숨을 건 전투로 장군은 적지 않은 공을 세웠지만 상관들의 시기로 상을 받기는커녕 오히려 패전의 책임을 지고 백의종군의 벌을 받게 된 것이다.

이듬해인 선조 21년(1588년) 1월 함경도 병마절도사로 승진한 이일은 조정의 명을 받아 회령부사 변언수와 온성부사 양대수를 좌·우위장으로 삼아 두만강을 건너 야인들의 본거지를 급습해 근거지 4개 부락과 소굴 300여 개소를 불 지르고 여진족 8,000여 명의 목을 베는 승리를 거뒀다. 이순신 장군도 이때 공을 세워 죄를 사면받고 복직했다.

녹둔도에는 1945년 광복 직후까지 이순신 장군의 "녹둔도 승전비"가 서 있었고 이순신 장군을 모신 사당도 있었다는데 우리 조상님들의 수세적인 영토정책으로 이제는 녹둔도가 러시아(Russia) 땅으로 되어있다니 안타까운 일이다.

전라좌도 수군절도사 부임과 전쟁 준비

이순신 장군이 44세 되던 선조 21년(1588년) 이순신 장군은 조산보만호의 임기를 마치고 아산(牙山)에 있는 집으로 돌아와 오랜만에 휴식을 취할 수 있었다. 약 반년간의 휴식을 취한 후 선조 22년(1589년) 2월 전라도 관찰사 이광(李洸)의 요청에 의하여 군관으로 다시 관직에 나아갔으며 같은 해 11월 겸선전관(兼宣傳官)이 되었으나 그로부터 불과 한 달 뒤 전라도 정읍현감(井邑縣監, 종 6품)이 되었다.

이순신 장군이 정읍현감에 임명되었을 때 이순신 장군의 관직 생활은 거의 끝난 것 같았다. 왜냐하면 그 당시 조선시대 사람들의 평균수명은 50세가 안 되었고 환갑을 크게 축하하던 시대였으므로 무관들의 나이가 50세 가까이 되면 고생한 무관들이 편안하게 은퇴할 수 있도록 배려하는 조치로 한직인 지방관에 임명하였기 때문이다. 이순신 장군도 이때 이미 나이 45세가 되었고 연말(年末)이었으므로 편안하게 은퇴할 수 있도록 배려하는 뜻에서 정읍현감에 부임하게 되었던 것으로 추측된다.

그러나 당시 우의정 겸 이조판서로 인사권을 쥐고 있던 유성룡은 선조 24년(1591년) 2월 정읍현감으로 부임한 지 채 1년도 되지 않은 이순신 장군을 전라좌도 수군절도사(全羅左道 水軍節度使, 정 3품)로 임명하였다.

이순신 장군의 전라좌수사 임명은 7품계나 건너뛰는 파격적인 인사였기 때문에 사헌부(司憲府)의 대간(臺諫)들은 임명을 취소해야 한다고 여러 번 상소를 올리며 반대를 하였다. 그러나 유성룡은 정치적 명분과 타협, 절충 등 여러 가지 방법을 통해 그의 뜻을 관철시키는데 성공하였으니 전쟁에 대비한 인사 조치라고 할 수 있다. 이렇게 하여 이순신 장군은 1591년 2월 13일 전라좌도 수군절도사로 임명되어 전라좌수영(지금의 여수)에 부임하였다. 임진왜란이 일어나기 14개월 전이었다.

원래 공석 중이던 전라좌도 수군절도사의 자리에는 원균(元均)이 천거되었으나 평판이 좋지 않다는 반대가 있어 부임되지 못했다.

조선의 수군조직은 초기에는 경상좌도, 경상우도, 전라좌도, 전라우도, 충청도, 경기도의 여섯 개의 지역으로 나뉘어 있었으나 임진왜란 당시에는 경기도 지역이 빠지고 다섯 개의 지역으로 개편되어 있었으며 지역마다 수군절도사의 일원적인 지휘체계를 갖추고 전면전을 대비한 편제로 되어있었다. 그러나 전체를 총괄하는 지휘관은 없었다.

전라좌수사로 부임한 이순신 장군은 왜의 침략을 감지하였을 뿐만 아니라 확신하게 되었으므로 임지에 부임하자마자 전쟁에 대비한 준비를 하기 시작했다. 이순신 장군의 핵심적인 준비사항을 보면,

- 성곽의 수리
- 병력충원
- 전선(판옥선)의 건조
- 거북선의 개발
- 총통 등 무기의 정비
- 군사훈련

등을 들 수 있다.

위의 준비를 위한 이순신 장군의 행적은 "난중일기"에서 많은 부분을 찾아볼 수 있다. 그러나 앞에서도 언급한 바와 같이 난중일기는 임진왜란이 일어나는 선조 25년(1592년) 1월 1일부터 남아있으므로 그 전의 행적에 대해서는 다른 기록을 찾아보아야 한다.

이순신 장군이 가장 중요하게 생각하고 관리한 것은 병력충원 문제였으며 난중일기 중 4월 중순까지의 병력관련 기록은 다음과 같다.

- 1월 초사흘
- 1월 19일

- 2월 16일
- 3월 초하루
- 4월 초하루
- 4월 17일

다음으로 이순신 장군은 기존의 주력전선인 판옥선을 전투능력이 향상되도록 개량하고 보수하거나 새로 건조하였다. 전선의 건조는 주로 이순신 장군의 본영인 전라좌수영에서 이루어졌으나 휘하의 5관 5포에서도 철저히 준비하도록 하였다. 난중일기 3월 12일 자에는 전선 건조에 대한 기록이 있다.

이와 함께 해전에서 사용할 돌격선으로 거북선을 개발하였다. 거북선 개발과 관련하여 안타깝게도 설계, 구조, 건조척수 등 기록이 전혀 없다. 난중일기로부터 최소한 1척은 전라좌수영에서 건조한 것을 알 수 있으나 좌수영에서만 건조했는지 순천부 같은 곳에서도 건조했는지는 알 수가 없다. 난중일기에 있는 거북선 관련 기록은 아래 날짜에서 찾아볼 수 있다.

- 2월 1일 : 거북선에 사용할 쓸 만한 판자를 고름
- 2월 8일 : 거북선에 쓸 돛을 만들기 위한 베(帆布) 29필을 받음
- 3월 27일 : 거북선에서 함포를 쏘는 시험
- 4월 11일 : 돛을 만들기 시작
- 4월 12일 : 거북선을 타고 나가 지자(地字), 현자(玄字), 포(砲)를 쏘아 봄

한편 이순신 장군은 전라좌수영 휘하 5관 5포의 전비태세에 대한 순회점검을 수시로 실시했다. 전비태세의 주요 점검대상은 전선(戰船), 병력(兵力), 무기(武器), 성곽(城郭), 해자(垓字) 등이었다. 순회점검에 대해서는 난중일기 중 2월 19일, 20일, 21일, 22일, 23일, 24일, 25일, 26일, 27일, 3월 초엿새의 일기에 잘 기록되어 있다.

이순신 장군은 부하 장수들과 격의 없는 대화를 나누고 원활한 소통을 위해 순회점검 시 회식과 술자리를 자주 가졌다. 이러한 과정에서 장군은 부하 장수들의 의견과 건의를 받아들이고 자신의 목적이나 의도를 부하 장수들과 공유하며 전원 일체감을 이루어 나갔으니 이것이야말로 진정한 지도자(Leader)의 모습[7]이라고 생각한다.

7) 역사를 통하여, 그리고 분야를 막론하고 우리나라 지도자들의 가장 부족한 점이 바로 이점이다.

이순신 장군은 1591년 2월 전라좌수사로 부임한 뒤 일관되고 지속적으로 최선을 다하여 전쟁을 대비했다. 이러한 철저한 준비야말로 임진왜란이 일어났을 때 모든 해전에서 완벽하게 승리하고 23전 23승의 신화를 이룩한 근본적인 배경이라고 생각한다. "역사는 준비된 자의 것"이라고 하지 않는가!

제1차 출전 – 신화의 시작

1592년 4월 13일 오후 왜군의 선봉 1대대가 부산포 앞바다에 도착함으로써 임진왜란이 시작되었다. 이순신 장군은 전란이 일어난 것을 이틀 후에 알게 되었다. "난중일기"에는 경상좌수사 박홍의 공문과 경상우수사 원균의 전통(傳通), 즉 공문(公文)이 4월 15일 같은 날 도착한 것으로 기록되어 있다.

이순신 장군은 휘하 장병들에게 전쟁이 일어난 소식을 알리고 만반의 준비를 갖추고 있다가 출동 명령이 내리면 즉시 좌수영으로 집결할 것을 지시하는 한편 본영의 출전 준비 또한 서둘렀다. 이순신 장군이 취한 초기의 조처들은 난중일기 4월 17일, 18일, 19일, 21일, 22일, 27일 자 일기에서 찾아볼 수 있다.

전란이 일어난 후 경상우수사 원균은 해상의 상황을 전하면서 이순신 장군에게 구원요청을 보냈다. 또한 이순신 장군은 경상감사 김수(金睟)로부터도 경상도로 출전하여 원균을 도와달라는 지원요청을 받았다.

그러나 조선시대에 지역사령관이 자신의 위수지역 밖으로 병력을 이동하려면 국왕의 윤허가 있어야 했다. 원균의 요청을 받은 이순신 장군은 임금에게 장계를 올려 경상도 해역으로 출전할 수 있도록 윤허해줄 것을 청원한 후 기다리고 있었다. 경상감사 김수도 좌수영함대의 경상도 해역 출전을 허락해달라는 장계를 보냈다고 한다.

4월 27일 "경상도 해역에 나가 원균을 지원하라"라는 왕의 서장(명령)이 도착하여 경상도 해역 출전을 승인받은 이순신 장군은 휘하 5관 5포에 4월 29일까지 좌수영으로 집결하라는 명령을 하달하였다.

당시 전라좌수영의 전선은 판옥선 24척이 전부였다. 그러나 왜군의 전선은 500척이 넘는다고 알려져 있어 조선의 수군은 객관적으로 보아 절대적인 전력의 열세

상황에 있었다. 이순신 장군은 집결과 동시에 즉시 경상도로 출전할 예정이었지만 절대적인 전력의 열세가 걱정되어 전라우수사 이억기(李億祺)에게 함께 출전하자는 공문을 보냈다. 마침 전라우수영에서도 동의하는 답이 왔기 때문에 이순신 장군은 서두르지 않고 전라우도 수군을 기다렸다.

전라우수영의 위수지역은 15관 12포로 전라좌수영의 5관 5포보다 곱절은 컸다. 전라우수사 이억기(李億祺) 장군은 조선의 두 번째 임금인 정종(定宗)의 열 번째 아들 덕천군(德泉君)의 후손으로 1561년 신유년(辛酉年)에 태어났으며 선조의 십이촌 조부(祖父)뻘 되는 분이다.

그러나 전라우수영 수군이 도착할만한 날짜가 지났는데도 나타나지는 않고 몇 번을 독촉해도 회신이 없었다. 이순신 장군은 진중회의를 소집하고 경상도 해역 출전에 대한 논의를 하였다. 조선군은 연전연패하고 왜군이 파죽지세로 북상하는 이때 익숙하지 않은 경상도 해역으로 출전하는데 대해서 모두들 불안해하고 두려워하는 분위기였다. 회의만 계속될 뿐 의견이 모아지지 않았으나 이순신 장군은 출전에 대한 단안을 내리고 5월 4일 새벽에 출항할 것을 명했다.

출항하기 전날인 5월 3일 조선 수군 한 명이 도망을 하였으나 곧 체포되었다. 이순신 장군은 엄정한 군기(軍紀)의 확립이 필요했으므로 “즉시 처형하여 효수하라”는 명령을 내리고 “도망자는 사형(死刑)”이라는 군율을 시행해 보였다.

전라좌수영 함대가 계획대로라면 4월 30일에 출전했어야 하지만 전라우수영 함대의 합류를 기다리다가 늦어져서 1592년 5월 4일 전라좌수영을 출발하였다.

조선육군이 연전연패하여 전국의 사기가 떨어질 대로 떨어져 있었기 때문에 아직 왜의 수군과 전투를 해 본 적이 없는 조선 수군의 장병들은 매우 불안해하고 두려워하였다. 이순신 장군도 매우 신중하게 경상도 해역으로 이동하였다.

경상우수사 원균은 5월 6일 이순신 함대가 정박 중인 당포에 도착했다. 경상우수영의 휘하세력은 8관 18포로 전라좌수영의 5관 5포보다 두 배가 넘고 전선(판옥선)도 50척이 넘는 대규모 함대였다고 하는데 원균은 겨우 4척의 전선과 8명의 지휘관을 대동하고 왔을 뿐이다. 이는 원균이 부임한 지 두(2) 달밖에 안 되어 자기 휘하세력을 통합하지 못했고 휘하의 지휘관들이 많이 도망쳤음을 의미한다.

드디어 5월 6일 당포에서 경상우도와 전라좌도 수군의 연합함대가 형성되었다. 5월 7일 연합함대는 왜의 수군이 있다고 보고된 가덕도를 향하여 이동하기 시작했다. 이날 정오경 거제도 옥포 앞바다에 이르렀을 때 우척후장 김완(金浣) 등이 신기전(神機箭)을 쏘아 올려 적 함대 발견을 알려왔다. 좌수영을 출발한 지 4일 만에 처음으로 왜의 수군을 만난 것이고 임진왜란 최초의 해전인 "옥포해전"이 벌어지는 순간이었다.

전투 전에 이순신 장군이 가장 먼저 내린 지시는,

"勿令妄動 靜重如山"
(물령망동 정중여산)

"망령되게 움직이지 말고 산같이 신중하게 행동하라."

라는 것이었다. 왜 수군의 전력을 모르는 상태에서 흥분하지 말고 침착하게 전투에 임하라는 지시였다.

왜의 수군은 거제도에 상륙하여 옥포만 일대를 약탈하던 중이었는데 갑작스레 조선 수군이 포구 안으로 들어오자 약탈을 중지하고 전선을 몰아 바다로 나왔다. 왜의 수군도 조선에 온 이후 조선 수군과의 전투는 처음이었고 서로를 잘 알지 못하는 상황이었으나 일본 육군의 연전연승에 힘입어 조선 수군에 대해 우월감을 갖고 있는 분위기였다.

이때 옥포만에 정박하고 있던 왜의 수군함대는 도도 다카토라(藤堂高虎)의 수군으로 30여 척의 군선이었다고 한다. 전투가 시작되자 조선 수군은 돌진해 오는 적선을 좌우에서 포위하고 총통과 활을 쏘며 공격하였고 왜의 수군도 조총을 쏘면서 대응하여 치열한 접전이 벌어졌다. 그러나 조총보다 훨씬 강력한 총통의 집중 공격과 소나기 같은 불화살에 왜의 전선들은 격침되고 대부분의 수군병력이 바다에 떨어져 죽었다.

승기를 잡은 조선의 연합함대는 가일층의 공격으로 적선 32척 중 26척을 격침시키고 승리를 거두었다. 임진왜란 최초의 해전인 옥포해전은 이순신 함대의 일방적인 승리로 끝났다. 통쾌한 승리였다. 옥포해전에서 왜군은 수천 명이 전사하였으나 조선 수군에는 전사자가 단 한 명도 없었고 다만 경미한 부상자 한 명이 있을 뿐이다.[8] "이선지"라는 순천 출신 격군(노 젓는 군인)이 손가락 부상을 입었다는 것이다.

8) 이순신의 장계(狀啓)인 "옥포승첩계본(玉浦勝捷啓本)".

옥포해전 승리의 가장 큰 성과는 조선 수군들의 자신감 획득이었다. 이 해전 이후로 조선 수군은 왜의 수군과 싸워 이길 수 있다는 자신감을 갖게 되었다.

최초의 해전을 승리로 장식한 이순신 함대는 거제도의 영등포(永登浦)로 이동하여 정박하였고 이순신 장군은 장병들을 휴식시키려 하였다. 그러나 오후 늦게,

"멀지 않은 바다에 왜선 5척이 지나가고 있다."

는 척후장의 보고를 받고 왜선들을 추격했다. 왜의 선단은 이순신 함대의 추격을 받자 도주하기 시작하였으나 조선 수군은 웅천(熊川)땅 합포(合浦) 앞바다에서 5척을 모두 격침시켰다. 이것이 제1차 출전 중 두 번째 해전인 합포해전(合浦海戰)이다.

옥포해전과 합포해전의 두 해전을 치른 이순신 함대는 창원(昌原)땅 남포(南浦)로 이동했다. 진해만(鎭海灣) 주변해역에서 왜의 함대를 수색하려 했던 것으로 추측된다. 이튿날인 5월 8일 아침 "진해땅 고리량(古里梁)에 왜선들이 머물고 있다"는 보고를 받고 주변을 수색하면서 저도(楮島)를 지나 고성(固城) 땅 적진포(赤珍浦)에 이르자 왜의 군선 13척이 포구에 정박해 있는 것을 발견하였다.

갑작스레 조선 수군이 나타나 공격해오자 놀란 왜의 수군은 대부분 군선을 버리고 상륙해서 조총으로 대응을 하였다. 이에 이순신 함대는 적선을 공격하여 13척 중 11척을 모두 격침시켰으나 2척은 도주하였다. 이것이 이순신 함대의 제1차 출전 중 세 번째 전투인 적진포(赤珍浦)해전이다.

이순신 장군은 1차 출전 중 세 차례 해전을 통해 왜의 군선 42척을 격침시키고 상당수의 왜군을 사살하는 전과를 올렸다. 반면 조선 수군의 전선은 한 척도 피해가 없었고 수병 한 명의 경미한 부상 외에는 한 명의 사상자도 없었으니 실로 완벽한 승리를 거둔 것이다. 조선의 수군은 자신감을 갖게 되었다.

세 차례 해전을 치르면서 수병들은 피로하게 되었고 전선과 무기 상태를 점검하여 다음 전투에 대비할 필요가 있었다. 따라서 이순신 장군은 적진포해전 이후 일단 전라좌수영으로 회군하기로 결정하였다. 이렇게 하여 이순신 장군은 제1차 출전을 마무리하였다.

제2차 출전

제1차 출전을 승리로 이끌고 본영으로 돌아온 이순신 장군은 병사들을 위로하고 휴식을 취하게 하는 한편 다음 출전을 위한 준비를 하였다.

제1차 출전에서 세 차례 모두 승리하기는 했지만 상대했던 적은 왜군 수군의 주력이 아니라 소규모 함대였다. 따라서 왜의 주력함대를 상대하려면 전라좌수영의 전력만으로는 부족하다고 판단한 이순신 장군은 전라우수사 이억기(李億祺)에게 연합함대를 구성하여 함께 출전하자고 제안을 하였으며 합의를 보았다. 따라서 제2차 출전 때는 전라도 수군이 6월 3일까지 좌수영에 모여 함께 경상도 해역으로 출항하자고 약속을 하였으나 이 계획은 5월 27일 원균이 보낸 긴급요청으로 변경이 되었다.

이순신 장군은 전라우도 수군을 기다릴 수가 없어서 상황에 대한 설명과 함께 곧바로 뒤쫓아 오라는 전언을 남기고 5월 29일 예정보다 사흘 먼저 원균이 있는 노량으로 향했다. 원균과 합류한 이순신 함대는 주변을 정찰하면서 부산 쪽으로 향하던 중 사천 포구 쪽으로 이동하는 왜의 군선 1척을 발견하였다. 이 배를 쫓아 사천만 안쪽으로 들어갔더니 왜의 군선 13척이 정박하고 있는 것을 발견하고 만 입구에서 기다리다가 조류가 밀물로 바뀌었을 때 공격을 개시하여 적선을 모두 격침시켰다.

이 해전이 이순신 장군의 제2차 출전 중 첫 번째 전투인 "사천해전(泗川海戰)"이며 이순신 장군은 장계에서 이때 거북선이 처음 참전한 것으로 보고하고 있다.

사천해전 때는 조선 수군에도 상당한 피해가 있었다. 우선 이순신 장군이 앞장서서 독전하다가 왼쪽 어깨에 조총탄의 관통상을 입었으며 이때 입은 부상으로 이순신 장군은 오랫동안 고생을 하였다. 그 외에도 나대용(羅大用) 등 몇몇 군관이 총탄의 부상을 입었다.

6월 2일 이순신 함대는 "적선(敵船)이 당포(唐浦) 선창에 정박하고 있다"라는 정보를 입수하고 당포로 향했으며 당포선창에 왜군의 대소선박 21척이 정박해 있는 것을 발견하였다. 이순신 장군의 장계에 의하면 해전이 시작되자 거북선으로 하여금 적장이 탄 대장선으로 돌격하여 각종 총통을 발사하도록 하였으며 적의 대장선을 파괴하고 적장을 죽이자 전의를 상실한 왜군들은 전투를 포기하고 도주하였다고 한다. 이 전투가 이순신 장군의 제2차 출전 중 두 번째 전투인 "당포해전(唐浦海戰)"이며 조선 수군은 왜의 군선 21척을 모두 파괴하는 전과를 거두었다.

6월 4일 이른 아침 이순신 장군은 주변에 탐망선을 보내 적 함대를 찾던 중 전라우수사 이억기(李億祺)가 판옥선 25척을 이끌고 이순신 함대에 합류했다. 지금까지 연합함대는 전선 26척이 전부였지만 이억기 함대의 합류로 전력이 두 배로 증가하였으며 계속된 수색과 전투로 피곤이 쌓인 수군 전체의 사기가 크게 앙양되었다.

6월 5일 왜의 함대가 고성땅 당항포(唐項浦)에 있다는 정보를 입수하였다. 이순신 장군은 적의 함대를 바다로 이끌어 내려는 유인책으로 소수의 전선을 보내어 적정을 살피는 척하다가 적선이 접근하면 물러나도록 하였다. 과연 이순신 장군의 뜻대로 바다로 나온 왜군의 대소군선 26척을 조선 연합함대의 전선들이 좌우로 포위하고 먼저 거북선이 돌진하여 총통을 쏘아 적의 대장선을 파괴하고 나머지 왜의 군선을 모두 격침하였다. 제2차 출전 중 세 번째 전투인 "당항포해전(唐項浦海戰)"이다.

6월 7일 조선 연합함대는 주변을 탐색하며 거제도 북단의 영등포(永登浦) 앞바다에 이르렀을 때 왜의 군선 7척이 율포(栗浦)에서 나와 부산 쪽으로 이동하는 것을 포착했다. 조선 연합함대를 발견한 왜군 선단은 실었던 화물을 바다에 버리고 필사적으로 도주하려 했으나 조선 수군은 율포 근해에서 왜군 선단을 추격하는 데 성공하여 왜의 선단 7척을 모두 격침시켰다. 이것이 제2차 출전 중 네 번째 전투인 "율포해전(栗浦海戰)"이다.

5월 29일부터 6월 10일까지 11일간 계속된 제2차 출전 중 조선 연합함대는 사천(5월 29일), 당포(6월 2일), 당항포(6월 5일), 율포(6월 7일)의 네 차례의 해전을 치르며 왜의 군선 67척을 격침시키는 대승을 거두었다. 조선 연합함대는 6월 10일 연합함대를 해체하고 각자의 진영으로 귀환하였다.

제3차 출전과 한산도해전

조선 수군은 제1차와 제2차 출전을 통해 왜의 군선 약 110척을 격침시키는 대승을 거두었으나 이때까지 조선 수군이 상대한 왜의 함대는 가장 많을 때가 30척 정도의 소규모 함대 수준으로 일본 내 각 지방의 영주인 다이묘(大名)에게 소속된 선단이었다.

예상치 못한 일본 수군의 연 달은 패배를 보고받은 도요토미 히데요시는 문제의 심각성을 인식하고 자신의 휘하에 소속된 중앙 수군으로 하여금 조선 수군을 상대하도록 지시했다. 당시 왜의 중앙 수군에 속한 장수들은 대부분 육전을 치르고 있었는데 히데요시의 명령을 받은 도도 다카토라(藤堂高虎), 구키 요시타카(九鬼嘉隆), 가토 요시아키(加藤嘉明), 와키사카 야스하루(脇坂安治) 등의 장수들은 수군으로 출전하기 위해 부대를 이끌고 남하하여 김해 등지에서 출전 준비를 했다.

이순신 장군은 7월 들어 대군이 수륙합동으로 전라도를 공격하려 한다는 정보를 입수하고 3차 출전을 준비했다. 7월 4일 전라우도 수군이 좌수영으로 합류했으며 다음 날 합동작전을 위한 작전계획을 논의한 뒤 1592년 7월 6일, 이순신 장군과 이억기의 전라도 연합함대는 좌수영을 출발해 경상도 해역으로 출항했으며 노량(露梁)에 먼저 도착해 있던 경상우수사 원균과 합류했다. 역사적인 3차 출전이었다.

이때 구성된 조선 수군의 연합함대 전력에 대한 정확한 사료는 남아있지 않다. 이순신 장군의 장계(승전보고서)에도 기록이 없는데 제2차 출전 때의 전력과 거의 같았을 것이므로 58척 내지 59척의 전선(戰船)으로 구성되었으리라 추정된다.

한산대첩에서 조선 연합함대에 맞선 왜군 장수는 와키사카 야스하루였고 그가 거느린 군선은 대소선 합쳐 73척에 이르는 적지 않은 규모였다. 와키사카 야스하루는 전공을 독차지하려는 욕심과 육전에서 얻은 지나친 자신감 등으로 인해 준비가 덜 된 다른 장수들을 놔두고 홀로 김해를 출발해 거제도 북단으로 이동했다.

7월 8일 이순신 장군은 연합함대를 이끌고 적 함대가 있는 쪽으로 이동하기 시작하였다. 이순신 장군은 제1차와 제2차 출전을 통하여 왜의 수군은 해전 중 상황이 불리하면 육상으로 도주한다는 것을 알게 되었으므로 육상으로의 도주를 막을 방법을 강구하였다.

이순신 장군이 한산도대첩을 위해 세운 작전계획의 두 가지 핵심은 첫째, 왜의 수군이 육지로 도망치지 못하도록 넓은 바다로 유인하는 것과 둘째, 유인한 적 함대를 학익진으로 포위 공격한다는 것이다.

이순신 장군은 자신이 세운 작전계획대로 소수의 판옥선을 보내 왜의 군선을 공격하다가 거짓으로 도주하는 척하도록 하였으며 왜의 함대는 조선 수군의 유인작전대로 넓은 바다까지 추격해 나왔다. 이때 대기하고 있던 조선의 연합함대는 이순신 장군이 이끄는 대로 "학익진" 전술을 펼쳐 적 함대를 포위하고 총통을 발사하면서 총공격을 가하여 압승을 거두었다. 왜의 대선(大船) 36척 중 35척을, 중선(中船) 24척 중 17척을 소선(小船) 13척 중 7척을, 도합 왜의 군선 73척 중 59척을 격침시켰고 왜의 대장선 등 14척은 부산 쪽으로 도주했으나 조선 수군의 전선(戰船)은 한 척도 손실되지 않았다.

우리가 잘 아는 바와 같이 한산도대첩은 임진왜란 3대첩 중의 하나이고 세계 4대 해전 중의 하나이다. 한산도해전은 임진왜란의 흐름을 바꾼 해전이다.

한산도해전(閑山島海戰) 후 이순신 장군의 장계인 "한산도 승첩을 아뢰는 계본(閑山島勝捷啓本)" 중에서 중요한 부분만을 발췌하여 옮겨보면 다음과 같다.

> "1592년 음력 7월 8일 이른 아침에(당포(唐浦)에서 출발하여) 적선이 머물러 있는 곳인 견내량(見乃梁)으로 행선 하였습니다. 한바다에 이르러 바라보니, 왜의 대선 1척과 중선 1척이 선봉으로 나와서 우리 함대를 몰래 보고서는 도로 결진해 있는 곳으로 들어가는지라, 뒤쫓아 들어가니 대선(大船) 36척 중선(中船) 24척 소선(小船) 13척, 모두 73척이 대열을 벌려서 유박(留泊)하고 있었습니다.
>
> 그런데, 견내량의 지형이 매우 좁고, 또 암초가 많아서 판옥선은 서로 부닥치게 될 것 같아서 싸움하기가 곤란할 뿐만 아니라, 왜적은 만약 형세가 불리하게 되면 기슭을 타고 육지로 올라갈 것이므로 한산도 양중(閑山島 洋中)으로 유인하여 모조리 잡아버릴 계획을 세웠습니다.
>
> 거제와 고성 사이에 있는 한산도는 사방에 헤엄쳐 나갈 길이 없고, 적이 비록 육지로 오르더라도 틀림없이 굶어 죽게 될 것이므로, 먼저 판옥선 5~6척을 시켜서 선봉으로 나온 적선을 뒤쫓아서 엄격(掩擊)[9]할 기세를 보이게 한 즉, 여러 배의 적들이 일시에 돛을 달고 쫓아 나오므로 우리 배는 거짓으로 물러나면서 돌아 나오자, 왜적들도 줄곧 쫓아오는데, 양중(洋中)으로 나와서는 여러 장수들에게 다시 명령을 내려 학익진(鶴翼陣)을 벌려서 일시에 진격하게 하자, 각각 지자(地字) 현자(玄字) 승자(勝字) 등의 각종 총통을 쏘아서 먼저 2~3척을 당파(撞破)하였습니다.
>
> 여러 배의 왜적들이 사기가 꺾이어 퇴둔(退遁-도망쳐 물러남) 하므로 여러 장수나 군사와 관리들이 승리한 기세로 흥분하며 앞을 다투어 돌진하면서

9) 엄습(掩襲) : 불시에 습격함.

화살과 총탄을 교발(交發)하니, 그 형세가 바람과 우뢰(雨雷)와 같아 적의 배를 분멸하고 적을 사살하기를 일시에 거의 다 해버렸습니다.

전라좌수영의 순천 부사 권준이 왜의 층각선 1척을 당파한 것을 포함하여 여러 장수들이 왜의 대선(大船) 15척 소선(小船) 2척을 당파 분멸하였습니다. (상세한 기록은 생략)

그 나머지 왜의 대선(大船) 20척 중선(中船) 17척 소선(小船) 5척 등은 좌우도의 여러 장수들이 힘을 모아 분파하였으며, 화살을 맞고 물에 떨어져 익사한 자는 그 수를 헤아릴 수 없었습니다.

그리고, 왜인 400여 명은 형세가 아주 불리하고 힘이 다되어 스스로 도망하기 어려움을 알자, 한산도에서 배를 버리고 육지로 올라갔으며, 나머지 왜의 대선(大船) 1척, 중선(中船) 7척, 소선(小船) 6척, 모두 14척 등은 접전할 때 뒤에 떨어져 있다가 멀리서 배를 불태우고 목을 베어 죽이는 꼴을 바라보고는 노를 재촉하여 도망해 버렸습니다."

7월 10일에는 안골포에 있는 왜의 함대를 공략하기 위해 이른 새벽부터 출항을 서둘렀다. 연합함대가 안골포에 도착했을 때 포구 내에는 일본의 구키 요시타카(九鬼嘉隆)와 가토 요시아키(加藤嘉明)가 지휘하는 왜의 대소군선 42척이 정박하고 있었다. 지금까지의 해전 경험상 이번에도 일본 수군은 형세가 불리하면 육지로 도주하려는 태도였다. 따라서 이순신 장군은 왜의 함대를 넓은 바다로 끌어내기 위하여 유인작전을 폈으나 한산대첩 소식을 접한 왜군함대는 바다로 나올 생각을 하지 않은 채 그 자리를 지키기만 했다.

할 수 없이 이순신 장군은 여러 장수들에게 천자(天子), 지자(地字), 현자(玄字) 총통과 장편전(長片箭, 화살)을 쏘면서 교대로 공격하도록 공격명령을 내렸고 조선 연합함대는 번갈아 왜군 선단을 공격하기 시작하였다. 한참 공격하고 있을 때 전라우수영 함대가 달려와서 합공(合攻)하니 조선 수군은 사기가 오르고 더욱 강해졌다.

이렇게 종일토록 공격을 하여 왜선들을 거의 다 당파하고 왜군들을 사살하자 살아남은 왜군들은 모두 배를 버리고 상륙하였다. 상륙한 왜군들이 그 지역 산 속에 숨어있는 조선 백성들을 살육할까 봐 이순신 장군은 공격 중지 명령을 내리고 일단 함대를 뒤로 물리고 밤을 지냈다.

다음 날인 7월 11일 새벽 이순신 장군은 연합함대를 이끌고 다시 안골포를 포위했으나 왜군들은 전사자들을 모아놓고 불을 태운 후 어둠을 이용하여 모두 도망치고 없었다.

이것이 제3차 출전 중 "한산도대첩(閑山島大捷)"에 이은 "안골포해전(安骨浦海戰)"이다. 안골포해전(安骨浦海戰)에서 조선 연합함대는 적선 42척을 모두 당파하는 전과를 올렸다.

조선 수군은 한산도대첩과 안골포해전에서 도요토미 히데요시의 직속 중앙수군 3개 함대 중 2개 함대를 궤멸시키고 남해의 제해권을 완전히 장악했다.

이 결과를 보고받은 히데요시는 조선 수군과의 해전을 금지시켰고 해안지역에 성을 쌓고 주둔하면서 부산 등의 교두보를 지키라고 명령했다. 이 때문에 제3차 출전 이후 왜의 수군은 낙동강 서쪽 해역으로의 진출을 포기한 채 "일본-대마도-부산"을 연결하는 병참선을 유지하는 데 주력했다.

이순신 장군은 역사적인 제3차 출전을 마친 후 7월 12일 연합함대를 해체하고 7월 13일 여수 전라좌수영으로 귀환했다.

제4차 출전

제3차 출전 후 이순신 장군은 전부터 건조되고 있던 전선(戰船)들이 완공되기를 기다렸다. 그 결과 8월 하순 제4차 출전을 할 때는 전라도 연합함대의 전선이 74척으로 증가하였다. 그리고 제4차 출전 때는 처음부터 전라우도 이억기 함대가 8월 1일부터 전라좌수영에 합류해 합동훈련을 하며 전력(戰力)을 키웠다.

조선의 연합함대는 8월 24일 제4차 출전을 하였다. 제4차 출전 때는 모두 여섯(6) 번의 전투를 하였는데 한산도대첩 이후 왜의 수군이 조선 수군과의 해전을 기피하여 첫 번째 해전인 8월 29일의 장림포해전과 9월 1일 하루 동안 있었던 두 번째부터 다섯 번째까지의 화전구미해전, 다대포해전, 서평도해전, 절영도 해전은 전투를 회피하고 도주하는 왜의 군선들을 소탕하는 정도였다.

조선 연합함대가 부산 쪽으로 항해하여 절영도에 도달하였을 때 이순신 장군은 탐망선을 부산포로 보내 적의 상황을 탐지하도록 하였다. 그 결과 약 500척에 이르는 군선이 있으며 왜의 전선 4척이 초량목으로 나오고 있다는 보고가 올라왔다. 그날 9월 1일엔 하루 종일 네 차례의 전투를 치러 군사들이 피로하고 해가 질 무렵이라 이순신 장군과 이억기 수사와 원균 수사의 3명의 수사는 급히 모여 어떻게 할지를 의논하였으며 총공격을 펼치기로 결정했다.

조선 수군의 선공(先攻)으로 전투가 시작되자 녹도만호 정운과 거북선 돌격장 이언량 등이 선봉으로 나선 왜의 주력군선 4척을 당파하여 격침시키고 승세를 탄 조선 연합함대는 해안에 있던 왜의 군선을 일제히 공격했다. 일본 수군은 바다로 나오지 않은 채 포구 뒤편에 있는 산 위로 올라 격렬히 저항했으나 조선 연합함대의 장병들은 모두 죽음을 무릅쓰고 공격을 감행했다. 결국 조선 연합함대는 왜의 군선 128척을 격침시키는 큰 전과를 올리고 한밤중에 가덕도로 돌아와 정박했다.

이순신 장군은 부산포해전에 대해,

> "무릇 전후 네(4) 차례 출전을 통해 10회 넘는 접전을 하여 모두 다 승리했다 해도 장수와 병사들의 공로를 논한다면 부산포해전보다 더한 것이 없다."

라고 했으며 한산대첩에 이어 벌어진 부산포해전이 왜군에게 공포감을 주었을 것이라고 평가했다.

부산포해전은 적선 128척을 격침시키며 많은 전과를 거둔 전투였지만 조선 수군에도 큰 손실이 있었다. 바로 우부장을 맡아 언제나 선봉에서 용감하게 전투에 임하던 녹도만호 정운이 전사한 것이다. 녹도만호 정운은 이순신 장군보다 6년 먼저인 1570년 무과에 합격했고 나이도 두 살 많은 노장이었으나 가는 곳마다 상관들과의 불화로 어려움을 겪다가 임진왜란 이전에 녹도만호가 되어 이순신 장군 휘하에서 많은 공을 세웠다.

정운 장군은 사람들이 좌(左) 정운, 우(右) 휘립(이순신 장군의 군관 송휘립)이라고 부를 정도로 이순신 장군의 오른팔·왼팔 역할을 하던 용감한 장수였기에 이순신 장군은 정운 장군의 전사를 매우 애통해하였다.

9월 1일(양력 10월 5일) 조선 수군의 압승으로 끝난 부산포해전은 임진왜란이 일어난 첫해인 임진년의 마지막을 장식한 해전이었다.

삼도수군통제사와 두 번째 백의종군

임진왜란이 일어난 다음 해인 1593년 계사년(癸巳年) 이순신 장군은 조정의 명에 의하여 제5차 출전을 하였으나 첫날인 2월 1일 소규모전투(웅포 해전)를 하였을 뿐 왜의 수군은 전투를 적극 회피하여 이렇다 할 전과를 올리지 못하였고 약 2개월 가까이 왜의 군선을 찾아 돌아다니느라고 조선의 수병들은 만성피로에 시달리게 되었다.

1593년은 조선을 제외한 명·일 양국 간의 강화회담이 시작된 해이다. 그해 8월 말 조정에서는 "삼도수군통제사"라는 직책을 신설하고 초대 통제사로 이순신 장군을 임명하였다. "임진장초"에 의하면 이순신 장군은 10월 1일이 되어서야 임명 사실을 안 것 같다.

그러나 이때부터 1594년까지는 조선 수군의 위기였다. 군량은 부족하고 전염병은 창궐하여 하루에도 몇백 명씩 죽어 나갔으며 도망병이 속출했다. 어려운 상황 속에서도 이순신 장군은 삼도수군통제사로 임명된 후 전선을 건조하고, 삼도의 군선과 무기를 점검하고, 화포총통의 무기를 제작하고, 병력을 충원하는 등 조선 수군의 전력강화를 위하여 피나는 노력을 하였다.

이 기간 중에 가장 절박한 문제는 병력 충원과 함께 군량 확보였다. 이순신 장군은 함경도 조산보 만호시절 녹둔도 둔전관을 겸임했던 경험을 살려 둔전을 경영하여 군량을 안정적으로 확보하도록 하는 한편 바다에서 잡은 수산물을 쌀과 교환하고 소금을 생산해서 식량을 구입했다. 이렇게 하여 확보한 양식 중 상당량을 임금에게 진상했고 전란으로 고통을 받는 백성들에게도 나누어 주어 민심을 안정시키고자 하였다.

1594년 3월에는 제6차 출전을 하여 3월 4일 당항포해전에서 적선 50여 척 중 31척을 격침하는 전공을 올렸고 9월에는 제7차 출전을 하여 9월 29일의 제1차 장문포해전과 10월 4일의 제2차 장문포해전을 하였으나 왜군이 해전을 기피하는 바람에 큰 전과를 올리지는 못하였다.

1596년 병신년(丙申年)에 들어 조선 수군의 상황은 많이 호전되었다. 전선(戰船)의 수도 많이 늘었고 군량도 안정적으로 확보되었다. 1596년 병신년(丙申年) 9월, 지루하게 전개되던 강화회담이 결렬되었고 도요토미 히데요시는 재침을 선언하였다.

정유재란을 눈앞에 두고 선조의 결정적인 실책이 있었다. 삼도수군통제사를 이순신 장군에서 원균으로 교체한 것이다. 1596년 12월 부산의 일본 진영 방화(放火)에 대한 논공 사건과 고니시 유키나가 등에 의한 반간계 사건이 있었다. 잘 알려진 바와 같이 이순신 장군의 신중한 대처에 대해 선조는 "조선 수군이 출동해서 재침해 오는 가토 기요마사를 잡을 수 있는 절호의 기회를 잃었다"고 크게 노하며 이순신 장군을 파직한 뒤 체포하라고 어명을 내렸다.

이순신 장군의 체포가 결정된 것은 1597년 정유년(丁酉年) 2월 6일이었으나 당시 부산해역에 출전 중이었기 때문에 이순신 장군은 원대 복귀해서 원균에게 인수인계를 한 뒤 2월 26일 한양으로 압송되었으며 3월 4일 하옥되었다. 여러 기록에 나와 있는 바와 같이 이순신 장군에 대한 선조의 분노는 대단하였다. 선조는 "임금을 속인 죄"와 "적을 쫓지 않아 나라를 져버린 죄" 등을 물어 이순신 장군을 끝내 처형하려고 하였다.

이순신 장군이 옥에 있을 때 구명운동이 시작되었다. 이순신 장군의 종사관을 지낸 정경달(丁景達)이 조정에 달려가,

> "이순신의 전쟁능력은 예를 찾을 수 없습니다. 싸움을 미루는 것은 전술인데 어찌 죄입니까? 장군을 죽이면 나라가 망하는데 어찌하시렵니까?"

하고 진언을 하였다. "임금이 틀렸다"고 한 것과 마찬가지다. 구구절절 옳은 말이지만 구명은커녕 오히려 선조의 분노에 기름을 부어 넣은 격이 되었다.

선조의 성품을 잘 알고 있는 우의정 정탁(鄭琢)이 장문(長文)의 상소문을 올렸다. 요약하건대,

> "이순신은 큰 죄를 지은 죄인이고 소인배이나 성상께서 극형을 내리지 않고 인(仁)을 베푸시려는 어진 뜻이 죽을죄를 지은 자에게까지 미치니 감격을 이길 길이 없습니다."

하고 이순신을 소인배로 비하하면서 속 좁은 임금을 성인군자로 치켜세웠다. 정탁의 상소는 선조의 마음을 돌리기 위한 거짓말 상소였으며, 선조도 짐작했을 테지만 이순신을 죽이면 졸장부라는 뜻이니 임금도 어쩔 수 없이 마음을 돌리게 되었다. 정탁의 상소문은 완벽한 설득의 기술을 보여주는 조선 역사상 최고의 상소문으로 꼽힌다.

영의정 정탁의 상소문이 임금 선조의 마음을 돌렸고 이순신 장군을 살렸으며 결과적으로 나라를 구한 셈이지만 정탁 외에도 많은 인물들이 이순신 장군을 살리기 위해 노력했다. 공식적인 기록은 아니지만 유성룡은 이순신 장군을 참수하려는 선조에게 어려서부터 한동네에 살아 이순신을 잘 알고 있다는 것과 한산도 승첩의 영향 등을 진언하며 이순신 장군을 변호하였다고 한다.[10]

이순신 장군을 구명하려는 움직임이 일어나면서 하옥된 지 28일 만인 4월 1일 이순신 장군은 옥에서 풀려났으며 도원수 권율 장군 밑에서 백의종군하라는 명을 받았다. 이순신 장군 생애(生涯) 두 번째의 백의종군이다.

생애(生涯) 두 번째의 백의종군을 하게 된 이순신 장군은 진주까지 백의종군 길을 내려오며 관아 대신 민가에 묵었다. 관아 대신 민가에 묵은 것은 벼슬이 없는 처지였기 때문이며 하룻밤 노비 집 신세를 지기도 했다.

상 중인 어머님 상가를 지나면서도 백의종군의 신분인지라 상례도 못 치르고 임지로 향하였다. 그럼에도 불구하고 난중일기를 다 뒤져보아도 어디 한 구절 임금을 원망하거나 주변을 탓하는 바가 없다.

이순신 장군의 심경이 얼마나 참담하였으면 다음과 같은 일기를 썼을까![11]

"하늘은 어찌하여 내 사정을 살펴주지 못하는 고!
어째서 속히 죽지도 않는 것일까?"

이순신 장군은 진주에 머물면서 합천의 도원수 권율 장군이 보낸 병사들을 진배미 강가에서 훈련을 시키며 탄식을 하였다고 한다.

"냇가로 나가 군사를 점고했으나 말(馬)도 없고
활에 화살도 없으니 소용없다."

저자가 이순신 장군이 훈련받지 않은 병사들을 훈련시키며 절망하던 진배미 현장을 답사하였을 때 진배미들엔 이제 비닐하우스가 들어찼고 거름 냄새가 풍겼다.

10) 유성룡(柳成龍)의 징비록(懲毖錄).
11) 난중일기 중 정유년 5월 6일 자 일기.

이충무공군사훈련유적비[李忠武公軍事訓練遺蹟碑][저자 촬영]

명량해전 - 기적의 승리

1597년 정유년 7월 18일 초계에서 백의종군 중이던 이순신 장군에게 청천벽력과 같은 소식이 전해졌다. 7월 15일의 칠천량해전(漆川梁海戰)에서 조선 수군은 참패를 당하고 궤멸되었다는 소식이다.

이순신 장군이 그처럼 심혈을 기울이며 증강해왔던 조선 수군의 전선 180여 척 중 경상우수사 배설이 겁이 나 미리 퇴각시킨 열두(12) 척을 제외한 모든 전선(戰船)이 격침되고 분멸되었다. 전라우수사 이억기와 충청수사 최호는 전투 중에 전사하였으며 삼도수군통제사 원균 자신도 패전 후 상륙하여 후퇴하다가 전사하였다. 뿐만 아니라 이순신 장군이 후임 원균에게 인계한 상당량의 군량미, 화약 그리고 전선에 설치되었던 화포는 물론 수백 자루의 예비총통이 모두 수장되었다.

조정에서는 7월 22일 이순신 장군을 통제사로 재임명하기로 결정하였으며 이순신 장군은 8월 3일 진주 "손경례의 집"에서 삼도수군통제사 재임명 교지(教旨)와 선조의 유서(諭書)를 받았다.

경상남도 진주 서북쪽 끝자락, 수곡면 원계마을 안쪽에 다음 사진에서 볼 수 있는 "손경례 고택(古宅)"이 있다. 다음 사진 중 왼쪽의 비석은 손경례 고택으로 가는 길 입구

(入口)를 표시하는 비석이고 가운데는 손경례 고택이며 고택(古宅)의 앞마당에는 이순신 장군이 삼도수군통제사로 재임명된 것을 기리는 비가 서 있다(사진의 오른쪽 비석).

이순신 장군이 삼도수군통제사 재임명 교지를 받은 진주 손경례의 고택[古宅][저자 촬영]

진주에서 삼도수군통제사 재임명의 교지를 받은 이순신 장군은 조선 수군을 재건하기 위해서 당일로 길을 떠나 단 하루도 쉬지 않고 매일 새벽 일찍 출발해 구례, 곡성, 옥과, 순천, 보성, 낙안과 벌교를 지나 전라좌수영으로 향했다. 임지인 통제영으로 직행하지 않고 구불구불 육로를 통해 행군한 이유는 수군 재건에 필요한 병력과 무기 등 군비(軍備)를 확보하기 위해서였다.

이순신 장군이 삼도수군통제사에 복귀했다는 소식이 전해지자 도주했던 장수들이 그들 휘하 소수의 군관과 정예병들을 이끌고 합류하기 시작했다. 배흥립, 송희립, 최대성, 김봉만, 이기남 등 전라좌수영을 함께 지휘했던 역전의 용사들도 재회했다.

정유재란의 전쟁목표는 임진왜란 초기 때와는 많이 달랐다. 조선의 하삼도를 점령하여 히데요시의 부족한 영지(領地)를 확보하고 일본 백성을 이주시켜 아주 일본 땅을 만들겠다는 목표였으므로 점령정책도 바뀌어 조선 백성들을 무참히 살육했다. 정유재란 시기에 조선 백성들이 겪은 고통과 피해는 임진왜란 초기에 비해 훨씬 더 참혹했다. 왜군이 가는 곳마다 약탈과 살육이 자행되었으며 이 사실은 왜군의 기록에도 잘 나타나 있다.[12)]

이순신 장군은 8월 15일 보성군에서 선전관 박천봉(朴天鳳)을 만났는데 박천봉 선전관이 이순신 장군에게 전한 선조의 편지는, “지난 해전에서 패한 결과로 해전이

12) 정유재란 당시 일본 규슈 우스끼(臼杵城)의 성주인 오다 가즈요시(太田一吉)의 군의관으로 참전했던 안요지(安養寺)의 주지 케이넨(慶念) “조선일일기”, 1597년 7월 8월의 기록. 327.

불가능할 경우 육지에 올라 도원수를 돕는 것도 가하다"는 내용이었다. 이에 이순신 장군은 그 유명한,

"微臣不死 尙有十二"
(미신불사 상유십이)

"전하! 어리석은 신하가 아직 죽지 않았고,
신(臣)에게는 아직도 열두 척의 전선이 남아있습니다."

라는 비장한 장계를 보내어 조선에 수군이 있어야 한다는 그의 의지를 전하고 임금 선조를 안심시키고자 하였다.

이순신 장군은 8월 19일 장흥 회령포(會寧浦)에서 경상우수사 배설(裵楔)이 칠천량해전 직전 겁이 나 미리 퇴각시켜 숨겨놓았던 전선 열두(12) 척을 인계받았고, 한 척이 더 확보되어 조선 수군의 전선은 열세(13) 척이 되었다. 칠천량해전 이전의 조선 수군의 전투력에 비하면 초라하기 짝이 없지만, 이순신 장군의 복직 보름 만에 평소 장군을 따르던 장수들과 함께 전투에 필요한 병력과 무기와 전선을 확보하여 조선 수군의 모습을 되찾아 나갔다.

이순신 장군은 회령포의 포구가 너무 좁아 유리한 위치를 확보하기 위하여 함대를 어란포(於蘭浦)로 옮기고 머물러 있던 중 왜의 군선 8척이 어란포로 진입한 것을 조선 수군 함대가 공격하려 하자 급히 도주하여 추격하다가 돌아왔다.

이순신 장군은 8월 29일 함대를 진도(珍島)의 벽파진(碧波津)으로 옮기고 약 보름간 머물렀다. 왜의 수군은 조선함대가 머물고 있는 곳을 수색하다가 9월 7일 적선 13척이 조선함대가 정박해 있던 벽파진으로 공격해왔다. 이순신 함대는 급히 바다로 나아가 반격하자 왜의 군선들은 배를 돌려 도주하였다. 이순신 장군은 칠천량해전 때처럼 적이 야음을 틈타 기습해 올 것으로 판단하고 대비하고 있었다. 과연 이순신 장군이 예상했던 대로 그날 밤 적 함대가 포를 쏘며 기습해왔으나 조선 수군도 포를 쏘며 마주 공격하자 적 함대는 물러나고 말았다.

명량해전 하루 전날인 9월 15일 이순신 장군은 진영을 벽파진에서 우수영으로 옮기고 휘하 장수(將帥)들을 소집하여 작전회의를 개최하였다. 이때 이순신 장군은 우리가 잘 알고 있는 유명한 정신훈화를 하였다.

"必死卽生 必生卽死"
(필사즉생 필생즉사)

"죽기를 각오하면 살고, 살고자 하면 죽는다!"

이순신 장군은 칠천량해전에서 패한 부하 장수들이 적을 두려워하고 있다는 사실을 잘 알고 있었기 때문이다.

1597년 9월 16일 아침, 이순신 장군은 "수많은 적선이 명량해협을 통과해서 우리 함대가 있는 곳으로 오고 있다"는 보고를 받았다. 명량해협은 진도와 해남군의 화원반도(花源半島) 사이에 있는 수로(水路)로서 길이가 2km 내외이고 가장 좁은 곳의 폭은 300m 정도이며 최대 조류(潮流) 속도는 11노트가 넘는다. 이처럼 물살이 빠르고 소리가 요란하여 바닷물이 우는 것 같다고 하여 "울돌목(鳴梁)"이라는 이름이 생긴 곳이다.

명량해전에 참전한 왜의 군선들은 모두 330여 척이었으나 수로가 좁아 한꺼번에 오지 못하고 정작 결전을 벌인 군선은 133척이었다. 개전 초기 조류는 왜군에게 유리한 방향이었고 전세는 이순신 장군 함대에 불리하게 전개되어 이순신 함대는 왜의 군선 133척에게 곧바로 포위되었다.

해전이 시작되자 이순신 장군이 승선한 대장선만 홀로 분전하는 가운데 대부분의 장수들은 멀리 물러나 관망만 하고 나오지 않았다. 이순신 장군은 앞장서서 분전을 계속하며 휘하 전선들에게 전진하라는 깃발 신호를 보냈다. 왜 군선에게 포위된 이순신의 대장선이 버티는 것을 지켜본 휘하 장수들 가운데 두 척이 대장선에 접근해 와서 왜 군선들과 교전에 들어가자 나머지 전선들도 일제히 합세하여 모두 교전에 들어갔고 전투 중 왜군에 유리했던 조류의 방향이 바뀌어 조선군에 유리하게 되었다. 본격적인 해전에 돌입한 이순신 함대는 우수한 화력을 이용해 왜의 군선 31척을 격침시켰다.

이 해전에서 왜의 유명한 해적 출신 장수(구루지마 미치후사)가 전사하였으며 칠천량해전 승리의 여세를 몰아 압도적인 수적 우세로 이순신 함대를 궤멸시키려던 왜의 함대는 오히려 조선 수군의 강력한 반격을 받고 물러나는 수밖에 없었다.

이순신 함대와 왜의 함대는 반대편 해안에 정박한 채 서로 관망하며 대치하다가 왜의 함대는 후퇴하기에 적합한 조류를 타고 후퇴하였다. 조선 수군도 전투를 계속할 수 있는 상황이 아니었다.

명량해전은 13척의 전선으로 133척의 적 함대와 맞서 적선 31척을 격침시키고 승리한 기적의 해전이었다. 누가 보아도 패배가 확실한 전투, 누가 보아도 이길 수 없었을 것 같았던 전투, 이순신 장군 자신도 믿기 힘든 승리이었기에 전투 경과를 기록한 그날의 난중일기 끝에,

"此實天幸"
(차실천행)

"이는 실로 하늘이 내려준 행운이다."

라고 적고 있다. 그러나 저자는 "하늘이 내려준 행운"이라기보다는 삼도수군통제사로 재임명받은 후 궤멸된 조선 수군을 재건하려는 이순신 장군의 눈물겨운 노력의 결과라고 생각한다.

명량해전에서의 기적의 승리로 조선 수군은 칠천량해전 패전 이후 추락할 대로 추락한 사기를 회복하고 일본 수군의 서해진출을 막아냈으며 조선 수군 재건의 발판을 마련하게 되었다.

노량해전과 순국

명량해전 이후 이순신 장군은 왜 수군의 추격권에서 벗어나 안전한 곳에서 장병들을 휴식시키고 수군의 재건을 위하여 1597년 10월 29일 목포 앞바다에 있는 고하도에 임시 통제영을 설치하고 겨울을 나면서 조선 수군의 본격적인 재건을 위하여 전선 건조, 병력 충원, 군수물자 확보, 군사훈련 등 여러 가지 사업과 활동을 하였다.

이순신 장군은 1598년 무술년 2월 17일 통제영을 고하도에서 완도 오른편에 위치한 고금도로 옮겼다. 왜냐하면 고하도는 너무 서해 쪽에 치우쳐 있어 남해의 해상활동에 적합지 못하고 섬이 척박하고 좁은 반면 고금도는 서해와 남해의 중간지점에 위치하여 양쪽 바다를 제어할 수 있는 요충지이며 농경지가 넓어 군량미 생산에도 적합하였기 때문이다. 이순신 장군은 통제영을 고금도로 옮긴 후에도 조선 수군의 재건에 박차를 가하여 조선 수군의 전력은 빠른 속도로 향상되었다.

1598년 8월 도요토미 히데요시가 병사하였다. 히데요시의 사망 소식은 조선에 있는 왜군에게도 전달되었고 히데요시의 어린 아들 히데요리를 보좌하도록 유명(遺命)

을 받은 오대로(五大老)는 조선에서 철군하기로 결정하고 조선에 있는 모든 왜장들에게 11월 중순까지 강화를 체결하고 귀환하라고 명했다.

순천 예교성(曳橋城)의 고니시 유키나가도 10월 중순쯤 명나라 장수 유정(劉綎)과 강화를 체결하고 퇴로를 확보했다고 생각했는데 이순신 장군과 진린의 조명연합 수군이 해로를 봉쇄하고 퇴로를 차단하고 있어 할 수 없이 진린과 다시 강화협상에 나섰으나 매듭을 짓지 못했다. 그러나 고니시는 진린이 방심한 틈을 타서 사천과 남해도 등지에 주둔하고 있는 왜군에게 조명연합 수군의 봉쇄를 뚫고 구출해 줄 것을 요청하는 연락선을 보내는 데 성공했다.

진린과 고니시 유키나가 간의 강화협상 추이를 예의주시하고 있던 이순신 장군은 고니시 유키나가의 연락선이 사천과 남해도 쪽으로 향한 것을 감지하고 고니시 유키나가를 구원하러 오는 적 함대와 일전을 벌이기로 결정을 하였다. 이순신 장군과 진린의 조명연합 수군은 11월 18일 고니시 유키나가를 구하기 위한 왜의 선단이 오고 있는 노량해협 방면으로 이동하여 진린의 명나라 함대는 노량해협의 좌측인 곤양(昆陽)의 죽도(竹島) 쪽에서, 그리고 이순신 함대는 우측인 관음포(觀音浦) 위쪽에서 왜의 구원선단을 기다렸다.

노량해전 직전인 11월 18일 깊은 밤, 이순신 장군은 전선 위로 올라가 꿇어앉아 하늘에 빌며,

> "此讐若除 死則無憾"
> (차수약제 사즉무감)
>
> "이 원수를 (만약) 없앤다면 죽어도 한이 없겠습니다."

라고 축원을 했다고 한다.

11월 19일 드디어 임진왜란의 마지막 해전이자 명실상부한 조명연합 수군의 합동 전투인 노량해전이 시작되었다. 때는 한겨울이었고 강한 북서풍의 계절풍이 불 때였다. 조명연합 수군은 바람을 등지고 싸울 수 있는 이점을 활용해 불화살을 쏘며 화공(火攻)을 펼쳤다. 왜의 구원선단도 필사적인 항전을 하여 노량해전은 임진왜란의 모든 해전 중 가장 치열한 해전으로 전개되었다.

해전이 점점 더 격렬해지자 대장선이 솔선해서 앞으로 나가 전투를 하였으며 이순신 장군은 손수 북을 치며 독전을 하던 중 날아온 적탄에 왼쪽 가슴을 맞고 쓰러

졌다. 피를 흘리는 이순신 장군을 껴안고 "장군! 장군!" 부르며 울부짖는 부하 장수들에게 이순신 장군은

"싸움이 끝날 때까지 내가 죽었다는 것을 알리지 말라."

라는 유언을 남기고 눈을 감으셨다. 향년 53세였다.

전투는 적도 아군도 통제사 이순신 장군의 전사를 모른 채 계속되었으나 결국 조명연합 수군은 왜의 군선 500여 척 중 200여 척을 격침하고 100여 척을 나포하는 대승을 거두었다. 그러나 고니시 유키나가는 노량해전이 치열하게 전개되고 있는 틈을 타서 남해도의 남단을 돌아 부산포로 탈출하는 데 성공했다.

이순신 장군은 1598년 11월 19일 노량해전에서 전사하셨다. 전사한 장군의 유해는 남해 관음포로 운구되었다. 관음포에는 이순신 장군을 기리는 "이락사(李落祠)"라는 사당이 있고 사당의 편액에는 "대성운해(大星隕海)"라는 글이 적혀있다. "큰 별이 바다에 떨어졌다"라는 뜻이다.

23전 23승의 신화

노량해전을 끝으로 침략했던 왜군은 물러가고 임진왜란은 끝이 났으나 조선을 구원한 큰 별이 떨어졌다. 그러나 23전 23승이라는 신화를 남겼다.

사실 이순신 장군은 23전보다 훨씬 더 많은 45전의 해전을 치렀으며 45승의 전승(全勝)을 했다. 임진왜란의 첫해인 임진년(1592년)에 해전이 가장 많았고 그중 가장 빛나는 해전이 왜의 정예 수군과의 전투인 한산도대첩이다. 우리가 잘 아는 바와 같이 한산도대첩은 임진왜란 3대첩 중의 하나이고 세계 4대 해전 중의 하나로 평가받고 있다.

이순신 장군은 조선의 수군이 한 번이라도 패하여 왜의 수군에게 제해권을 빼앗긴다면 조선은 끝이라고 생각하였다. 따라서 출전(出戰) 전에 만반의 준비를 하여 미리 승리를 확인하고 출전하였으며 한 번 한 번의 해전을 신중하게 임하여 한 번도 패한 적이 없었다. 심지어 칠천량해전에서 참패 후 13척 남은 전선(戰船)으로 적선 330척을 상대한 명량해전에서조차도 기적적인 승리를 하였다.

왜의 수군이 칠천량해전 후 즉시 조선 수군을 완전히 소탕하지 않고 이순신 장군이 다시 삼도수군통제사로 부임할 때까지 이렇다 할 작전이 없었던 것은 왜군의 큰 실책이요, 정말 조선의 행운이었다.

아래의 표에는 충무공 이순신 장군의 23전 23승 신화가 요약되어 있다.

임진왜란 시 충무공 이순신 장군의 23전 23승 신화

출전	순서	해전명	시기(음력)	전과
제1차 출전 (1592.5.4 ~ 5.10)	1	옥포해전	1592년 5월 7일	- 첫 해전 - 적선 32척 중 26척 격침 - 조선 수군 측 전사자 없음. 부상자 1명
	2	합포해전	1592년 5월 7일	- 적선 5척 중 5척 격침
	3	적진포해전	1592년 5월 8일	- 적선 13척 중 11척 격침(2척 도주)
제2차 출전 (1592.5.29 ~ 6.10)	4	사천해전	1592년 5월 29일	- 거북선 첫 전투 참가 - 이순신 장군 왼쪽 어깨 관통상 - 적선 13척 중 13척 격침
	5	당포해전	1592년 6월 2일	- 적선 21척 중 21척 격침
	6	당항포해전	1592년 6월 5일	- 적선 26척 중 26척 격침
	7	율포해전	1592년 6월 7일	- 적선 7척 중 7척 격침
제3차 출전 (1592.7.5 ~ 7.13)	8	한산도해전	1592년 7월 8일	- 임진왜란의 흐름을 바꾼 해전(학익진 전법) - 적선 73척 중 47척 격침, 12척 나포 * 세계 4대 해전
	9	안골포해전	1592년 7월 10일	- 적선 42척 중 42척 격침
제4차 출전 (1592.8.29 ~ 9.2)	10	장림포해전	1592년 8월 29일	- 적선 6척 중 6척 격침
	11	화전구미해전	1592년 9월 1일	- 적선 5척 중 5척 격침
	12	다대포해전	1592년 9월 1일	- 적선 8척 중 8척 격침
	13	서평포해전	1592년 9월 1일	- 적선 9척 중 9척 격침
	14	절영도해전	1592년 9월 1일	- 적선 2척 중 2척 격침
	15	부산포해전	1592년 9월 1일	- 적선 128척 격침 - 녹도만호 정운 전사
제5차 출전 (1593.2.1 ~ 3.8)	16	웅포해전	1593년 2월 1일	- 왜군 100여 명 사살
제6차 출전 (1594.3.4)	17	당항포해전	1594년 3월 4일	- 적선 50여 척 중 31척 격침
제7차 출전 (1594.9.29 ~ 10.4)	18	1차 장문포해전	1594년 9월 29일	- 적선 2척 격침
	19	2차 장문포해전	1594년 10월 4일	- 일방 공격
제8차 출전 (1597.8.26 ~ 9.16)	20	어란진전투	1597년 8월 27일	- 적선 8척 도주
	21	벽파진전투	1597년 9월 7일	- 적선 13척 도주
	22	명량해전	1597년 9월 16일	- 적선 31척 격침(13척으로 적선 333척과 전투) - 정유재란의 국면을 바꾼 해전 * 세계 해전 사상의 기적이라 불리움
제9차 출전 (1598.11.18 ~ 11.19)	23	노량해전	1598년 11월 18일 ~ 11월 19일	- 이순신 장군 순국 - 군관 송희립이 이순신 장군의 갑옷을 입고 이순신 장군을 대신해서 독전 - 적선 200여 척 격침(500여 척 중 50척 도주)

공신 책봉과 후대의 존경

우리는 이순신 장군을 그냥 "충무공(忠武公)"이라고 부르기도 한다. 그러나 앞에서 언급한 바와 같이 조선시대에 "충무공"이란 공신(功臣) 시호(諡號)를 받은 분은 이순신 장군 한 사람뿐이 아니다. 또한 이순신 장군의 충무공 시호는 선조 때 내려진 것이 아니다.

선조는 이순신 장군이 전사한 후 임시로 우의정(右議政)에 증직하였으며 임진왜란이 끝나고 6년 후 공신(功臣) 책봉 논의를 거쳐 선무일등공신(宣武一等功臣)과 동시에 우의정(右議政)에 정식 추증함과 함께 덕풍부원군(德豊府院君)에 추봉하였고 광해군 때 다시 좌의정(左議政)에 추증되었다.

"충무공(忠武公)"이라는 시호(諡號)가 내려진 것은 이순신 장군이 순국하고 나서 45년 뒤 병자호란 직후인 인조 21년(1643년)이다. 숙종 32년(1706년)에는 아산에 현충사(顯忠祠)가 건립되었으며 그 다음 해 숙종이 사액(賜額)했다.

정조는 1792년 임진왜란이 일어난 지 200년이 되는 해를 기하여 많은 신하들의 반대에도 불구하고 "이충무공전서(李忠武公全書)"를 편찬하도록 명(命)하였으며 3년만인 정조 19년(1795년) 발간되었다. 한편 정조 17년(1793년) 이순신 장군을 영의정(領議政)에 추증하고 다음 해엔 직접 이순신 장군 묘소에 신도비(神道碑)를 건립하였다.

이와 같이 이순신 장군은 임진왜란 당시의 임금인 선조를 비롯하여 후대의 여러 임금으로부터 "임진왜란의 최고 전공자"로 평가를 받으며 그에 합당한 공신 책봉과 시호를 받고 있다. 오늘날 이순신 장군은 "나라를 구한 장군"의 차원을 넘어 민족의 "성웅(聖雄)"으로 존경을 받고 있으며 이러한 존경의 염(念)은 영원히 우리 민족과 함께할 것이다.

이순신 장군의 공훈

임진왜란이라는 민족 최대의 국난을 극복함에 있어서 이순신 장군의 공훈에 대해서는 새삼 언급할 필요가 없겠으나 진정한 공훈이 무엇인지 다시 한번 생각해보고자 한다.

첫째, 일본의 침략 감지 및 전쟁에 대한 대비이다. 이순신 장군은 임진왜란이 일어나기 1년 2개월 전인 1591년 2월 13일 전라좌도 수군절도사로 임명되어 전라좌수영에 부임하였다. 전라좌수사로 부임한 장군은 왜의 침략을 감지 및 확신하게 되었으며, 임지에 부임하자마자 성곽의 수리, 병력 충원, 전선(판옥선)의 건조, 신무기(거북선)의 개발, 총통 등 무기의 정비, 군사훈련 등 일관되고 지속적으로 최선을 다하여 왜의 침략에 대한 대비를 하였다. 이러한 철저한 대비야말로 임진왜란이 일어났을 때 모든 해전에서 완벽하게 승리하게 된 근본적인 배경이라고 생각한다.

둘째, 조선 수군을 유지하도록 한 것이다. 도요토미는 수륙병진 전략(水陸竝進 戰略)으로 조선을 침입하였다. 즉 육군은 동로, 중로, 서로의 세 갈래로 나뉘어 북진하고 수군은 서해를 돌아 한강, 임진강, 대동강을 통해서 보충병과 보급품을 운송하여 6개월 이내에 전쟁을 끝낸다는 계획이었다. 그러나 조선의 바다에는 이순신 장군이 있었다. 육군과는 달리 왜의 수군은 연전연패했으며 수륙병진 전략은 물거품이 되었다.

조선의 수군이 한 번이라도 패하여 왜의 수군에게 제해권을 빼앗겼다면 조선은 끝이었을 것이다. 그런 일이 일어날 뻔했었다. 이순신 장군은 왕명을 거역하였다는 이유로 삼도수군통제사에서 파직되고 한양으로 압송되어 참수될 뻔했으나 여러 중신들의 구명운동으로 두 번째 백의종군을 명받고 권율 장군 밑에서 백의종군하던 중, 이순신 장군 후임으로 삼도수군통제사가 된 원균이 지휘하는 조선 수군이 1597년 7월 15일 칠천량해전에서 참패를 당하고 전 함대가 궤멸하였다.

왜군은 칠천량해전의 압승으로 조선에 더이상 수군은 없다고 생각했을 것이며 원래의 "수륙병진 전략"을 시행하고자 330척의 대함대가 명량해협을 통해 서해로 나아가려고 하였다. 그러나 이순신 장군이 통제사로 재임명되어 피눈물 나는 노력으로 단지 보름 만에 조선 수군은 미약하나마 어느 정도 전투력을 보유하게 되었다.

원래 선조는 통제사로 재임명된 이순신 장군에게 "지난 해전에서 패한 결과로 해전이 불가능할 경우 육지에 올라 권율 도원수를 돕는 것도 가하다"는 어지(임금의 뜻)를 전했으나, 이에 이순신 장군은 그 유명한,

"微臣不死 尙有十二"
(미신불사 상유십이)

"전하! 어리석은 신하가 아직 죽지 않았고,
신(臣)에게는 아직도 열두 척의 전선이 남아있습니다."

라는 비장한 장계를 올려 수군 폐지는 불가하며 조선에 수군이 있어야 한다는 장군의 의지를 관철하였다. 그리고 13척의 전선이라는 초라한 전력으로 330척의 적 함대와 맞서 싸워 기적의 승리를 거둠으로써 또다시 왜군의 수륙병진 전략을 물거품으로 만들어 버린 것이다.

저자는 때때로 다음과 같은 상상을 해 보며 몸서리를 친다. 칠천량해전 후 이순신 장군이 통제사로 재임명되어 조선 수군을 어느 정도 재건할 때까지는 한 달여의 날들이 소요되었다. 만일 왜군이 칠천량해전 후 신속히 서해로 진출하였다면 어떻게 되었을까?, 선조의 뜻대로 조선의 수군이 폐지되었다면 어떻게 되었을까?, 또는 누가 보아도 패배가 확실했고, 누가 보아도 이길 수 없었을 것 같았던 명량해전에서 예상대로 조선 수군이 패배하였다면, 위의 세 가지 중에 하나라도 일어났더라면 과연 조선은 어떻게 되었을까? 저자는 이런 상상을 하게 될 때마다 몸서리가 쳐진다.

셋째, 23전 전승으로 나라를 구한 신화이다. 23전 23승의 신화가 없었더라면, 즉 이순신 장군 지휘 하의 조선 수군이 한 번이라도 패했더라면 왜군은 조선 3면의 바다를 마음대로 휘젓고 다니며 수륙병진 전략을 실현했을 것이고, 그렇게 되었을 때 조선의 운명은 예측할 수가 없었다. 23전 23승은 신화일 뿐만 아니라 민족 최대의 위기에서 나라를 구할 수 있었던 최고, 최대의 공훈이다.

이순신 장군의 이러한 공훈은 어떻게 이루어진 것인가? 이러한 공훈은 바로 이순신 장군의 성품과 지도력, 지휘력에서 탄생한 것이다. 이순신 장군의 성품과 지도력에 대해서는 제9장 "조선 수군 완승의 원인"에서 살펴보고자 한다.

9. 조선 수군 완승의 원인

7년간의 임진왜란 동안 조선 수군은 칠천량해전을 제외하면 한 번도 패한 적이 없다. 특히 충무공 이순신 장군은 23전 23승의 신화를 탄생시켰다. 이순신 장군은 장계에서 승리의 원인을 "전선과 화포의 우수성"으로 간단하고도 겸손하게 보고하고 있다.

물론 해전에 있어서 전선과 화력이 승패를 가르는 핵심 요인이기는 하지만 신화적인 연전연승의 원인을 어찌 그렇게 간단히 요약할 수 있을까! 좀 더 종합적이고 체계적으로 살펴보도록 하자.

세상 모든 일에는 우리가 잘 느끼지 못하는 먼 원인(遠因), 또는 간접적(間接的)인 요인(要因)과 직접적(直接的)인 요인(근인(近因))이 있는데 때로는 먼 원인(遠因)이 더 근본적인 원인(原因)이 되기도 한다.

조선 수군 완승의 먼 원인(遠因), 즉 간접적(間接的)인 원인(原因)을 먼저 살펴보자.

우선 고려 말에 화약발명과 각종 화포의 개발이 있었다. 고려에서는 1370년경 최무선이 우리나라 역사상 최초로 화약개발에 성공하였다. 최무선의 화약개발은 처음부터 왜구 퇴치를 위한 해상공격을 염두에 두고 있었다.

화약 제조법을 알아낸 최무선의 끈질긴 건의 때문에 우왕 3년(1377년) 10월 개경에 화통도감(火㷁都監)이 설치되었고 화통도감을 통해서 대장군(大將軍)·이장군(二將軍)·삼장군(三將軍)·육화석포(六花石砲) 등 18종의 화약병기(총포류)와 발사물을 개발하면서 화약 및 화기의 제작 기술이 급속도로 발전하게 되었다.

또한 최무선은 이러한 화기를 적재하고 활용할 수 있는 전함의 개량에도 힘을 쏟았으며 전함 건조를 직접 담당하였을 뿐만 아니라 화기 이용에 대한 교육에도 힘써 화통도감이 설치된 지 불과 6개월 만에 화기발사의 전문부대로 보이는 화통방사군(火桶放射軍)이 편성되었다. 이는 화기가 재빨리 전술적 목적에 이용되었음을 증명해주는 것이라고 하겠다.

그러나 그 당시의 화포는 크기가 크고 육중하여 육상에서는 기동력이 떨어졌으므로 초기에는 주로 이동의 필요성이 적은 고정포로서 요새나 성곽의 방어에 사용되었다. 특히 산지가 많은 우리나라의 자연적인 조건은 이러한 경향을 더욱 심화시켰다.

그러나 해상의 경우에는 사정이 달랐다. 크고 무거운 화약병기도 일단 선박에 탑재하면 선박의 이동에 따라서 자연히 기동성을 보유하게 되기 때문에 지상 전투에서 그다지 효용성이 없던 대형 화포도 해전에서는 훌륭한 성능을 발휘할 수 있었던 것이다. 특히 당시의 군선은 목선이었기 때문에 화약병기 사용으로 쉽게 파괴할 수 있었고, 해전의 성격상 멀리 떨어져 있는 적선을 먼저 공격할 수 있다는 장점도 있었다.

대형 화포를 탑재한 군선의 등장은 종래의 해전 형태를 획기적으로 변화시켰다. 동서양을 막론하고 고대와 중세의 해전은 배를 타고 있다는 것을 제외하고는 육상 전투와 별다를 바가 없었다. 양측은 전선을 조종하며 활을 쏘다가 거리가 가까워지면 서로의 배에 뛰어올라 창칼을 겨누며 육박전을 전개하는 방식이었으며 특히 왜구는 이러한 접근전, 즉 등선육박전에 익숙하였다. 그러나 화약병기가 등장함으로써 원거리에서의 공격이 가능해지고, 화포를 많이 싣기 위해서는 더 크고 튼튼한 배가 필요했기 때문에 조선술의 발달도 수반되었다.

화기로 무장한 고려의 전함이 왜구와의 해전에서 위력을 발휘한 전투가 우왕 6년(1380년)의 진포해전과 우왕 9년(1383년)의 관음포해전이다. 특히 진포해전은 세계 최초의 함포해전으로 평가받고 있다.

이와 같은 고려의 화약과 화포 제작기술 및 함포 운영능력은 고스란히 조선으로 전해졌으니 돌이켜보건대 고려 말 최무선 장군의 화약발명과 화포개발이야 말로 임진왜란 당시 조선 수군 연전연승의 일등 공신이라고 할 수 있다.

우리나라에 "조상님의 은덕이 3대(三代)를 간다"라는 말이 있는데 이와 같이 선조(先祖)들의 공덕이 200년이 더 지난 후대에게 도움을 주었던 것이다.

그 다음으로 조선에서는 개국 초기부터 육군과 수군을 분리하여 수군 강화정책을 유지해왔으며 어떻게 보면 수군이 육군보다 더 우세하였는지도 모른다. 조선에서는 수군 병력과 조직, 군선, 무기체계 등 수군 운영의 여러 분야를 국가적 차원에서 정비해 나갔다.

"세종실록지리지(世宗實錄地理志)"나 "경국대전(經國大典)"에 의하면 조선은 건국 초기부터 수군 병력 5만 명 수준에 전선 600척 내외를 유지해 온 것 같으며 체계적으로 수군 조직을 유지해왔다. 조선은 세조 때 도(道) 단위의 지역 방어체제인 진관체제(鎭管體制)가 수립되면서 수군 조직도 경상좌도, 경상우도, 전라좌도, 전라우도, 충청도, 경기도의 여섯(6) 개 지역으로 나뉘어 있었다.

한 가지 특이한 것은 육군의 국가 방어체제는 임진왜란 조금 전인 제13대 명종 때 진관체제에서 병력 집결체제인 제승방략체제로 바뀌었으나 수군은 종전과 같이 진관체제를 유지하였으며 임진왜란 당시에는 경기도 지역이 빠지고 다섯(5) 개 지역으로 나뉘어 있었다. 그러나 전체를 총괄하는 지휘체계가 없었던 점은 아쉬움을 남긴다.

조선 수군은 각 지역의 지역 사령관인 수군절도사 아래 수군첨사, 수군만호로 이어지는 일원적인 지휘체계를 갖추고 각각의 수군절도사가 맡은 해역을 책임지고 수비하며 전면전을 대비한 체제를 유지하고 있었다.

반면 일본은 도요토미 히데요시(豊臣秀吉)가 일본을 통일하기 전 전국시대에 100년이 넘는 전투를 하면서도 해전은 한두 번밖에 없었고 수군의 개념이 없었다. 임진왜란 당시에도 일본은 중앙과 지방의 수군이 혼재해 있었고 사실상 독립된 수군의 개념이 없었다. 따라서 적절한 수군 지휘관도 없었으며 지휘체계를 갖추지 못하였다.

조선은 고려 때부터 전승되어 온 수군에 대한 국가정책, 조직 및 지휘체계 등을 더욱 다듬어 나갔으며 이런 점에서 조선 수군의 조직은 왜의 수군 조직에 비하여 훨씬 더 앞서있었다.

조선 수군 완승의 직접적인 원인을 살펴보자.

첫째, 조선의 조선(造船)기술이 앞서 있었고 조선의 전선(戰船)이 더 우수하였다. 조선은 고려로부터 물려받은 뛰어난 조선기술을 더욱 고도화하는데 많은 노력을 기울였다.

조선 초기의 전선은 고려 때부터 내려온 맹선(猛船)이 주류를 이루고 있었으나 맹선 중 가장 규모가 큰 대맹선(大猛船)이라 하여도 정원이 80명 정도밖에 되지 않아 전투력에 제한이 있었다.

그러나 16세기 초에 명나라의 영향으로 왜구 선박의 크기가 증가하고 화기까지 탑재한 것이 삼포왜란을 통해서 확인되면서 조선 수군은 기존의 맹선 체제를 대체하는 새로운 전선의 개발이 필요했다. 이런 연유로 임진왜란 조금 전인 제13대 명종 때 판옥선이 개발되어 조선 수군의 주력전선이 되었다.

당시 판옥선은 동아시아 최강의 전선이었다. 판옥선은 승선인원이 대맹선의 두 배가 넘는 대형 전투선으로 전투원과 비전투원을 엄격히 구분하는 특징을 갖고 있었다. 즉 노를 젓는 격군들은 노갑판에서 안전하게 보호를 받으며 노를 저어 전선을 조정하고 노갑판 위에 있는 전투갑판에서는 포를 쏘고 활과 창을 든 군사들이 전투를 수행하였다고 추정된다.

임진왜란 당시 조선 수군의 주력 전선(戰船)인 판옥선(板屋船)에 대응하는 왜군의 주력군선(軍船)은 "안택선(安宅船, 아타케부네, あたけぶね)"이었고 조선 수군의 보조전선인 대맹선(大猛船)에 대응하는 군선은 "관선(關船, 세끼부네, せきぶね)"이었다.

안택선이라는 이름은 갑판 위에 2층 또는 3층 집 모양의 누각(지휘소)이 있는 데서 유래했다. 안택선은 전투보다는 일본 전국시대 봉건영주들이 위세를 과시하기 위한 성격이 짙었고 주력 전투선이라기보다는 기함에 가까운 위치였다. 따라서 안택선은 정해진 크기가 있다기보다는 다이묘(大名, 지방영주)의 선호도와 필요성에 따라 크기나 모양, 특히 갑판 위의 모양이 크게 달랐던 것 같다.

임진왜란 당시 안택선의 선체는 반첨저선이었고 선체 길이는 판옥선보다 조금 긴 편이었다. 안택선의 구조는 상갑판 위는 한국의 판옥선처럼 2층 구조였고 좌우 방패판은 총구가 뚫려 있어서 활이나 조총 등을 사용해서 공격을 가할 수 있었으며 경첩이 달려 있어서 유사시 여기를 열고 다른 배를 향해 도선이 가능하도록 설계되어 있었다. 갑판 위에는 2~3층 크기의 망루를 설치했는데 이 건물은 현대 함선의 함교처럼 지휘관이 들어가서 전황을 살피고 지휘할 수 있었으며 그 건물 자체에서도 병사들이 공격할 수 있도록 되어있었다.

안택선은 그 당시 일본 전함들 중에서 가장 강력한 화력을 가지고 있었으며 그 거대한 규모는 바다 위의 성이라는 별명도 얻을 정도였다. 엄청난 수의 병력을 실어 보낼 수 있어서 일단 적선에 뛰어올라 접근전을 하게 되면 압도적인 규모의 병사가 적함의 선원들을 살육할 수 있었으며 먼 거리에서도 많은 병사들이 불화살과 조총을 쏠 수 있어 강력한 화력을 보유하고 있었다.

그러나 이러한 장점들은 일본 내에서나 통할 수 있었던 것이었다. 도요토미 히데요시가 1592년 조선을 침략할 때 일본에 있던 병선(兵船)들을 징발해서 조선에 보냈지만 조선에는 판옥선과 거북선 같은 전선(戰船)들이 버티고 있는 줄을 몰랐다. 판옥선은 그 당시 일본에서는 거함(巨艦)이라고 하던 안택선과 크기가 비슷하거나 더 컸으며 내구성, 화력, 탑승 인원 등에서 우월했다.

안택선은 건조방식이 판재를 맞대고 쇠못으로 고정하는 식이라 깔끔하고 빠르게 만들 수는 있었지만 시간이 지날수록 쇠못이 녹이 슬어 고정부분이 헐렁해지고 더구나 가볍지만 약한 삼나무 재질을 사용했기 때문에 내구성이 취약했다. 단단한 소나무 재질에 참나무 못을 사용하여 건조한 판옥선과는 구조와 내구성 면에서 처음부터 상대가 되지 못하였다.

평저선인 판옥선의 선형은 저항(抵抗) 면에서 첨저선인 왜의 군선(軍船)들 보다 불리한 선형이었지만 노갑판이 분리되어 있어 공간이 넓기 때문에 필요시 100명이 훨씬 넘는 격군들을 투입할 수가 있었고 격군들은 판옥(板屋) 안에서 안전하게 보호를 받으며 노 젓는 임무에만 집중할 수 있었으므로 속도 면에서도 왜의 군선(軍船)에 떨어지지 않았다. 그 증거로 이순신 장군의 장계에는 도피하는 왜의 군선들을 추격하여 격침시켰다는 보고가 여러 번 나온다.

또한 판옥선은 왜의 군선보다 선회반경(旋回半徑)이 작기 때문에 우현이나 좌현의 함포를 다 쏘고 재장전할 시간이 부족할 때나 아군 포군이 부상을 당했을 때는 급히 선회하여 반대쪽의 함포로 공격을 수행할 수 있었다. 이러한 우수한 성능으로 인하여 한산도대첩 때 길지 않은 시간에 대승(大勝)을 거둘 수 있었던 것이다.

판옥선에 더해 조선 수군에는 왜군의 접근전에 대비하여 개발된 새로운 전선인 거북선이 있었다. 거북선은 돌격선으로서 적진을 종횡무진 출입하여 적의 전열을 무너뜨리고 공포심을 유발하는 역할을 수행하였다.

둘째, 조선은 화약과 화포 제작기술이 일본에 비하여 훨씬 앞서 있었고 화력이 우수하였다. 조선에서는 고려 말에 개발된 화포기술을 이어받아 태종대와 세종대에 화기의 개발과 화기성능을 크게 개선하여 북방의 6진 개척에도 활용했고 수군에도 배치했다.

특히 중종 5년(1510년)의 삼포왜란 때 왜구의 선박에 화기(火器)가 탑재된 것이 확인되면서 새로운 화포개발을 추진하여 임진왜란 때의 주력 화기인 천자·지자·현자·황자(天子·地子·玄子·黃子) 총통을 개발하였다.

화포는 몹시 무겁기 때문에 육상에서는 운반하기가 어렵고 기동력이 떨어져 육군에서는 거의 쓰이지 않았다. 다만 평양성 탈환 때 명군이 "불랑기"라는 화포를 사용했다고 한다.

그러나 수군은 사정이 달랐다. 배 위에 싣고 편하게 다니며 전투를 수행할 수 있었다. 임진왜란 때 일본군에게는 조총이라는 신무기가 있어 육전에서는 위력을 발휘하였으나 조선 수군에게는 대구경포(大口徑砲)인 천자·지자·현자·황자(天字·地字·玄字·黃字) 총통이 있었다.

각종 총통은 이순신 함대의 전선인 판옥선과 거북선에 탑재되어 압도적인 화력을 갖추고 조총의 사정권 밖에서 화포를 쏘아 적선을 당파(撞破)하여 격침시킬 수 있었다.

셋째, 조선 수군과 왜군의 해전에 있어서의 전략전술(戰略戰術)의 차이이다.

임진왜란 당시 해전에 있어서 왜군의 전술은 전통적인 등선육박전, 즉 적선에 뛰어올라 백병전을 펼치는 것으로 배를 타고 있을 뿐이지 육전과 동일한 전술이었다.

그러나 조선 수군의 전술은 판옥선의 우수한 화력으로 적선이 접근하기 전에 먼 거리에서 당파분멸(撞破焚滅) 하는 전술이었으며 왜의 수군에게는 전혀 익숙하지도 않고 대응책도 전무하였다.

구체적인 예로 판옥선과 안택선의 승무원 구성을 살펴보자. 안택선은 노수 90명에 전투원 200명 정도로 전투원이 압도적으로 많으며 전투원의 구성도 대부분 조총수와 같은 근접 전투원으로 근접 전투에 중점을 둔 반면 판옥선은 대략 격군 100여 명에 포격수 36명과 사부(궁수) 20~30명 정도로 포격전과 원거리 공격에 중점을 두었음을 알 수 있다.

임진왜란 7년 전쟁 동안 해전에서 왜의 수군이 그들의 장기(長技)이며 전통적인 전술인 등선육박전을 수행할 기회는 한 번도 없었다. 다시 말해서 왜의 수군이 조선 전선에 뛰어오른 적은 한 번도 없었고 조선 전선의 갑판 위에서 조선 수군과 왜군이 육박전을 한 적은 한 번도 없었다.

한 가지 추가로 언급할 것은 실제에 있어서 주로 전투를 수행한 왜군의 주력 군선(軍船)은 안택선이 아니라 관선(關船, 세키부네)이었다는 것이다. 명량해전 때도 안택선은 뒤 후방에 있었고 관선이 전투를 수행하였다. 앞에서 언급한 바와 같이 관선은 안택선보다 크기가 작고 조선 수군의 대맹선(大猛船) 정도의 군선(軍船)이었으며 갑판의 높이가 판옥선의 절반 정도밖에 안 되었다. 어쩌다 조선 수군의 전선에 매우 가까이 접근하였다 해도 판옥선의 갑판이 왜의 군선들보다 높아 왜의 수군이 관선에서 판옥선에 오르려면 성벽을 오르는 것만큼 힘들었을 것이다.

왜의 수군은 조선의 전선에 접근도 못 하고 그렇다고 화력이 더 우월한 것도 아니기 때문에 조선의 수군은 13척의 전선으로 300척이 넘는 왜의 수군을 물리칠 수 있었던 것이다.

그러나 이러한 조선 수군의 전술전략은 우수한 전선(戰船), 우월한 화력(火力), 그리고 뛰어난 지휘력, 이렇게 3박자가 갖추어지지 않으면 성공하기 어렵다는 점을 잊지 말아야 한다. 특히 우수한 전선과 우월한 화력을 가지고도 조선 수군이 참패를 당한 칠천량해전을 보면 뛰어난 지휘력의 중요성을 절감하게 된다.

넷째, 지리의 이용이다.

이순신 장군은 조수 간만의 차이나 물살(조류)을 고려하여 조선 수군에게 유리한 장소와 시간에 전투를 하도록 힘쓰셨다. 특히 남서해의 물길을 잘 아는 늙은 어부 “정걸”을 조방장(고문)으로 기용하고 그의 경험을 십분 활용하였다. 이순신 장군의 “난중일기”에는 조방장 정걸과 논의를 했다는 기록이 스물아홉 번(29번) 나온다. 신분을 초월하여 인물을 발탁하고 겸허히 의견을 수렴하는 이순신 장군의 인품을 엿볼 수 있다.

다섯째, 그리고 무엇보다도 중요한 것은 조선 수군의 역사적 전통 속에서 배출된 이순신 장군의 뛰어난 인품(人品)과 지휘력(Leadership)이다.

이순신 장군은 일반 지도자로서의 인품과 군사 지휘관으로서의 지휘력을 겸비한 뛰어난 지도자였다. 이순신 장군은 인재를 중시하였다. 유교문화가 뿌리 깊게 내린 조선시대에 신분이나 출신을 불문하고 능력이 있거나 도움이 되는 인물을 파격적으로 발탁하고 등용하였다. 대표적인 예로 “나대용”과 “정걸”의 등용을 들 수 있다.

“나대용”은 하급 군인이었으나 우리나라 역사상의 전선(戰船)에 대해서 해박한 지식을 갖고 있어 군관으로 등용되었으며 등용 후 거북선 건조에 크게 기여하였다. 어촌 출신의 노인 “정걸”은 우리나라 서남해의 물길, 조류 변화, 물살 등을 잘 알고 있어서 조방장(고문)으로 기용되었으며 이순신 장군의 난중일기에는 이순신 장군이 작전을 수립하는 데 많은 조언을 한 것으로 기록되어 있다.

이순신 장군은 평소에 부하 장수들과 바둑을 두면서 격의 없는 대화를 나누고 원활한 소통을 위해 순회점검 시 자주 회식과 술자리를 가졌다. 이러한 과정에서 장군은 부하 장수들의 의견과 건의를 받아들이고 자신의 목적이나 의도하는 바를 부하 장수들과 공유하며 전원 일체감을 이루어 나갔다. 뿐만 아니라 이순신 장군은 매사에 신중하고 백성과 병사를 아끼고 사랑하였으며 앞장서서 모범을 보였다.

그렇다고 이순신 장군이 모든 일에서 자비로운 분은 아니셨다. 이순신 장군은 원칙주의자였으며 법을 엄격히 준수하는 분이셨다. 탈영병은 가차 없이 처형한 것을 보면 그 단면을 엿볼 수 있다. 저자는 장기적으로 볼 때 원칙을 지키는 것이 최선의 방책이 된다고 생각한다.

이순신 장군은 임진왜란이 일어나기 약 1년 전 전라좌수사로 부임한 후 왜적의 침입을 확신하고 어려운 상황 속에서도 전선과 화포를 정비하고 포사격 훈련을 거듭하며 최선을 다하여 전쟁에 대한 준비를 하였다.

이순신 장군은 수군의 특성과 구성원들 각각의 역할을 잘 알고 있었다. 예를 들어 노 젓는 군인(격군)들은 전투 시 전투원보다도 더 중요한 역할을 하게 된다. 신속하게 적선에 접근하여 화포가 목표를 조준 공격할 수 있도록 배를 조종하고 공격목적을 달성하였다고 판단되면 다음 목표를 향하여, 또는 위험에 처해있는 아군의 전선을 지원하기 위하여 신속히 이동하는 것이 격군들의 역할이다.

올림픽 조정 경기를 보면 몇백 미터 노를 젓고도 선수들이 기진맥진 지쳐있는 광경을 볼 수 있는데 이처럼 전력으로 노를 젓는 일은 매우 힘들고 오래 지속할 수가 없는 일이다. 전투 중 격군들은 전력으로 노를 저어야 하므로 평소에는 체력을 낭비하지 말고 아껴두어야 한다. 이순신 장군은 이러한 사실을 십분 파악하고 격군들을 잘 보살폈다.

출전하지 않을 때는 고향에 보내서 농사도 짓고 가사를 돌보도록 하였으며 출전이 임박하면 소집하였다. 그리고 출전 시에도 전투를 하지 않을 때에는 될수록 돛으로 운항하거나 2교대, 3교대로 노를 젓게 하면서 휴식을 취하고 힘을 비축하도록 하였다.

반면 원균 장군은 왜군의 유인선 몇 척을 전 함대가 대마도 근해까지 추격하느라고 격군들이 밤새도록 노를 저어 기진맥진 지쳐버렸을 뿐만 아니라 손바닥이 부르트고 물집이 생기고 심한 경우 피가 나기도 하였다. 조선 수군은 밤을 새운 추격 항해로 완전히 지쳐있었으며 전투의 가장 기본원칙인 경계에도 태만하였다.

이틈을 노리고 있던 왜군의 주력함대와 전투가 벌어졌을 때 조선 수군의 격군들은 노를 저을 수가 없었다. 기동력을 상실하고 거의 정지 상태에 있는 조선 수군의 전선들을 왜군의 주력 군선들은 일방적으로 공략을 하였으며 이것이 원균 장군이 지휘하는 조선 수군이 칠천량해전에서 참패한 이유 중의 하나이다.

이순신 장군은 조선의 수군이 한 번이라도 패하면 일본 수군에게 서해로 진출하는 길목을 내주게 되고 그렇게 되면 조선의 운명은 끝이라는 것을 통감하고 있었으므로 경솔하게 출전하지 않았으며 매사에 신중을 기하였다.

이순신 장군에게는,

"단 한 번이라도 패하면 안 된다. 전승을 해야 한다."

는 확고한 정신적 각오가 있었다.

부단히 적의 정보를 입수하여 검토 분석하고 휘하 지휘관들과의 진중회의를 통하여 치밀한 작전계획을 세웠으며 작전계획에 따라 진법 훈련을 실시하여 승리를 확신한 후 출전하였으니 이것이야말로 왜의 수군보다 훨씬 앞선 이순신 장군의 전술전략이다.

반면 왜의 수군은 해양 전략이 미숙하였다. 앞에서도 언급하였지만 왜의 수군은 체계적인 조직으로 일사분란하게 운영된 것이 아니었다. 또 왜의 함대는 후속 병력을 실어 나르느라고 해전에 집중하지 못했다.

후대에 이르러 일본의 역사학자가 왜 수군의 패전이유를 아래와 같이 요약한 바 있다.

- 군선의 취약
- 지휘체계의 혼란(장수들 간의 갈등)
- 히데요시의 수군 경시

지금까지 살펴본 조선 수군 완승의 원인을 다시 한번 요약 정리하여 보고자 한다.

- 조선시대로 계승 발전된 고려의 조선기술(造船技術)과 화약 및 화포 제작 기술
- 조선개국 초기부터의 수군강화 정책
- 조선 수군의 일원적인 지휘체계
- 전선(판옥선)의 우수
- 각종 총통으로 대표되는 압도적인 화력
- 왜의 수군보다 앞선 전략 전술
- 지리의 이용
- 이순신 장군의 뛰어난 지도력(Leadership)

반면 왜의 수군은 패할 수밖에 없었다. 군선이나 화력이나 조직체계나 전략전술이나 무엇하나 조선의 수군보다 나은 것이 없었다. 특히 전술적 능력과 강력한 지휘력(Leadership)을 발휘한 지휘관이 없었다.

1592년부터 1598년까지의 임진왜란이라는 민족적, 국가적 위기를 극복하는 과정에서 그 누구보다도 큰 역할을 한 것은 조선의 수군이었으며 그 조선 수군을 이끌었던 지휘관이 바로 이순신 장군이다.

10. 맺는말

일본은 15세기 오닌의 난(應仁の亂, 1467~1477) 이래 100여 년간 수많은 대소(大小) 봉건영주(封建領主)로 나뉘어 서로 싸움을 하며 세월을 보냈다. 일본 내부적으로는 대소영지(大小領地)를 국가라고 칭하였으며 약 350여 개의 국가로 나뉘어 소국은 경우에 따라 이쪽저쪽 큰 영주를 찾아다니며 생존을 유지해왔다. 도의라든가 의리 같은 것은 찾아볼 수 없고 오직 힘(武力)만이 지배하던 전국시대였다.

그러던 중 "오다 노부나가(織田信長, 1534~1582)"라는 걸출한 무장이 나타났다. 오다 노부나가는 대국적이고 진취적인 사람이었다. 그 당시의 세상은 어디를 가나 신분사회의 세상이었지만 오다 노부나가는 능력 있는 사람이라면 출신을 가리지 않고 기용했으며 상벌이 공정했다.

더구나 당시 몹시 귀했던 신무기인 조총의 유용성을 누구보다도 먼저 간파하고 조총을 주력 무기로 하는 새로운 부대를 편성함과 함께 새로운 전투법을 도입하여 각 지역의 봉건영주들을 차례차례 제압해 나가며 전국시대의 일본을 거의 평정하게 되었다.

그러나 대국적인 지도력과 새로운 전술에 의하여 하극상이 계속되던 일본의 전국시대를 거의 끝내고 통일을 목전에 둔 1582년 측근 중신(重臣)이 반란을 일으켰다. 오다 노부나가는 소수의 근위병과 함께 대규모 반란군과 직접 창을 들고 전투를 하였으나 최후가 임박하자 부인과 함께 불 속으로 뛰어들어 자결하였다.

형식상으로는 오다 노부나가의 장남인 오다 노부타다(織田信忠)가 후계자로 되어있었지만 장남마저 반란군에게 살해당하면서 또 다른 중신(重臣)이었던 도요토미 히데요시(豊臣秀吉, 1537~1598)에게 행운의 기회가 왔다. 이미 오다 노부나가의 신임을 획득하여 오른팔과 같은 역할을 하던 중신 도요토미 히데요시는 재빨리 반란을 진압하고 이어서 노부나가의 다른 중신들도 제압하여 권력을 잡았으며 일본의 새로운 강자로 등장하였다. 도요토미 히데요시는 드디어 일본 천하를 손아귀에 넣게 되었고 사분오열되었던 힘을 하나로 모아 그 어느 때보다도 강력한 일본을 구축하게 되었다.

저자는 여러 번 국제학술회의에서 일본의 대학교수들을 만나면 도요토미 히데요시와 "도쿠가와 이에야스(德川家康)" 중 누구를 더 존경하느냐고 물어보곤 했다. 도쿠가와 이에야스는 도요토미 히데요시(豊臣秀吉)의 뒤를 이어 일본을 통일하고 쇼군이 되어 명치유신이 성공할 때까지 약 200년간의 에도막부를 연 역사적 인물이다. 저자는 당연히 도쿠가와 이에야스라는 대답이 나올 줄로 생각하고 있었다. 그러나 의외에도 한결같이 도요토미 히데요시라는 대답이었다.

혼자서 조용히 생각해보니 일본사람들의 그러한 반응을 이해할 수 있었다. 도쿠가와 이에야스는 일본 역사상 참을성(인내심)이 많기로 유명한 인물이다. 갖은 고통과 고난을 참고 위기를 넘기며 임진왜란 후 도요토미 가문과의 일전(一戰)을 벌여 승리하고 정권을 쟁취했지만 신분은 기반이 있는 봉건영주 출신이었다.

반면 도요토미 히데요시는 빈농의 아들로 신분도 미천하고 아무런 기반도 없이 태어난 데다 외모도 볼품이 없었다. 그러나 타고난 부지런함과 순발력, 그리고 감탄할 만한 노력으로 일본을 통일하고 최고 권력자의 자리에 오른 인물이니 그럴 만도 하다고 납득이 되었다. 저자 자신도 일본 역사책을 읽으면서 남들은 피하려고 하는 위험과 희생을 감수하면서도 자신의 운명을 시험해보고 스스로 운명을 개척해 나가는 도요토미의 자세와 노력에 개인적으로 감탄한 바 있다.

도요토미 히데요시는 출생과 성장배경으로 인하여 문화적인 안목과 소양이 부족했다. 다 자랄 때까지 글도 깨우치지 못했으며 오직 싸움질 밖에 몰랐다. 일본을 통일하고 나니 일본 내에서는 더 이상 싸울 곳이 없었다. 뿐만 아니라 싸울 것이 없는 영주들이 그 많은 군대를 가지고 무슨 짓을 할지 몰라서 불안해하였다.

도요토미 히데요시는,

"征明向道 假道入明"
(정명향도 가도입명)

"명나라를 정벌할 테니 길을 인도하고 명나라로 가는 길을 빌려라."

라는 구실(명분)을 내세워 많은 군대를 조선으로 보냈다. 조선을 침략하기 위한 것은 분명하지만 정말 명나라를 징벌하기 위한 전진기지로 먼저 조선을 취하려 했는지 알 수가 없다.

원래 왜군은 수륙병진(水陸竝進)의 전략(戰略)을 세워놓고 있었다. 부산에 상륙한 육군은 세 갈래로 나뉘어 가토 기요마사(加籐清正)의 부대는 강원도, 함경도로 진격하고, 고니시 유키나가(小西行長)의 부대는 경주, 상주, 서울, 평양을 거쳐 의주를 점령하고,

나머지는 전라도와 충청도를 장악하는 한편 수군은 서해로 진입하여 한강, 대동강, 압록강을 통해 육군에게 보충 병력과 군수물자를 보급하자는 전략(戰略)이었다.

1592년 7월 불과 3개월 만에 평양을 점령한 고니시 유키나가(小西行長)는 조선의 끝인 국경 마을 의주까지 쫓겨 간 조선의 임금 선조에게 빈정대는 투의 서신을 보낸 바 있다.

"이제 우리 수군이 대병을 이끌고 평양으로 올 터인데 국왕께서는 어디로 가시렵니까?

위의 편지는 적장(賊將)이 일국의 국왕에게 보낸 편지이므로 언뜻 보아 정중하지만 실제로는 조롱을 하면서 항복을 권유하는 협박성 편지이다.

"이제 서해바다를 통해 보충병과 보급품이 오면 곧바로 의주를 공격할 텐데 너는 어디로 갈 거냐? 어서 와서 항복해라!"

조선의 수군이 육전에서와 같이 연전연패하여 왜군의 수륙병진 작전이 성공하였다면 어떻게 되었을까? 왜의 수군이 조선의 바다를 완전히 장악한 후 조선 8도에 왜군들을 풀어놓고 마음대로 군수물자를 실어 날랐다면 조선의 운명은 어찌 되었을까? 조선의 역사와 더불어 우리 민족의 역사는 거기서 끝났을 것이다. 상상만 해도 아찔하다.

조선을 완전히 점령한 후 왜의 육군은 압록강을 건너 중국 내부로 진격하고 왜의 수군은 조선의 서해안으로부터 중국 산동반도나 요동반도 등으로 진출하여 육군과 함께 중국의 심장부를 타격하고 중국의 상당 부분을 손아귀에 넣는 것도 충분히 가능한 일이었을 것이다.

그러나 조선의 바다는 충무공 이순신 장군이 지키고 있었다. 일본의 수군은 해전에서 연전연패하면서 원래의 작전계획은 모두 뒤틀어졌고 고니시 유키나가의 호언장담은 물거품이 되어버렸다. 식량을 비롯한 보급품을 받지 못한 왜군은 기아에 허덕이고 설상가상(雪上加霜)으로 겨울이 닥쳐오고 있었다. 왜군에게는 겨울 준비가 되어있지 않았다. 왜냐하면 조선 정벌을 6개월 이내에 끝내는 것으로 되어있었기 때문이다. 왜 수군의 작전이 계획대로 수행되었다면 6개월도 안 걸렸을 것이다.

왜군을 크게 괴롭힌 세 가지는 첫째 이순신 장군, 둘째 의병, 그리고 조선의 동장군(겨울 추위)이었다. 왜군은 더 이상 견딜 수 없었고 남쪽으로 후퇴를 하였다. 조선은 수군이 있어서 숨을 쉴 수 있게 되었고 전쟁 양상은 장기전으로 변하였다.

임진왜란이 일어날 당시 조선의 지역별 수군 책임자는 경상좌수사 박홍, 경상우수사 원균, 전라좌수사 이순신, 전라우수사 이억기, 충청수사 최호였다.

경상우수영은 8관 18포였고 전라우수영은 15관 12포였으니 경상우수영이나 전라우수영이나 5관 5포인 이순신 장군의 전라좌수영보다 위수지역의 크기가 두 배가 넘었다.

임진왜란이 일어난 다음 날 경상좌수사 박홍은 좌수영의 방어를 포기하고 동래부에 들러 부사 송상현을 만난 후 도피하였다.

경상우수사 원균은 부임한지 두 달밖에 안 되어 전쟁 준비가 되어있지 않았고 대부분의 지휘관과 부하장병들이 도망친 상태였다.

저자는 이 글을 쓰면서도 몹시 아쉬운 생각이 든다. 이순신 장군은 전라좌수사로 부임한 이래 14개월 동안 전쟁 준비를 철저히 했다. 만일 이순신 장군이 전라좌수사가 아니라 경상우수사나 경상좌수사로 임명되어 14개월 동안 전쟁 준비를 하였다면 임진왜란의 향방이 어찌 되었을까?

그보다도 조선침략을 위하여 왜군이 몰려올 때 조선의 3도 수군이 합세해서 이순신 장군의 지휘 아래 부산 앞바다를 지켰다면 왜군 선단은 상륙도 하기 전에 모두 격침되었을 것이고 왜군들을 모두 수장시켰을 것이 아닌가! 저자는 가끔 눈을 감고 그런 장면을 상상해 본다.

세계 해전사에 길이 빛나는 23전 23승의 신화는 어떻게 이루어진 것일까? 이순신 장군은 선조 28년(1595년) 3월에 조정에 올린 장계[1])에서 조선 수군이 승리한 요인을 "판옥선의 우수함과 화포의 위력"으로 간단하고도 겸손하게 보고하고 있다.

물론 해전에 있어서 전선과 화력의 우월성이 직접적인 승전요인의 핵심이기는 하지만 신화적인 완승의 요인을 그렇게 간단히 요약할 수는 없다. 좀 더 근본적으로 먼 원인(遠因), 또는 간접적인 원인과 직접적인 원인, 즉 근인(近因)을 전체적이고도

1) 선조실록(宣祖實錄) 권(券) 61, 선조(先祖) 28년, 3월 신앙(辛印).

체계적으로 살펴볼 필요가 있다. 조선 수군 압승의 원인에 대해서는 이미 제9장에서 논의한 바가 있다.

임진왜란 하면 거북선이 너무 강조되고 이순신 장군의 조선 수군이 마치 거북선 때문에 승전한 것처럼 이야기들을 하기도 하지만 그것은 잘못된 생각이다. 이순신 장군은 왜적의 접근전을 염려하여 거북선의 건조를 승인하였으며 거북선이 초기의 해전에서 돌격선으로서 공을 세운 것은 분명하지만 우리가 상상하는 것만큼 대단한 역할을 한 것은 아니고 거북선 때문에 이순신 장군이 해전에서 승리한 것은 아니다.

거북선은 전투선(戰鬪船)으로서의 기능상 몇 가지 제한이 있어서 주력 전투선의 역할을 하기가 어려웠다. 대표적인 두 가지 제한을 살펴보면 다음과 같다.

거북선은 전투갑판이 판옥선처럼 개방되어 있지 않고 거북이 등처럼 덮여 있었다. 즉 전투공간이 폐쇄된 공간이었기 때문에 포사격 후 심각한 환기의 문제가 있었다. 당시의 화약은 매연이 심하여 몇 번 포사격을 하고 나면 질식할 정도로 숨쉬기가 어려웠을 것이다.

거북선에는 좌우현 각각 6개의 총혈이 있었다. 6개의 방패총혈 중 4개에는 각각 천·지·현·황자 총통을 1좌씩 배치하였고 나머지 2개의 총혈, 총 4개의 총혈은 사부(射夫-저격궁수)들이 화살과 불화살 등으로 적병이나 적선을 공격하는 용도로 쓰였는데 시야가 넓지 않은 관계로 사부(射夫)들의 역할이 원활하지 못하고 제한되었다.

거북선의 제한적인 기능에 대해서는 임진왜란이 끝난 후 다음과 같은 나대용(羅大用)의 상소(上疏)[2]를 보아도 알 수 있다.

> "龜船雖曰利於戰用, 射, 格之數, 不下板屋船一百二十五名, 射夫亦不便宜, 故各營各置一隻, 不爲加造."
> (귀선수왈이어전용, 사, 격지수, 불하판옥선일백이십오명, 사부역불편의, 고각영각치일상, 불위가조.)
>
> "거북선은 전쟁에 쓰기는 좋지만, 사수와 격군의 숫자가, 판옥선의 125명보다 적지 않고, 활을 쏘는 군사도 불편하기 때문에 각 영(營)에 한 척씩만 배치하고, 더 이상 만들지 않고 있다."

2) 선조(宣祖) 39년(1606년) 12월 24일 무오(戊午).

조선 수군의 주력 전투선은 판옥선이었다. 판옥선은 전투갑판(상갑판)이 높아 왜군이 뛰어오르기가 어려웠고 무엇보다도 왜군의 조총 사정거리보다 더 먼 거리에서 화포를 쏘아 적선이 접근하기 전에 당파하여 격침시키도록 하였으므로 임진왜란 때 해전에서 왜군이 접근전을 펼칠 기회가 없었다.

당시 해전에서 거북선이 결정적 역할을 한 것은 아니다. 원균 장군이 칠천량해전에서 왜의 수군에 의하여 참패를 당할 때 전투 초기에 돌격선으로서의 역할을 하던 거북선은 모두 격침되고 말았다. 이후로 전쟁이 끝날 때까지 조선함대에 거북선이라는 전선(戰船)은 없었다.

이순신 장군이 1597년 9월 16일 명량해전을 위하여 출전하기 직전 임금 선조에게,

"전하!
어리석은 신하가 아직 죽지 않았고,
신(臣)에게는 아직도 열두 척의 전선이 남아있습니다."

라는 비장한 장계를 보냈을 때도 열두 척의 전선 중에 거북선은 없었다.

그러나 거북선 없는 13척(나중에 전선(戰船) 한 척이 추가로 합류)의 전선으로 133척의 적함을 상대하여 31척을 격침시키고 대승을 거두었으며 그 다음 임진왜란의 마지막 해전인 노량해전에서도 거북선 없이 연달아 대승을 거두었으니 거북선이 큰 역할을 한 것은 아니다 라는 것을 알 수 있다.

거북선은 지나치게 신비화되어있다. 특히 상상력이 풍부한 어린이들에게 실체를 뛰어넘는 신비의 대상이 되기 쉽다. 저자도 어릴 때 그랬었다. 앞에서 언급한 바 있지만 거북선을 신비화한 것은 역설적이게도 일본 측이다.

그러면 거북선의 가치는 무엇일까? 임진왜란 당시에는 조선 수군의 신무기로서 돌격전을 감행하여 적진을 혼란스럽게 하고 왜 수군의 공포심을 유발하는 가치가 있었다. 특히 임진왜란 초기 해전에서의 역할과 전공은 높이 평가해야 할 것이다.

오늘날에는 국난을 타개한 민족의 자긍심으로서 여러 가지 상징적인 가치를 가지고 있다. 실제 해전에서의 역할은 제쳐놓더라도 거북선은 우리 민족에게는 충무공 이순신 장군과 함께 국난극복의 상징으로 영원히 가슴 속에 남아있을 것이다.

역사는 이순신 장군이 임진왜란의 마지막 해전인 노량해전(1598년 11월 18일~19일)에서 왜군의 조총탄에 전사하신 것으로 전하고 있다. 그러나 저자는 역사학자들이 무어라 하건 적탄에 맞아 돌아가셨으니 분명히 전사지만 자청해서 전사하신 것, 즉 자살형 전사로 생각한다.

임금 선조는 임금답지 못한 군왕이었다. 나라를 지키려고 헌신의 노력을 기울이는 신하에게 감사하거나 지원해주기는커녕 반역을 할까 의심을 하고 모반죄를 덮어씌어서 처형하려고까지 하였으며 백의종군이라는 치욕을 안겨주었다. 조선시대에 대역죄의 누명을 쓰고 살아난 사람은 이순신 장군 한 분뿐이었을 것이다.

"한심한 세상!
이제 전쟁도 끝나가니 이 전투를 끝으로 생(生)을 마감하자."

이렇게 결심하셨을 것이다. 그래서 승리를 확신한 후 갑옷을 벗고 왜군 저격수들에게 잘 보이도록 붉은 전포만 입으신 채 독전의 북을 계속 두드렸을 것이다.

왜적의 총탄을 맞으시고도 임진왜란의 처음부터 끝까지 이순신 장군과 생사고락을 함께한 군관 송휘립이 장군을 부둥켜안고,

"장군! 장군!"

울부짖으며 눈물을 흘릴 때,

"전투가 끝날 때까지 내가 전사하였다는 것을 알리지 말라!"

는 말씀을 남기고 눈을 감으셨던 것이다.

이순신 장군이 전사한 후 군관 송휘립이 이순신 장군의 갑옷을 입고 이순신 장군 대신 계속 독전하여 결국 최후의 대승을 거두게 되었다. 이순신 장군의 생애, 특히 임진왜란 말기의 장군을 생각하면 눈물이 줄줄 흐른다. 이순신 장군의 최후는 겉으로 보기에는 분명히 전사였으나 내면을 들여다보면 자살에 가깝다고 생각한다.

해군사관학교의 충무공 해전유물발굴단에서는 1992년부터 1996년까지 5년 동안 임진왜란 당시의 거북선을 비롯한 해전유물을 찾고자 당시 해전을 하였던 해역을 탐사한 바 있으나 아무것도 발견하지를 못하였다. 탐사해보아야 헛수고일 것이다.

임진왜란 당시의 거북선의 잔해나 화포 등 해전유물이 전혀 발견되지 않는 이유를 생각해보자.

칠천량해전 때 왜군의 1차 공격 목표는 거북선이었으며 그 다음이 조선 수군의 총통 등 무기류 탈취였다.

조선 수군이 칠천량해전에서 참패하면서 거북선은 모두 파괴되고 격침되었다. 거북선에 대해서 공포심과 증오심을 갖고 있던 왜의 수군이 철저히 파괴해 버렸다. 칠천량 전투 이후 더 이상 거북선은 존재하지 않는다. 아무리 찾아보아도 발견하지 못할 것이다.

임진왜란 당시 조선 수군의 화포 등 무기류의 유물이 발견되지 않는 이유를 다음과 같이 네 가지로 추측해 본다.

첫째, 앞에서도 언급한 바와 같이 임금 선조는 너무 의심이 심하여 무기를 제조하거나 군사훈련을 시키면 반란을 하려는 것으로 의심하고 참수형에 처하는 상황이었다. 전라도에서 의병을 일으켜 혁혁한 공을 세운 김덕령 의병장을 반란군에 합세하려 했다는 무고(誣告)로 한양으로 압송하여 선조의 친국이 있었으며 친국도중 사망하였다. 사실상 처형이나 마찬가지다. 경상도에서 의병을 일으킨 홍의 장군 곽재우 의병장도 압송되었다가 풀려났으나 의병들을 해산하고 종적을 감추었다. 그 후로 곽재우 의병장이 왜군과 전투를 하였다는 기록은 찾아볼 수 없다.

선조의 의심병은 시간이 갈수록 심해졌다. 임진왜란이 끝난 후 비록 얼마 남지 않은 전선과 무기일지라도 그대로 유지하고 있으면 또 어떠한 의심을 받고 고통을 당할지 알 수 없는 일이었다. 남아있는 전선이나 화포와 같은 무기류를 정비하기보다는 녹여서 농기구나 다른 연장을 만드는 것이 마음 편했을 것이다.

또한 임진왜란 당시 농기구나 다른 연장을 녹여서 화포 등 무기류를 만들었기 때문에 왜란이 끝나고 오랫동안 전란을 겪지 않게 되자 무기가 필요 없게 되어 녹여서 농기구나 다른 연장을 만든 것이 일부 있을 것이다.

둘째, 조선 후기로 내려오면서 전선의 크기와 화포의 규모가 커지면서 기존의 무기를 녹여서 새로운 무기를 만든 부분이 일부 있을 것이다.

셋째, 일제 강점기 때 조선의 총통과 무기류를 보이는 대로 강제 수거하여 일본으로 가지고 갔다. 임진왜란 당시 조선 수군의 화포 등 무기류가 일본에 많이 있는데 일본은 공개하지 않고 있다.

끝으로, 태평양전쟁 때 조선총독부에서는 무기 제조를 위하여 조선의 가정집 대문의 문고리나 놋그릇까지 금속류를 철저히 수탈해갔다. 이때에 그나마 희귀하게 남아있던 조선시대의 총통과 같은 무기류는 남아있을 여지가 없었다.

이와 같은 단계를 통하여 임진왜란 당시 조선 수군의 화포 등 무기류는 사라지게 되었다고 생각한다.

아, 거북선이여!

그리고 천자·지자·현자·황자(天字·地字·玄字·黃字) 총통(銃筒)이여!

서글픈 추정 결론을 내리며 끝을 맺는다.

부록 1

전란의 발발과 초기의 전황

임진왜란을 전후하여 조선의 정치 상황을 보면 한심하다고 하지 않을 수 없다. 임금 선조는 무능한데다 의심이 많았으며 조정 대신들은 주변 대외사정에 무지하였을 뿐만 아니라 동인과 서인으로 나뉘어 당쟁으로 소일하고 있었다.

일본을 통일한 도요토미 히데요시(豊臣秀吉)는 대륙침공의 의도를 가지고 대마도주(對馬島主) 소 요시토시(宗義智)를 통하여 조선의 통신사 파견을 여러 번 요청하였다. 조선의 조정에서는 처음에는 거절하였으나 일본의 요구에 대한 응대와 더불어 일본 내의 실정을 살피고 히데요시의 저의를 파악하고자 1590년 3월 황윤길(黃允吉)을 정사(正使)로, 김성일(金誠一)을 부사(副使)로, 허성(許筬)을 종사관으로 하는 통신사 일행을 파견하였고 이들은 이듬해 정월 히데요시의 답서를 가지고 귀국하였다. 히데요시의 답서에는 "태양의 아들"이라고 자신을 신격화하며,

"征明假道"

(정명가도)

"명나라를 칠 테니 길을 빌려라"

의 문자가 있어 침략의 의도를 분명히 알 수 있었다.

1591년 3월 통신사로 다녀온 사신들이 복명하는 어전회의(御前會議)에서 정사 황윤길과 부사 김성일의 보고는 일치하지 않고 전연 달랐다. 서인(西人)을 대표하는 정사 황윤길은, "풍신수길의 눈에서는 광채가 나고 위엄이 있으니 반드시 병화(兵禍)가 있을 것"이라고 보고를 한 반면 동인(東人)을 대표하는 부사 김성일은, "풍신수길의 눈은 쥐새끼 눈 같고 풍채도 볼품없으며 천둥번개에도 깜짝깜짝 놀라는 위인이니 감히 상국(上國)인 조선(朝鮮)을 침공할 정상이 없다"라고 정반대되는 보고를 하였다.

이리하여 조신(朝臣) 간에 의견이 분분하고 많은 논란이 있었으나 당시의 조선 조정은 동인들이 주도권을 장악하고 있었기 때문에 조선 조정에서는 동인인 부사 김성일의 보고에 따라 일본의 침공은 없는 것으로 결정하였다. 집권층인 동인들은 백성이 동요하면 자신들이 향유하던 권력에 초래될 변화를 두려워하였던 것 같다.

더구나 임진왜란이 일어나기 3년 전인 선조 22년(1589년) 발생한 "기축옥사(정여립의 난)" 이후 선조 임금은 극도로 불안해하고 의심증이 심해져 무기를 만들거나 군사훈련을 하면 모반죄로 처형을 하는 판국이었다. 공개적으로 무기를 개량하거나 만들기가 어려웠고 군사훈련을 하기도 어려웠다.

조선의 조정이 갈팡질팡하고 있는 사이 전쟁 준비를 마친 왜의 대규모 침략군이 몰려왔고 임진왜란이 일어났다. 임진왜란은 왜적의 상투 수단인 기습적인 침략으로 1592년 4월 13일 시작되었다. 침략군의 규모는 총동원 병력 33만 명, 전투 병력 9개 번대에 약 20만 명, 전선 2천 척, 조총 30만 자루였으며 당시 일본의 총 군사력의 2/3가 넘는 군사력이었다고 한다.

임진왜란이 일어난 날 부산진 첨사(僉使) 정발(鄭撥)은 부산진 앞바다에 있는 절영도(絶影島)에서 사냥을 하고 있었다. 사냥 중 군관이 달려와 일본 쪽에서 배들이 몰려오고 있다는 급한 보고를 하였다. 정발은 확인 지시를 하는 한편 그가 거느린 전선(戰船) 몇 척만으로는 바다에서 전투를 할 수 없다고 판단하고 휘하 군관들에게 모두 진성(鎭城)으로 복귀하라 명하고 인근의 동래부사(東萊府使)와 자신의 직속상관인 경상좌수사(慶尙左水使)에게 상황을 보고하였다.

부산진첨사(釜山鎭僉使) 정발(鄭撥)은 선조 12년(1579년) 무과에 급제한 후 선전관과 현령, 훈련원 주정을 거쳐 임진왜란이 일어나기 약 두 달 전에 부산진첨사가 되었지만 평탄한 관료 생활을 이어왔고 전쟁 경험도 없었다.

왜군의 선봉 제1대는 1592년 4월 13일 오후 늦게 부산포 앞바다에 도착했다. 도착한 첫날 주력부대는 상륙을 하지 않고 일부의 척후 부대만 상륙해서 탐색을 하였으며 오후 늦게 전령을 보내어 항복할 것을 권유하였다. 부산진첨사 정발은 이를 단호하게 거절하고 서둘러 전투준비를 하였다.

이튿날인 14일 이른 아침, 상륙을 마친 왜군은 부산포 진성(釜山浦 鎭城)을 공격하기 시작하였다. 부산포 진성은 대군을 방어하기에는 성의 크기가 작았고 병력도 너무 부족했다. 전투경험이 없는 조선군 수백 명은 왜의 정예군 1만 7천 명의 상대가 될 수 없었다. 부산진 첨사 정발과 휘하 장병들이 최선을 다해 왜군을 막았지만 현격한 전력(戰力)의 차이로 정발 이하 조선군은 끝까지 싸우다 전원 옥쇄를 하였고 성은 함락되고 말았다.[1)]

부산포를 함락한 왜군은 병력을 나누어 주력부대는 동래부를 공격하기로 하고, 부산포에서 멀지 않은 거리에 있었던 경상좌도의 본영인 좌수영과 부산포 첨사진의

1) 일본의 기록에는 두 시간여 만에 성이 함락되었다고 되어있으나 조선 측 사료에는 조선군이 한나절을 버티고 화살을 다 소비하였으며 정오경에 정발이 조총 탄환에 맞아 전사하면서 성이 함락되었다고 되어있다.

남서쪽에 있는 서평포 만호진과 다대포 첨사진을 거의 동시에 공격하였다.

왜군이 경상좌수영에 도착하였을 때 경상좌수사 박홍(朴泓)은 성의 방어를 포기하고 이미 도피하였으므로 성은 텅 비어있었다. 서평포에 대해서는 기록이 없는 것으로 보아 무혈점령한 듯하다.

다대포는 낙동강 하구에서 부산 쪽으로 돌출된 포구로 왜와의 관계에서 중요한 위치에 있었던 수군 첨사진이다. 이곳의 첨사는 임진왜란 직전에 부임한 60세에 가까운 윤흥신(尹興信)[2] 이었다. 4월 14일 오후 수백 명의 왜군이 공격해오자 다대포 첨사 윤흥신은 그의 휘하 장병들과 함께 사력을 다해 싸워 왜군을 물리쳤으니 임진왜란이 일어난 후 조선육군의 최초의 승리라고 할 수 있다.

첫날 승리를 거둔 후 휘하 군관들은 다음날 왜군이 증원된 병력으로 다시 공격해 올 것이 분명하므로 일단 퇴각해서 훗날을 도모하자는 제안을 했지만 그는 "다만 임지를 지키며 싸우다 죽을 뿐이다."라는 강한 의지를 밝히고 물러서지 않았다. 예상대로 다음 날인 15일 병력을 크게 증원해서 공격해 온 왜군에 대항해 싸우다 장렬하게 전사했다.

우리가 역사를 통하여 잘 알고 있는 바와 같이 조선 중기 일본과의 무역을 허용하며 개항한 삼포(三浦) 중 가장 큰 곳이 동래의 부산포였다. 오늘날 동래는 부산시의 일부로 되어있으나 조선시대 오늘날의 부산지역을 대표하는 지방관은 동래부사였다. 동래부사는 지역적 특성 때문에 문신과 무신이 번갈아 가면서 임명되었지만, 외교적 중요성 때문에 문신 중에서도 이 분야의 능력과 경력이 있는 사람이 임명되는 자리였다. 임진왜란 당시 동래부사는 문신 송상현(宋象賢)이었다.

송상현은 선조 9년(1576년) 문과에 병과로 급제한 후 여러 관직을 두루 거치며 선조 24년(1591년) 동래부사(東萊府使)에 임명되었으며 왜구의 침입이 있을 것이라는 소문이 들려오는 가운데 임지에 도착하여 방비를 굳게 하면서 선정을 베풀었다.

그 이듬해인 선조 25년(1592년) 4월 13일 임진왜란이 일어났고 다음 날인 4월 14일 부산진성이 함락되었으며 이어 왜군은 동래성을 공격하려 하였다. 왜군이 동래성을 공격하기 전날 경상좌수사 박홍은 좌수영의 방어를 포기하고 도피하면서 동래

2) 흥신은 1545년 을사사화 때 화를 당한 대윤의 영수 윤임(尹任)의 다섯째 아들이다.

성에 들러 동래부사 송상현과 사태에 대한 논의를 하였다. 그 자리에서 경상좌수사 박홍은 동래부사 송상현에게 "후일을 도모하기 위하여 일단 피하자"고 제안하였으나 동래부사 송상현은 "오직 임지를 지키며 싸울 뿐이다"라고 그의 의지를 분명히 했다.

경상좌수사 박홍은 할 수 없이 동래성을 떠나 그간의 전쟁 상황을 조정에 보고(장계)하고 주변에 알리면서 도피하였으니 왜군의 침입을 제일 먼저 조정에 알린 공이 있다고 하겠다.

왜군의 대장인 고니시 유키나가(小西行長)는 그의 사위인 대마도주 소 요시토시(宗義智)를 통해서 송상현이라는 인물(人物)에 대해서 알게 되었고 송상현을 존경하였다고 한다. 그래서 그랬는지 왜군은 곧바로 공격하지 않고,

"戰則戰矣 不戰則假道"
(전즉전의 부전즉가도)

"싸우고 싶으면 싸우고 싸우고 싶지 않으면 길을 빌려 달라."

라고 쓴 목패(木牌)를 남문 앞에 세우고 항복을 권유하였다. 이에 송상현이,

"戰死易 假道難"
(전사이 가도난)

"싸워서 죽기는 쉬우나 길을 빌려주기는 어렵다."

라고 목패에 써서 회신하자 왜군의 공격이 시작되었다. 송상현 부사는 장병들을 이끌고 분전하였으나 동래성은 부산진성보다 더 커서 방어하기도 어렵고 또한 엄청난 전력(戰力)의 차이로 인하여 성이 함락될 위기에 처하게 되었다. 동래부사 송상현은 죽음을 각오하고 갑옷 위에 관복을 입고 북쪽을 향하여 임금께 절을 올린 후 성문의 누각에 단정히 앉은 채 전사하였다.

고니시 유키나가는 송상현을 살해한 자기 부하를 잡아 죽이고 대마도주이며 왜군 장수인 요시토시 등이 그의 충렬을 기려 동문 밖에 장사 지내주었다 한다. 동래성이 함락된 직후 송상현의 첩인 김섬(金蟾)은 왜군에게 포로로 잡혔으나 그의 낭군을 따라 혀를 깨물고 순절하였다고 한다.

임진왜란 초기 부산진 첨사 정발, 다대포 첨사 윤흥신, 그리고 동래부사 송상현이 자신의 임지를 지키며 왜군에 대항한 것 외에는 경상좌병사와 경상좌수사 등 육군과 수군의 지휘관들이 모두 도주하여 버렸기 때문에 왜군은 불과 이틀 만에 동래부와 부산의 모든 해안지역을 점령할 수 있었고 교두보 마련에 성공한 왜군은 군사를 좌로, 중로, 우로의 셋으로 나누어 각각 추풍령, 조령, 죽령을 향해 북상하기 시작했다.

박홍의 장계는 4월 17일 오후 늦게 한성부에 전달되어 조정에서는 왜군이 침입한 지 4일 만에 전쟁이 일어난 것을 알게 되었다. 파발의 전달 속도가 이 정도였을 것이다. 그 당시 국가의 비상사태를 신속히 전달하는 봉화제도가 있었는데 왜 가동되지 않았는지에 대한 기록은 없다. 단지 저자는 미쳐 봉화를 올릴 여유가 없었던 것으로 추측할 뿐이다.

4월 17일 왜적의 침입 소식을 접한 조정에서는 이일(李鎰)을 순변사(巡邊使)로 삼고 신립(申砬)을 삼도 순변사(巡邊使)로 삼아 군사적인 전권을 주어 왜군을 격퇴하도록 하였다. 당시 신립과 이일은 조선에서 첫 번째, 두 번째 자리에 있던 장수였다.

당시 조선의 국방체제는 초기의 "진관체제"에서 "제승방략체제"로 바뀐 지 얼마 되지 않은 때였고3) 체제의 장단점을 시험해 본 적이 없었다. 진관체제는 지역단위의 방어체제로 각 지역 사령관이 휘하 장병을 독립적으로 지휘하는 체제인데 군사력이 집중되지 않고 분산된다고 하여 체제를 바꾼 것이다. 제승방략체제는 유사시 각 지역의 병력을 약속된 지역으로 집결시키고 중앙에서 파견된 장수, 즉 경장(京將)이 지휘하도록 하는 체제이다.

이일은 순변사로 임명된 후 한성부에 요청한 병력 300명을 받지 못해 지체하고 있다가 부족한 병력은 추가로 받기로 하고 사흘이 지나서 수십 명 정도만 이끌고 출발했다.

한편 전쟁이 일어나자 제승방략체제에 따라 문경 이하의 경상도 병력은 모두 대구 감영에 모여 조정에서 내려올 경장(京將)을 기다리고 있었다. 그러나 며칠이 지나도 지휘관은 내려오지 않고 이미 동래성과 밀양성이 함락되었으며 왜군은 파죽지세로 북상하여 대구에 접근 중이라는 소식이 전해지자 집결했던 병력은 해산되고 말았다. 이일이 문경에 도착했을 때는 병력이 모두 해산하고 난 후였다.

---

3) 제13대 명종 때 을묘왜변을 계기로 방어체제를 변환하였음.

이일은 4월 23일 상주에 도착했으나 상주 목사 김해(金懈)는 이미 성을 버리고 도주한 후였다. 이일은 자신이 거느린 군사와 급히 모은 상주 백성 모두 합쳐 1,000명 남짓한 부대를 만들고 24일 상주성을 나와 북천 강가에서 막 소집한 병사들을 훈련시키고 있었다.

그러나 4월 25일 아침 왜군의 본대도 아니고 소수의 정찰부대가 조총을 쏘며 기습하여 군관 몇 명이 총에 맞아 전사하자 농민으로 구성된 병력들은 모두 도주했다. 이일도 겨우 몸만 빠져나와 단기로 신립이 있는 충주 쪽으로 도주했으니 조선에서 두 번째라는 말을 듣던 장수가 너무 허무하게 패한 것이다.

상주를 무혈점령한 고니시 유키나가의 2만 왜군은 1592년 4월 26일 문경에 도착하였다. 문제는 문경에서 충주로 넘어가는 조령(문경새재)이었다. 조령은 조선시대에 경상도의 유생들이 과거시험을 보러 한성으로 가는 길이며 남부지방에서 한성으로 가는 세 갈래 길 가운데 중간에 위치한 요충지이지만 목이 좁고 외길인데다 산세가 깊고 험하여 조선군이 매복해 있다가 기습공격하면 상당한 병력손실은 물론이고 패전까지도 우려되는 곳이었다.

왜군의 1번 대장 고니시 유키나가는 두렵고 걱정되어 조심스럽게 탐색대를 보냈다. 그런데 수색을 갔다 온 척후병의 보고로는 의외로 "조선병사 단 한 명도 없음"이었다. 고니시 유키나가는 "조선군이 잘도 숨었구나!" 라고 생각하며 두 번, 세 번 거듭 척후 부대를 보냈으나 결과는 마찬가지였다. 고니시 유키나가와 가토 기요마사의 왜군 4만 병력은 두렵고 걱정되던 문경새재를 무혈통과하였다. 고니시 유키나가는 조선군이 이곳에서 방어전을 펼치지 않은 것을 이상하게 생각하며 "하늘이 나를 도왔구나!"하고 춤을 추면서 지나갔다고 한다.[4]

왜군의 격퇴를 위하여 남하한 삼도 순변사 신립 장군은 조령의 험지에서 매복 기습작전을 펴자는 휘하 장수들의 강력한 의견에도 불구하고 남한강의 강변인 충주 탄금대에 배수진을 쳤다. 병법에서 배수진은 양쪽의 전력이 비등할 때 죽기를 각오하고 싸우도록 사기를 북돋우기 위한 전법이며 전력(戰力)의 차이가 크게 날 때는 택해서는 안 된다는 것이 상식이다.

4) 유성룡의 징비록.

조선 제일의 장군이라고 평가받던 신립 장군이 그러한 병법의 상식을 모를 리 없었을 텐데 왜 배수진을 택했는지는 알 수가 없다. 전투경험도 없고 훈련도 되지 않은 조선군이 도망칠 것을 대비한 것이 아닌가 추측되기도 하고, 북방에서 야인들과 싸울 때 전공을 세운 그의 우수한 기마병들이 일거에 왜적을 짓밟을 수 있다고 생각했는지도 모른다. 실제로 신립 장군은 한성을 떠날 때 그의 기마병으로 왜적을 단번에 쓸어버릴 테니 걱정하지 말라고 호언장담을 하였다고 한다.

그러나 왜군의 전력(戰力)이나 조총부대의 위력에 대해서 너무나 무지하였다. 신립 장군이 도요토미 히데요시에 의하여 일본이 통일되기 조금 전인 1575년 5월 21일 오다 노부나가(織田信長)의 5천 조총부대가 일본 제일을 자랑하던 다케다 가쓰요리(武田勝賴)의 3만 기마군단을 전멸시킨 나가시노 전투의 역사를 알고 있었다면 그런 무모한 전투는 벌이지 않았을 것이다.

신립 장군이 결전의 장소로 택한 충주 달천(達川)변 들판은 논이 많은 데다 설상가상으로 전투 전날 밤 폭우가 쏟아져서 전투장은 진창이 되어 말이 잘 달릴 수 없었다고 한다. 전술도 나빴고 운도 없었다. 4월 28일 충주 전투에서 조선군은 왜군에게 완패했고 신립 장군 자신도 전사했다. 그러나 왜군에게도 상당한 전력손실이 있었다.

신립 장군은 당대 조선의 명장임은 분명하다. 저자는 신립 장군이 휘하 장수들의 의견에 따라 조령의 샛길에서 활 잘 쏘는 군사 수천 명을 매복시켰다가 기습작전을 폈던가, 아니면 충주에서 전투를 하더라도 배수진을 치지 말고 강 맞은편에서 전투를 하다가 불리하면 퇴각하여 한강 방어전, 임진강 방어전 등 제2, 제3의 방어전을 수행하였다면 왜군이 그처럼 쉽게 한성을 점령하고 개성을 거쳐 평양성을 점령하지는 못하였으리라고 생각한다. 전쟁의 양상이 많이 달라졌을 것이다. 신립 장군이 전사한 후에 조선 육군에는 군인다운 지휘관을 찾아보기 힘들었다.

충주 패전의 소식은 같은 날(4월 28일) 조정에 전달되었다. 조선 최고의 장수로 여겼던 신립 장군과 충청도 전체병력 8,000명이 처음으로 왜군과 본격적인 전투를 하였는데 허망하게 패전하였기 때문에 조선 조정에게는 엄청난 충격이 되었다.

조선 조정에서는 파천에 대해서 왈가왈부하다가 선조는 4월 30일 장맛비가 퍼붓는 이른 새벽 피난길에 올랐다. 임진강을 건너 5월 1일 개성에 도착했고 3일 개성을 떠나 평양성을 향했다. 선조 일행은 5월 7일 평양에 도착한 이후 1개월여를 머물다 6월 11일 다시 의주로 피난을 떠났다.

왜군은 5월 3일 선조가 떠난 한성을 무혈점령했다. 탄금대 전투 후 고니시 유키나가 부대는 양평을 거쳐 숭례문(崇禮門, 남대문)을 통해 한양에 입성했고, 탄금대 전투를 옆에서 지켜보던 가토 기요마사 부대도 용인을 거쳐 같은 날 흥인지문(興仁之門, 동대문)을 통해 입성했다. 한강 방어전은 없었다. 왜군은 4월 14일 부산진 전투 이후 불과 20일 만에 조선의 수도 한성을 점령하였으니 하루에 평균 100리 가까이 진격한 셈이다.

왜군이 임진강을 건너는 데는 개전 이후 한성을 점령하는 데 걸린 시간보다 더 오래 걸렸다. 임진강이라는 자연장애물에서 조선군이 어느 정도 방어전을 펼쳤기 때문이다. 그러나 임진강 방어전에 임한 조선군은 지휘체계의 혼란과 무능한 지휘관으로 인하여 5월 17일 왜군의 유인작전에 말려 임진강을 건너 선공에 나섰다가 왜군에게 패했다.

왜군은 5월 27일 임진강을 건넌 후 전열을 정비하여 6월 1일 고니시 유키나가의 제1군은 개성과 평양으로, 가토 기요마사의 제2군은 함경도 방면으로 북상을 시작하였다. 조선군은 대동강 방어전에서도 실패하여 선조가 평양을 떠난 지 사흘 후인 6월 14일 왜군은 평양성을 점령했고 가토 기요마사도 함경도를 점령했다.

고니시 유키나가의 왜군은 평양성을 점령한 뒤 곧바로 의주로 향하지 않았고 공세를 중단한 채 정세를 관망하고 있었다. 고니시 유키나가가 왜 그랬는지 그 이유를 정확히는 알 수 없으나 다음과 같이 추측해 볼 수 있다.

- 신립 장군과의 충주 전투에서 상당한 병력손실을 입었다.
- 평안도 조선군 병력의 방어 능력이 예상보다 강했다.
- 보급이 원활치 못했다.
- 병사들이 지치고 괴질(이질인 듯함)이 돌았다.

고니시 유키나가가 평양에서 제일 애타게 기다린 것은 보충병과 보급품을 싣고 오는 왜의 수군이었는지 모른다. 선조에게 보낸 고니시의 편지를 볼 때 그런 추측을 할 수 있다. 사실 조선을 침입할 때 왜군의 전략(戰略)은 수륙병진이었다. 육군은 북진하고 수군은 서해를 돌아 한강, 임진강, 대동강을 통해서 보충병과 보급품을 운송할 계획이었다.

그러나 조선의 바다에는 이순신 장군이 있었다. 육군과는 달리 왜의 수군은 연전연패했다. 할 수 없이 육로를 통해서 보급품을 운반하여야 했으나 육로를 통한 운송은 워낙 시간이 많이 걸리는 데다 많은 우마차와 수송 병력이 필요했으므로 자연히 전력(戰力)이 약화될 수밖에 없었다. 특히 전국 각지에서 의병이 봉기하였다. 의병들의 전과 중 가장 두드러진 것은 적 병참선의 차단이라고 할 수 있다. 왜군들의 군량은 차차 바닥이 나기 시작하였다.

평양성 점령 후 왜군의 공세는 중단되었고 1592년 8월 중순 이후 평양 북쪽의 순안 지역을 경계로 전선은 고착된 상태가 되었다. 한숨 돌린 조선군은 전력(戰力)을 정비해 나가며 왜군에게 점령당했던 성읍들을 회복하기 시작했다.

또한 명군(明軍)의 개입으로 1593년 조명연합군은 평양성을 탈환하였고 벽제관 전투 등 우여곡절은 있었지만, 수도 한성을 수복하였다. 왜군은 남쪽으로 물러나 전쟁 양상은 장기전이 되었고 1597년 정유재란이 일어날 때까지 큰 전투가 없는 소강상태가 유지되었다.

부록 2

의병(義兵)과 승병(僧兵)의 봉기(蜂起)

우리 민족은 향토심이 강하여 국가가 어려울 때 스스로 일어나 국가를 돕고 향토를 지킨 전통이 강하다. 우리나라 역사상 의병 활동이 두드러지게 나타나기 시작하였을 때는 고려시대부터라고 할 수 있다. 고려시대의 대표적인 의병 활동으로는 1231년부터 1259년까지 일곱(7) 차례에 걸쳐 고려를 침입한 몽골에 맞서 싸운 28년간의 대몽항쟁을 들 수 있다.

고려 제23대 임금인 고종 때 몽고가 침입하자 고려의 무신정권은 강화도로 천도를 하였다. 1232년 살리타가 이끄는 몽고군이 제2차로 침입하였을 때 승려 김윤후는 의병을 조직하고 처인성(지금의 경기도 용인)에서 몽고군에 맞서 치열한 전투를 하였으며 살리타가 화살에 맞아 전사하자 몽고군은 일단 고려에서 철수하였다.

1253년 몽고군이 제5차 침입을 하고 고려의 전국을 휘젓고 다니다가 충주성을 포위하였다. 충주성을 지키고 있던 지휘관은 처인성 전투를 승리로 이끈 승려 김윤후였으며 몽고군은 70여 일 동안 충주성을 포위하고 공격하였으나 함락시키지 못하고 물러갔다.

몽고는 정복한 국가를 전부 몽고국에 편입시켰으나 고려국만큼은 끈질긴 항쟁으로 인하여 비록 부마국이라고는 하지만 독립국가로 놔두었다.

조선시대로 넘어와 임진왜란이 일어나자 전국 각지에서 의병이 봉기했다. 경상도 지역에서는 홍의 장군 곽재우와 정인홍, 전라도 지역에서는 고경명, 김덕령, 김천일, 충청도 지역에서는 조헌, 황해도 지역에서는 이정암, 함경도 지역에서는 정문부 등이 의병을 일으켰다.

그 당시 왜군은 오랜 전국시대를 겪으면서 조선 민중보다 국가에 대한 개념이 희박했고 왜군의 전쟁계획에는 의병의 활약이란 게 없었다.

제일 먼저 의병을 일으킨 분은 홍의 장군 곽재우이다. 임진왜란이 일어나고 관군이 왜군에게 연전연패하자 1592년 4월 22일 고향인 의령에서 스스로 의병을 조직했다. 임진왜란이 일어난 지 열흘도 되기 전이다.

곽재우 장군은 붉은 비단으로 된 갑옷을 입고 전투 시에는 맨 앞에서 싸웠기 때문에 천강홍의장군(天降紅衣將軍)이라고 불렸다. 왜군과의 많은 전투에서 승리하고 왜군의 보급선을 기습하여 보급을 차단하는 데 성공하였다. 특히 임진왜란 3대첩의

하나인 진주성 싸움을 승리로 이끄는 데 큰 도움을 주기도 하였다.

왜군은 수륙병진 전략에 따라 수군이 서해를 돌아 육군에게 병참 수송을 하려던 계획이 조선 수군에게 연전연패하여 완전히 좌절되자 곡창지대이며 조선 수군의 본영이 있는 전라도를 침공하려 하였다. 전라도를 침공하려면 반드시 지나야 하는 길목에 진주성이 있었으며 진주는 지리적으로 대단히 중요한 전략 지역이었다. 이곳이 무너지면 왜군은 곧바로 호남을 휩쓸게 되는 것이다.

1592년 10월 8일 왜군의 총대장 우키타 히데이에(宇喜多秀家, うきたひでいえ)는 30,000명이 넘는 대군(大軍)으로 진주성을 포위하고 공격하기 시작하였다. 진주성 안의 민(民)·관(官)·군(軍) 3,800여 명은 김시민(金時敏) 장군의 지휘 아래 혼연일체가 되어 필사적으로 싸웠으며 7일간의 치열한 공방전 끝에 왜군을 격퇴하였다. 왜군의 전사자가 10,000명이 넘었다고 한다.

진주혈전은 임진왜란 3대첩 중의 하나이고 임진왜란 중 조선군이 육지에서 거둔 최대의 승리이다. 그러나 애석하게도 김시민 장군은 마지막 날 이마에 조총탄을 맞아 전사하였다.

진주성 전투 때 곽재우 의병장은 왜군의 후방을 교란하여 왜군이 공격에 집중하지 못하도록 함으로써 조선군의 승리를 이끄는 데 큰 역할을 하였으며 왜군의 호남 침입을 저지하는 데 큰 공을 세웠다.

우리나라에서는 곽재우 장군이 최초로 의병을 일으킨 음력 4월 22일을 양력으로 고쳐 계산한 6월 1일을 "의병의 날"로 정하고 있다.

전라도에서 제일 먼저 의병을 일으킨 분은 김천일이다. 의병장 김천일은 1592년 5월 3일 나주에서 의병을 일으켜 강화도와 한양지역에서 활동하다가 왜군이 남으로 후퇴하자 이를 추격하여 진주성으로 들어갔다. 왜군은 전라도 진출과 그전 해 제1차 진주성 전투 때 패한 앙갚음을 하고자 대군을 이끌고 재차 진주성을 공격하였다.

제2차 진주성 전투는 1593년 중 가장 처절한 전투로서 조선의 관군과 의병은 죽기를 각오하고 방어하였으나 화살이 떨어지고 창검이 부러져 죽창으로 맞서 싸우다가 마침내 성이 함락되었다. 의병장 김천일은 그의 아들 김상건과 함께 진주 남강에 투신하여 자살하였다.

충청도의 의병장 중봉(重峯) 조헌은 명종(明宗) 22년 과거에 급제하여 선조(宣祖) 때 여러 관직을 역임하였으며 굽힐 줄 모르고 바른말을 하는 강직한 학자였다. 임진왜란 전에도 전란을 예견하고 대궐에 엎드려 국방 강화를 극간(極諫)하였으나 조정에서는 광론(狂論)이라 하여 받아들이지 않았다.

벼슬을 떠나 옥천에 은거 중 임진왜란이 일어나자 의병을 일으켜 왜군의 보은(報恩) 진격을 저지하였고 영규대사의 승병과 합세하여 청주(淸州)를 탈환하였다. 이어서 금산의 왜적이 전라도와 충청도 지방을 석권하려 하자 영규대사와 합세하여 700 의사를 이끌고 금산의 왜적과 싸우다 전원 전사하였고 의병장 조헌도 순절하였다.

황해도의 의병장 이정암은 조선 중기의 문신으로 임진왜란 당시에는 이조참의로 있었으나 평안도로 몽진하던 선조를 호종하지 못하여 해직되었다. 직위가 해제되자 이정암은 개성 유수로 있던 동생 이정형을 찾아가 동생과 함께 개성을 수비했으나 임진강 방어선이 무너지고 개성 또한 적의 수중에 떨어지자 동생과 함께 개성을 탈출하여 황해도로 가 의병을 일으켰다.

의병장 이정암이 세운 최대의 전공은 연안성 전투이다. 임진왜란이 일어난 지 4개월이 지난 8월 28일 왜군 제3군 사령관 구로다 나가마사가 5,000여 명의 직속 병력을 이끌고 연안성을 공격해오자 의병장 이정암은 1,400여 명의 의병을 규합해 연안성을 수비하였으며 사흘 밤낮의 전투 끝에 왜군을 격퇴하였다.

함경도의 의병장 정문부는 한양에서 태어났으며 선조 21년(1588년) 식년 문과에 갑과로 급제하여 관직에 나간 후 임진왜란이 일어나기 1년 전인 1591년 자원하여 북평사(北評事)가 되어 함경도 임지로 부임했다.

임진왜란이 일어나자 함경도에서 의병을 일으킨 정문부는 1592년과 1593년에 걸쳐 함경도 경성과 길주 등지에서 왜군 제2군인 가토 기요마사의 군대와 반란을 일으킨 국경인과 여진족들을 무찌르고 함경도를 탈환하였다. 이 전투를 북관대첩(北關大捷)이라고 하며 이 전공을 기념하기 위하여 숙종 때 함경북도 길주군 임명면에 높이 167cm, 너비 66cm 되는 북관대첩비(北關大捷碑)를 세운 바 있다.

경복궁에 전시 중인 북관대첩비[복제품]

이 북관대첩비는 1905년 러·일 전쟁 때 일본군이 일본으로 가져가 야스쿠니 신사에 보관하고 있다가 2005년 우리나라에 반환되었으며 남·북한 합의에 의하여 북한으로 송환되어 원래 세워졌던 자리에 다시 세워졌다(북한의 국보 제193호).

조선시대는 배불숭유(排佛崇儒) 정책으로 불교를 배척하던 시절이었다. 고려시대에 불교와 승려는 종교의 영역을 넘어 정치, 경제 분야에서도 중요한 영향력을 행사했지만, 조선시대에서는 유교를 국시(國是)로 채택하면서 몇 개의 예외적 사례를 제외하고는 대체로 크게 위축된 입지에 머물렀다.

그런 예외적 사례의 대표적인 경우는 전란과 관련된 것이었으며 임진왜란과 같이 국가의 급박한 위기 상황에서는 승려들도 예외가 아니었다. 무시당하고 억압받고 목숨을 바쳐봐야 나라가 인정해주지 않는데도 나라를 구하겠다는 신념으로 불교에서 금지하는 살생까지 각오하며 의병 활동을 하였다는 사실은 높이 평가되어야 한다. 승려들은 방대하고 전국적인 조직과 일치된 행동으로 뛰어난 전과를 올렸다.

혁혁한 공훈을 세운 대표적인 승병장으로는 서산대사(西山大師) 휴정(休靜), 사명대사(泗溟大師) 유정(惟政), 처영대사(處英大師), 영규대사(靈圭大師)를 들 수 있다.

영규대사(靈圭大師)는 임진왜란 최초의 승병장(僧兵將)이다. 영규대사(靈圭大師)는 공주 갑사(公州 甲寺)에서 출가해 사명대사(泗溟大師) 유정(惟政)과 함께 서산대사(西山大師) 휴정(休靜)의 제자가 되었다.

임진왜란이 일어나자 영규대사(靈圭大師)는 제일 먼저 승병(僧兵)을 규합해 의병장 조헌(趙憲) 선생과 함께 청주성 전투에 참가하였다. 이때 청주성을 잃고 연기에 진을 치고 있던 충청도 방어사 이옥도 소규모 관군을 이끌고 합류하였으나 관군의 역할은 미미한 반면 조헌과 영규대사가 이끄는 의승병(義僧兵)이 분전하여 마침내 청주성을 탈환하였다.

임진왜란 때 조선육군의 최초의 승리는 임진왜란이 일어난 다음 날인 4월 14일 낙동강 하구의 다대포 전투라고 할 수 있으나 이 전투는 적병 300~400명 정도로 추정되는 소규모 공성전(攻城戰)이었고 잘 알려져 있지도 않다. 일반적으로 청주탈환 전투에서의 승리가 조선군 최초의 육지전 승리라고 알려져 있다. 서울을 버리고 의주까지 피난을 갔던 선조는 청주성 전투의 승전소식을 듣고 영규대사(靈圭大師)에게 당상의 벼슬과 옷을 하사하였다.

이후 고바야가와(小早川隆景)가 이끄는 왜군이 충청도 금산에 집결해 호남지역을 침공하려 하자 이를 막기 위하여 영규대사와 승병은 조헌 선생의 의병과 함께 금산으로 달려갔으며 호남 순찰사인 권율 장군이 이끄는 관군과 함께 금산의 왜군을 협공하기로 약속을 하였다.

그러나 권율 장군은 왜군의 기세로 보아, 아군은 중과부적의 열세임을 탐지하고 작전을 바꾸어 기일을 늦추자는 편지를 조헌 선생에게 띄웠으나 미처 편지를 받아보지 못한 조헌 선생은 출병을 서둘렀다. 영규대사는 관군과의 연합작전을 위해서 공격을 늦추자고 하였으나 조헌 선생이 듣지 않자 영규대사는 조헌 선생을 혼자서 죽게 할 수는 없다고 하면서 생사를 함께하기로 하였다.

그리하여 조헌과 영규대사의 700 의승군(義僧軍)은 1592년 8월 18일 금산 전투에서 최후의 한 사람까지 적을 맞아 싸웠으며 끝내 조헌 부자와 영규대사, 그리고 700명의 의승병(義僧兵)들은 장렬한 최후를 마쳤다. 영규대사는 청주성 전투에서 승리한 상으로 임금이 내린 상사(賞賜)가 도착하기도 전에 금산 전투에서 전사한 것이다.

조헌 선생과 영규대사의 금산 전투보다 약 두 달 전 고경명(高敬命)의 의병과 관군이 합세하여 왜군의 호남진입을 저지하기 위한 금산 전투를 치룬바 있다. 이 전투에서 고경명(高敬命) 의병장은 작은아들과 함께 전사하였다.

비록 조헌 선생과 영규대사가 고경명 의병장에 이어 왜군과의 전투에서 패하기는 하였지만 왜군들도 수차에 걸친 의병들과의 싸움으로 많은 사상자와 피해를 입고 호남침입을 포기한 채 금산에서 철수하였다.

서산대사(西山大師)는 오랫동안 묘향산에 머물러 있었으므로 서산(西山)이라고 부르며 법명은 휴정(休靜)이다. 선조(宣祖)는 평안도 의주까지 피난을 가는 상황이 되자 묘향산으로 사신을 보내어 서산대사(西山大師) 휴정(休靜)을 부르고 나라의 위태로움을 구할 방도를 물었다. 이에 휴정(休靜)은 72세라는 고령에도 불구하고 기꺼이 승병을 일으켜 자신이 통솔하여 전쟁터로 나아가 나라를 구하겠다고 하자 선조(宣祖)는 팔도선교도총섭(八道禪教都總攝)이라는 직함을 내렸다.

곧 전국에 격문을 돌려서 각 처의 승려들이 구국에 앞장서도록 하자 이에 제자 처영대사(處英大師)는 지리산에서 궐기하여 천여 명의 승군을 이끌고 권율(權慄) 장군의 휘하로 합세하였고, 사명대사(泗溟大師) 유정(惟政)은 금강산에서 승군을 모아 평양으로 왔다. 서산대사 자신은 문도 1,500여 명의 의승군을 순안(順安) 법흥사(法興寺)에 집결시키고 명(明)나라 군사와 합세하여 평양을 회복하였으며 도주하는 왜군을 추격하였다.

선조가 서울로 환도할 때 700여 명의 승군을 거느리고 개성으로 나아가 어가(御駕)를 호위하여 맞이하였으며 선조가 서울로 돌아오자 휴정은 심신의 노쇠함이 군대의 왕성한 기세를 따라갈 수 없다고 생각하여 물러날 것을 결심하였다. 그리고 그의 제자인 유정(惟政)과 처영(處英)에게 최선을 다해 싸울 것을 당부하며, 특히 유정에게 승군 전체의 통솔권을 맡기고 묘향산의 은거처로 돌아갔다.

전쟁이 끝나자 선조는 휴정의 공로를 크게 평가하여 '국일도대선사선교도총섭부종수교보제등계존자(國一都大禪師禪教都摠攝扶宗樹教普濟登階尊者)'라는 최고의 존칭과 함께 정2품 당상관 직위를 하사하여 나라에 있어서의 공과 불교에 있어서의 덕(德)을 치하하였다.

서산대사(西山大師) 휴정(休靜)은 1604년 1월 묘향산 원적암(圓寂庵)에서 설법을 마치고 자신의 영정(影幀)을 꺼내어 그 뒷면에

"八十年前渠是我 八十年後我是渠"
(팔십년전거시아 팔십년후아시거)

"80년 전에는 네가 나이더니 80년 후에는 내가 너로구나."

라는 시를 적어 유정과 처영에게 전하게 하고 가부좌하여 앉은 채로 입적하였다. 나이 85세, 법랍 67세였다. 입적한 뒤 21일 동안 방 안에서는 기이한 향기가 가득하였다고 한다.

85세에 묘향산 원적암에서 입적한 서산대사(西山大師) 휴정(休靜)의 임종게(臨終揭)는 참으로 우리의 마음을 숙연하게 만든다.

生也一片浮雲起
死也一片浮雲滅
浮雲自體本無實
生死去來亦如然
(생야일편부운기
사야일편부운멸
부운자체본무실
생사거래역여연)

"삶이란 한 조각 구름이 일어남이요
죽음은 한 조각 구름이 스러짐이다
구름은 본래 실체가 없는 것
죽고 살고 오고 감이 모두 그와 같도다."

우리에게 흔히 사명당(四溟堂)이라고 알려진 사명대사(泗溟大師) 유정(惟政)은 서산대사(西山大師) 휴정(休靜)의 제자로 임진왜란이 일어났을 때 금강산 유점사(楡岾寺)에 있었는데 조정의 근왕문(勤王文)과 스승 휴정(休靜)의 격문을 받고 승병을 모아 평양 근처의 순안(順安)으로 가서 휴정과 합류했다.

사명당(四溟堂)은 의승도대장(義僧都代將)으로 승병 2천 명을 이끌고 평양과 중화(中和) 사이의 길을 차단한 뒤 1593년 1월 그의 스승 서산대사(西山大師)와 함께 명군(明軍)

과 연합해 평양 전투를 치루고 평양을 탈환하였다. 평양수복은 임진왜란의 흐름을 바꾼 중요한 계기로 평가된다.

약 100년 뒤 성호 이익(李瀷)은 성호사설에서,

> "이때 우리나라가 쇠잔했지만, 그래도 군사가 많았고 유정(惟政)이 거느린 승군이 참전해 기이한 작전을 많이 썼으니 이여송을 기다릴 필요가 있었겠는가"

라고 지적하면서 명군(明軍)의 참전을 비판한 바 있다.[5] 이런 평가는 사명당의 뛰어난 지휘 능력과 승군의 강한 전력을 보여주는 예라고 할 수 있다.

사명당은 두 달 뒤에도 서울 근교의 노원평(盧原坪) 전투에서 큰 전과를 올렸다. 노원평 전투는 1593년 3월 25일부터 사흘 동안 치러진 격전이었다. 한 달 전 행주산성에서 대패한 왜군 5만 명은 한양에서 집결한 뒤 식량과 보급품을 조달하기 위해 양주로 군사 일부를 보냈는데, 사명당은 양주목사 고언백(高彦伯) 등 관군과 연합해 3천 명의 병력으로 매복 작전을 펼쳐 왜군을 섬멸하였다. 이 노원평 전투는 왜군을 한양에서 퇴각하게 만든 중요한 계기로 평가되며 이 공로로 사명당은 선교양종판사(禪教兩宗判事)에 제수되었다.

한양을 수복한 후 사명당(四溟堂)은 도원수 권율과 함께 경상도 의령에 내려가 전공을 많이 세워 당상(堂上)에 올랐다.

임진왜란 때 사명당의 활약은 군사적 부분에만 그치지 않았다. 오히려 더 중요한 성과는 외교에서 거두었다고도 평가할 수 있다. 그는 당시 조선 최고의 외교관이었다.

사명당(四溟堂)은 1594년 4월부터 모두 네 차례에 걸쳐 왜(倭)와의 강화(講和)회담에 나아가 침략의 부당성을 역설한 바 있다. 1594년 7월 가토 기요마사(加藤清正)의 울산 진지를 방문하여 담판 지을 때의 일화이다. 담판의 주요한 부분이 결렬되자 가토가 사명당을 놀리기 위해 "귀국에도 보물이 있소?"라고 물었다. 그러자 "우리나라에서는 귀하의 머리를 금 천근과 읍(邑) 만호(戶)를 주고 산다고 하오. 이러한 막중한 것이 어찌 보물이 되지 않겠소."라고 호방하게 맞받아쳤다고 한다.

---

5) "성호사설" 제11권 인사문(人事門) 이제독부지병(李提督不之兵).

특히 고니시 유키나가(小西行長)와 사이가 나쁜 가토 기요마사(加藤清正)로부터 왜(倭)와 명(明)이 조선 할양에 대한 회담을 하고 있다는 정보를 입수하여 유성룡에게 알려줌으로써 양국의 야욕을 분쇄할 수 있었던 것은 사명당(四溟堂)의 가장 큰 공훈이라고 할 수 있다. 그렇지 않았다면 임진왜란은 한강을 경계로 하여 북쪽은 명나라 땅이 되고 남쪽은 왜의 땅이 되는 것으로 끝났을지도 모른다.

1597년 정유재란 때는 조명연합군의 울산 전투에 참전하였으며 이듬해 순천 왜성(예교성) 공격에 공을 세웠다.

도요토미 히데요시(豊臣秀吉)의 사망으로 임진왜란은 끝이 났다. 임진왜란이 끝나고 2년 후(1600년) 일본에서는 도쿠가와 이에야스(德川家康)의 동군(東軍)과 도요토미 히데요시(豊臣秀吉)파의 서군(徐軍) 사이에 권력 쟁탈을 위한 큰 전투(세키가하라 전투)가 벌어졌는데 동군(東軍)이 승리하여 도요토미 히데요시(豊臣秀吉) 시대는 끝이 났다.

새로 일본을 통일한 도쿠가와 이에야스(德川家康)는 임진왜란을,

"일본의 사치스러운 조선으로의 여행"

이라고 평하며 조선에 화친 정책을 펼치자 조선 조정에서는 전후처리 문제를 협상하기 위하여 강화 사절단을 파견하기로 하였다. 조선의 강화 사절단은 사명대사(泗溟大師)를 수장으로 하여 선조의 국서를 가지고 1604년(선조 37년) 일본을 방문하였다.

사명대사(泗溟大師)가 후시미성(伏見城)에서 일본 최고의 권력자 도쿠가와 이에야스(德川家康)를 처음 만났을 때 서로 주고받은 필담의 일화는 유명하다. 도쿠가와 이에야스(德川家康)가 사명대사(泗溟大師)의 인품(人品)을 시험해보기 위하여(또는 겁주기 위하여),

"돌에는 풀이 나기 어렵고 방 안에는 구름이 일지 못하는데 당신은 어디에 사는 새이기에 봉황의 무리에 끼어들었는가?"

하고 글을 써서 건네주자 사명대사(泗溟大師)는 조선의 학문과 문화적 종교적으로 우월한 위치에서 거침없이 답글을 써서 건네주었다.

"나는 청산의 학이요. 늘 오색구름 위에서만 놀았는데 아침에 운무가 사라져 야계의 무리에 떨어졌소이다."

일본의 지도부와 전범들을 닭 무리에 비유한 사명대사(泗溟大師)의 배짱과 칼날 같은 선기에 도쿠가와 이에야스(德川家康)는 간담이 서늘해짐을 느꼈을 것이다. 이 밖

에도 사명대사(泗溟大師)를 위축시키려는 일본의 시도에 대한 일화가 많이 있다.

사명대사(泗溟大師)는 도쿠가와 이에야스(德川家康)와 향후 300년간 지속되는 조선과 일본 간의 평화수교협약을 맺고 오랫동안 일본에 머물면서 설법과 문화교류 활동을 하며 조선의 국위를 선양하고 이듬해 4월 왜란으로 일본에 끌려갔던 3,000여 명의 조선 백성을 데리고 귀국하였다. 이러한 공로로 사명대사(泗溟大師)는 가선대부(嘉善大夫) 동지중추부사(同知中樞府事, 종2품)에 임명되었다.

사명대사(泗溟大師)는 그 뒤 병으로 해인사에서 요양하다가 1610년(광해군 2년) 8월 26일 설법을 마친 뒤 가부좌를 틀고 앉은 채 입적하였다. 세속 66세, 법랍 51세였으며 종교적 성취와 세속적 인정을 모두 충족시킨 영광스러운 생애(生涯)였다고 평가할 만하다.

사명당을 기리는 대표적인 사찰은 그의 고향인 밀양에 세워진 표충사(表忠寺)다. 그 사찰의 이름은 사명당의 가장 대표적 면모인 국가에 대한 충성을 표상하고 있다. 그리고 국난이 있을 때면 땀을 흘린다는 '표충비'도 유명하다.

표충비각[저자 촬영]

전국 각지의 대표적인 의병장들을 살펴본 바와 같이 의병은 주로 농민들로 이루어졌으나 의병을 조직하고 지휘한 것은 주로 전직 관리, 유학자, 승려들이었다. 의병의 봉기는 국난극복을 위해서이기도 했지만 향토를 지키려는 뜻도 강했다. 의병들은 향토지리에 익숙하여 향토 조건에 맞는 무기와 전술을 터득하고 효과적으로 싸웠으므로 왜군과의 전투에서 적은 희생으로 큰 전과를 올릴 수 있었다.

의병들의 전과 중 가장 두드러지는 것은 적의 보급의 차단이라고 할 수 있다. 육로를 통한 보급품의 운반은 워낙 시간이 많이 걸리는 데다 많은 우마차와 수송 병력이 필요하여 왜군의 전력(戰力) 약화에 일조를 했으며 적의 병참선은 의병들의 기습공격에 취약했다.

수로를 통한 병참 수송이 막혀버린 왜군의 육로를 통한 병참 상황을 대충 추정해 보자. 우선 거리로 볼 때 나고야-부산 1,400킬로미터(km)는 제외하고라도 부산-한양 500킬로미터(km), 한양-평양 300킬로미터(km)가 된다.

병사 1인이 하루에 1킬로그램(kg)의 식량을 필요로 한다면 10만 명의 병사만 치더라도 하루에 100톤의 군량이 소요된다.

우마차 한 대가 1톤을 운반한다고 하면 하루에 100대, 월 3,000대의 우마차가 필요하며 오고 가는 것, 즉 왕복(往復)을 해야 하니까 월 6,000대의 우마차가 필요하게 된다.

운반 시간을 볼 때 우마차가 하루에 30킬로미터(km)를 간다고 하면 부산에서 평양까지 가는 데 거의 한 달이 걸린다.

이러한 점을 종합해보면 어떠한 사고도 없이 정상적으로 운송이 된다고 하여도 부산에서 식량을 가득 실은 우마차가 매일 100대씩 출발해야 한다는 것을 알 수 있다.

식량뿐만 아니라 무기, 탄약 등 추가적인 전쟁물자의 운송이 필요하고 중간중간에는 병참기지가 있어야 하며 병참기지를 운영하고 수송대열을 방어하는 막대한 수송 병력이 있어야 한다.

실제로 고니시 유키나가가 평양을 점령하고 가토 기요마사가 함경도까지 진격하였을 때 서른 곳에 가까운 왜군들의 병참기지가 있었고 수송 병력만 6만이 넘었다고 한다.

10만이 넘는 병력에 보급품을 운반하느라고 부산에서 평양이나 함경도까지 길게 늘어선 왜군의 보급행렬을 의병들은 요소요소에 매복 대기하고 있다가 기습 공격하여 탈취하곤 하였다. 천주교도인 고니시 유키나가의 부대를 따라 조선에 왔던 포르투갈 선교사(신부(神父))는 조선의 의병들을 왜군의 식량을 탈취해 가는 산적으로 기록하고 있다. 보급품이 부족한 왜군들은 점차 진퇴양난의 어려움에 처하게 되었다.

그러나 전쟁이 장기화되면서 의병들의 활동은 점차 위축되기 시작하였는데 그 주된 이유는 의병에 대한 조정의 정책과 조정에서 파견한 관리들의 잘못된 보고, 또는 왜곡된 보고에 있었다. 대표적인 사례가 의병장 정문부에 대한 보고이다.

특히 1596년 이몽학의 난(李夢鶴-亂)이 있었다. 수년이나 지속된 왜란으로 나라가 황폐해진 데다 흉년까지 겹쳐 민심이 극도로 흉악해진 때 불만에 찬 농민들을 선동하여 충청도 일대에서 일어난 반란이다.

이몽학의 난은 몇 달 뒤 진압되었고 이몽학은 자신의 부하에게 살해되었으나 이몽학과 함께 난을 일으킨 한현은 체포되어 한양으로 압송되었고 친국을 받게 되었다. 친국과정에서 한현은 의병장 김덕령과 곽재우 등을 무고하여 두 의병장을 비롯하여 국가에 공이 많은 사람들이 한양으로 압송되었으나 곽재우는 풀려났고 김덕령은 선조의 친국과정에서 사망하였다. 이외에 나라에 공을 세우고도 처형된 사람들도 있었다.

이몽학의 난 이후 선조는 극도로 의심증이 심해져 의병장들뿐만 아니라 이순신 장군 등 공훈이 많은 관군 장수들 역시 의심하며 경계하였다.

인품 좋고 공이 많은 의병장 김덕령이 무고죄로 친국을 받다 사망한 이후 의병장 곽재우는 의병들을 해산하고 은거하게 되었으며 자연히 전국 각지의 의병 활동은 위축되었다.

지금까지 우리가 잘 알고 있는 의병 활동에 대해서 간략히 살펴보았지만 이 외에도 여기에 다 기술할 수 없는 많은 의병 활동이 있었다. 대표적으로 의병장 신충원(辛忠元)의 예 한 가지를 들려고 한다.6)

신충원(辛忠元)은 충주사람으로 충주에서 의병을 일으켜 문경새재 산속을 근거지로 하여 왜군들과 전투를 치르며 의병 활동을 하였다. 신충원을 찾아가 의지하는 전라도와 충청도의 피란민들로 산중은 가득했다고 한다.

특히 신립 장군이 꼭 방어전을 펼쳤어야 할 문경새재, 고니시 유키나가와 가토 기요마사의 4만 대군이 무혈통과한 문경새재에 성을 쌓느냐 마느냐 하고 조정 관료들이 말싸움만 하고 있을 때 신충원은 사람을 모아 문경새재 한가운데에 성벽을 쌓았다.

---

6) 유성룡의 징비록.

임진왜란이 일어나고 2년 뒤인 1594년이다. 지금 조곡관이라고 부르는 문경새재의 제2 관문이다. 이때 쌓은 성벽은 정유재란 때 큰 역할을 한다.

이와 같이 신충원은 의병 활동을 활발히 하고 문경새재에 관문을 세웠으며 정유재란 때 왜군의 통과를 저지한 공을 세웠다. 그러나 신충원이 모집한 군사 중에는 도망친 노비가 많았는데 노비를 잃은 주인(양반)들의 비방이 심하고 조정에도 상소를 올려 결국 신충원은 금부로 압송되었다.

금부로 압송된 신충원이 여러 차례 형을 받았다는 기록은 있으나 그 후의 행적에 대해서는 전혀 기록이 없으니 형을 받다 사망하였는지, 아니면 사면되었는지 알 수가 없다.

저자는 문경새재를 여러 번 넘었다. 문경새재를 넘을 때마다 되풀이되어서는 아니 될 역사 속을 지나며 답답하고 안타까운 마음을 억누르느라고 힘들어한다.

저자 소개

민 계 식

1942년생
서울공대 조선항공학과 학사(1965)
U.C, Berkeley 우주항공학 석사(1969)
조선공학 석사(1970)
M.I.T 해양공학 박사(1978)
한국과학기술원(KAIST) 명예 과학기술학 박사(2012)
현대중공업 前 대표이사 회장(CEO/CTO)(2001~2011)
한국과학기술원(KAIST) 초빙교수(2013~2015)
(사)선진사회만들기연대 이사장(2013~)

수상 : 3·1 문화상 기술상(1982)
제1회 한국공학상(1995)
한국경영대상(2005)
대한민국최고과학기술인상(2008)
최우수기업가상(2009)
대한민국지능형로봇기술대상(2010)
자랑스런 서울大人(2011)
대한민국국가과학기술유공자(2016)
외 다수

국내외 학술지 및 학술대회에 300편 이상의 연구논문 발표
300건이 넘는 국내외 지식재산권(발명특허와 실용신안) 보유
풀코스 마라톤 370여 회 이상 완주
"임진왜란과 거북선" 등 6권의 저서
외 다수

이 원 식

1934년생
한국해양대학교 공학박사
명예겸임교수(2002~)
원인고대선박연구소 소장(1965~)
현충사 고증위원(1969~)
노동부 지정 한선조선기술(기능) 전승자(1995)
수상 : 대통령표창 한선조선기술(기능) 전승 유공자(2001)

이 강 복

1946년생
한국해양대학교 공학석사
현대중공업 前 선박해양연구소 부소장
前 산업기술연구소 소장
아트라스기술(주) 대표이사(2014~)
수상 : 대통령표창 제30회 과학의 날(1997)

임진왜란(壬辰倭亂)과 거북선(龜船)

글쓴이 : 민계식, 이원식, 이강복
인쇄일 : 2024년 8월 9일
발행일 : 2024년 8월 12일
발행인 : 김흥중
발행처 : 한림원 출판사
(04559) 서울 중구 퇴계로 51길 20 넥서스타워 13층
전화 02-2273-4201
팩스 02-2273-4240
홈페이지 http://www.hanrimwon.co.kr
이메일 hanrim@hanrimwon.com
ISBN 978-89-93512-97-7(93810)
정가 : 20,000원